AF258952

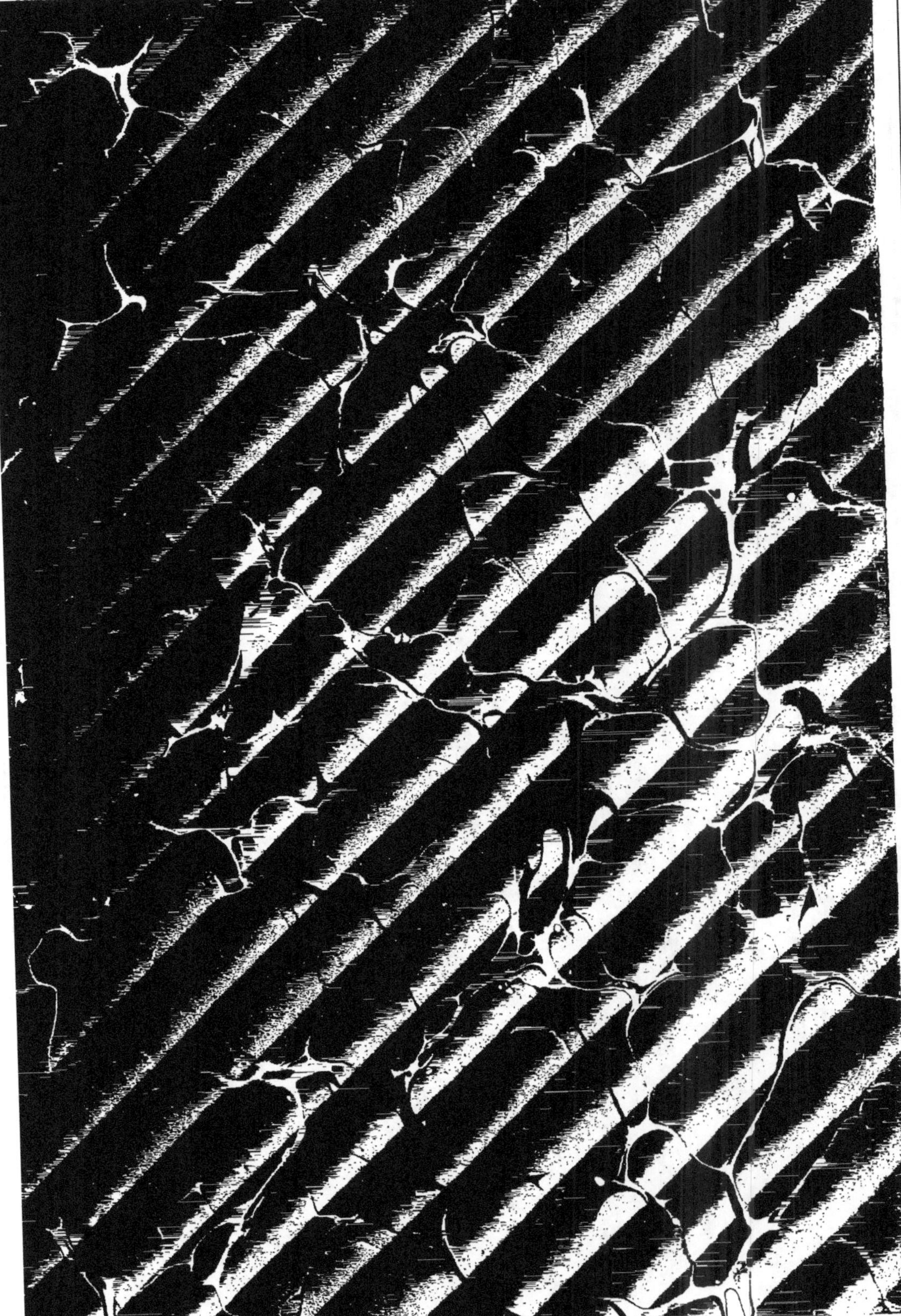

DEUX ANS

DE SÉJOUR

EN

ABYSSINIE

DEUX ANS
DE SÉJOUR
EN
ABYSSINIE

OU

VIE MORALE, POLITIQUE ET RELIGIEUSE
DES ABYSSINIENS

PAR

LE R. P. DIMOTHÉOS

LÉGAT DE SA BÉATITUDE LE PATRIARCHE ARMÉNIEN AUPRÈS
DE THÉODORE ROI D'ABYSSINIE.

TRADUIT PAR ORDRE DE SA BÉATITUDE MONSEIGNEUR

ISAÏE

PATRIARCHE ARMÉNIEN DE JÉRUSALEM.

LIVRE PREMIER.

JÉRUSALEM

TYPOGRAPHIE ARMÉNIENNE DU COUVENT DE
SAINT—JACQUES.

1871

Գ. Սահակ եպիսկոպոս .
Isaac, Evêque.

Տիմոթէոս Մ . Վ .
P. Timothée.

Jérusalem

Typographie Arménienne du couvent de St. Jacques

1871.

A

SA TRÈS GRACIEUSE MAJESTÉ

VICTORIA

REINE DE LA GRANDE-BRETAGNE ET L'IRLANDE

DÉDIE

AVEC LE PLUS GRAND RESPECT LE PRÉSENT OUVRAGE

ISAÏE

PATRIARCHE ARMÉNIEN

OCCUPANT LE SIÉGE APOSTOLIQUE DE SAINT JACQUES,

A JÉRUSALEM.

January 6th 1871

Sir,

In reply to your Depatch marked Separate, of the 8th ultimo, I am directed by Earl Granville to desire that you will acquaint His Eminence the Armenian Patriarch of Jerusalem, that Her Majesty the Queen will be happy to accept the Dedication of the Work on Abyssinia, which the Bishop Sahak and the Priest Timotheus are about to publish, containing a narrative of their journey and Adventures in that country.

I am,

Sir,

Your Most obedient
Humble Servant

(Signed)

ARTHUR OTWAY.

N. T. MOORE Esqre.
Her Majesty's Consul
Jerusalem.

DÉPARTEMENT

DES

AFFAIRES ÉTRANGÈRES

6 JANVIER 1871

Monsieur,

En réponse à votre dépêche du 8 écoulé, je suis chargé par le Comte Granville, de vous dire qu'il désire que vous informiez Son Eminence le Patriarche Arménien de Jérusalem, que Sa Majesté la Reine sera heureuse d'accepter la Dédicace de l'ouvrage sur l'Abyssinie que l'Archévêque Sahak et le Père Dimothéos se disposent à publier, contenant une narration de leur voyage et aventures dans cette contrée.

Je suis,

Monsieur,

Votre très obéissant
et humble Serviteur

(*Signé*)

ARTHUR OTWAY.

Monsieur
Mʳ. N. T. MOORE,
Consul de S. M. la Reine
à Jérusalem.

PRÉFACE

AVANT notre séjour en Abyssinie, nous connaissions déjà un peu ses habitants, vû qu'il se trouve dans la ville Sainte une colonie de religieux de cette nation, qui habitent là depuis plusieurs siècles, sous le patronage du Couvent Arménien, dont ils reconnaissent le Patriarche comme leur chef spirituel. Néanmoins, malgré ces bonnes et fréquentes relations, nous ne les connaissions, j'ose le dire, que très imparfaitement, car nous les avons trouvés dans leur pays tout le contraire de ce qu'ils paraissent être ici, ainsi que nos lecteurs pourront en juger dans le cours du présent ouvrage.

Grâce au long séjour que nous avons fait dans les diverses contrées du territoire Abyssinien, nous avons été à même d'observer de près la nation qui l'habite, et c'est ce qui nous a portés à écrire, avec autant d'exactitude que possible, la relation de notre voyage, ainsi que l'histoire civile et politique de l'Abyssinie moderne. Nous avons divisé notre travail en deux parties. La première contient le récit des péripéties que nous avons eu à subir, et celui des événements dont nous avons été témoins pendant les deux années de notre séjour dans cette étrange contrée, tandisque la deuxième est exclusivement consacrée à l'étude des mœurs et coutumes civiles et religieuses des Abyssiniens, auxquelles nous avons joint quelques notices qui nous ont paru les plus curieuses, et dignes de quelque intérêt. En général, pour être renseigné sur le caractère d'une nation quelconque, les moyens pécuniaires et la haute position même du voyageur ne servent à rien; car les gens en autorité et revêtus de pouvoir, ne peuvent que très difficilement aprécier les coutumes particulières d'une nation, et pénétrer son vrai caractère, surtout lorsqu'ils s'agit des Abyssiniens, peuple si artificieux, et si cauteleux à l'égard des étrangers. Pour nous, notre position nous permettait d'être accessibles à tout le monde, et nous trouvant par là en rapport avec toute sorte de gens, et sujets comme eux à une foule de vicissitudes, nous avons vécu avec les indigènes de la même manière qu'eux, et nous avons pu ainsi pénétrer le fond de leur caractère.

Les notices que je donne dans le Deuxième Livre, ont été recueillies pendant notre vie errante dans l'Amara, elles sont attestées par plusieurs gens du pays même, et vérifiées par nous personnellement, dans la curiosité où nous étions de les connaître, de sorte que la plupart d'elles sont des faits dont nous avons été les témoins oculaires, ainsi qu'il se verra dans le cours de notre ouvrage. Pourtant je ne dois pas oublier de dire, que plusieurs détails sur des peuples lointains ont été omis, ici, à dessein, les uns parcequ'il nous était absolument impossible de les vérifier et que nous considérions pour cela comme des fables; les autres, parcequ'ils ne nous paraissaient pas dignes d'être mentionnés vû qu'ils auraient blessé les oreilles de nos lécteurs; et si parfois notre sujet nous oblige à mettre sous leurs yeux des tableaux de cette dernière sorte, nous leur en demandons excuse, en les prévenant toutefois que nous n'avons jamais laissé notre plume dépasser les limites de la modestie.

Quoique le travail que j'offre ici au public soit de peu d'importance, j'ose espérer cependant qu'il sera accueilli favorablement de mes compatriotes, ainsi que de tous ceux qui prennent intérêt à la propagation des lumières, de quelque nation qu'ils soient: leur accueil sympathique est la seule récompense que j'ambitionne.

DEUX ANS DE SÉJOUR

EN ABYSSINIE

CHAPITRE I.

But de notre voyage. Départ de Jérusalem. Visite au Consul Général
d'Angleterre en Egypte. Les ouvriers Arméniens au Canal de Suez,
et le jour de Pâque. Bonté de Mr Lyboul, Consul de France. Djedda, et le docteur Arménien Frangoul-Effendi .

LES lecteurs connaissent déjà le haut but pour le
quel Sa Grandeur l'archévêque Isaac de Kharpert et moi
Dimothéos Vartabet Sapritchian, ou prêtre de Constantinople, nous nous sommes chargés de faire ce voyage en
Abyssinie, contrée où la vie d'un étranger est exposée à toutes sortes de dangers , de violence et même à la mort.
Mais comme les événements écrits sont plus particulièrement pour la génération future que pour la génération
présente, il convient que je donne ici un aperçu sur le but
de ce voyage .

Théodore, prince d'Abyssinie, ne pouvant supporter
les mots et le langage piquants et hardis du Consul Anglais de Massawa, dont son amour propre était blessée ,
et par lesquels sa dignité royale se trouvait méprisée, l'
emprisonna avec quelques autres personnes , dans la
montagne de Magdala , qui est inexpugnable et escarpée
de toutes parts.

Le Gouvernement Anglais ne manqua pas de faire tout

son possible, par voie de douceur et d'amitié, et usa de tous les moyens pacifiques, pour obtenir la liberté des prisonniers, mais il ne put réussir à fléchir à ce sujet le cœur du prince endurci. Son Excellence Lord Lyons, ambassadeur Anglais à Constantinople, ayant appris que les Abyssiniens de Jérusalem se trouvaient sous la juridiction du Patriarche Arménien de la sainte Cité, adressa, par l'entremise du Conseil National des Arméniens de Constantinople et du Patriarche de la même localité, une demande à Sa Béatitude Monseigneur Isaïe, Patriarche de Jérusalem, pour le prier d'envoyer un délégué au roi Théodore, afin d'intercéder auprès de lui pour l'élargissement des sujets Anglais .

Sa Béatitude Mg^r. Isaïe s'empressa d'assembler, à ce sujet, son Conseil Administratif, où l'on décida d'envoyer un Archévêque et un Vartabet. Sa Grandeur l'Archevêque Isaac et moi, fûmes chargés de cette mission, que nous acceptâmes en vue de rendre service au Gouvernement de Sa Majesté la Reine de la Grande Bretagne, et pour complaire à notre vénérable père le Patriarche. Aucun danger ni aucune considération humaine ne purent nous empêcher d'entreprendre ce voyage aussi périlleux que long, où un devoir d'humanité et sacré nous appelait .

Sa Béatitude le Patriarche, en nous comblant de ses bénédictions paternelles, nous remit avec une Bulle patriarcale une requête pressante et particulière, ainsi que de précieux cadeaux et différents objets, destinés pour le roi Théodore et pour les personnes de sa cour.

Nous partîmes de la sainte Cité le premier jour d'Avril 1867 (13 Avril N. S.), accompagnés des vœux et des bons souhaits des Pères et des Frères de notre Couvent. Un certain jeune homme, nommé Ezéchiel, était aussi avec nous pour notre service. Nous arrivâmes pendant la nuit à Jaffa, et nous logeâmes dans notre hospice de S^t. Nicolas. Le jour suivant, nous montâmes sur un bateau à vapeur de la Compagnie de Llyod, qui était sur le point de partir,

et 29 heures après nous débarquions au port d'Alexandrie.
Là, M^r. Agop Achekian, homme tout rempli de bonté et
d'obligeance, nous accueillit de la façon la plus aimable,
et, après nous être procuré par son moyen divers objets
pour faire des cadeaux, nous partîmes le 6/18 Avril, par
voie du chemin de fer, pour la ville du Caire, où M^r. Bogos
Effendi, d'Arapghir, nous donna l'hospitalité dans sa propre maison, qui se trouve auprès de la Station .

Le dimanche suivant, après nos offices et la célébration
de la Messe solennelle dans l'église de Notre-Dame, nous
nous rendîmes chez le Consul-Général d' Angleterre qui
nous avait fait appeler. Nous y allâmes en compagnie de
Bogos Effendi, et nous lui remîmes par cette occasion les
missives de Son Excellence l'Ambassadeur de sa nation
Constantinople, que nous avait consignées M^r. Noël Temple Moor, Consul Anglais de Jérusalem, et dans lesquelles
Son Excellence, en faisant connaître le but de notre voyage, lui recommandait en même temps de prendre toutes
les dispositions, et d'employer tous les moyens possibles
pour faciliter notre voyage .

M^r. le Capitaine Stanton , c'est ainsi que s'appelait le
Consul-Général d' Angleterre en Egypte , nous fit un accueil plein .de bonté; et, en parlant de notre voyage, il
nous dit qu'il serait mieux pour nous de monter sur un bâ-
timent de guerre anglais , et d'aller directement à Massawa par la voie d' Aden. Sa Grandeur l'Archévêque Isaac
lui objecta alors que, le roi Théodore rusé et fin comme il
était , pourrait bien avoir des espions dans les environs d'
Aden, et que notre arrivée sur un vaisseau anglais lui ferait naître peut être des soupçons , au détriment de notre
entreprise . Vaincu par cette objection et par les craintes
qu'on avait des Coptes, M^r. Stanton laissa à notre décision
de faire le trajet par la voie de Souakim , comme nous l'
avions projeté , afin de ne donner de soupçons à personne , bien que pour lui , il eût désiré que nous prissions la
voie de Massawa. Nous perdîmes quatre jours au Caire ,

à attendre les dispositions que le Consul-Général nous promettait de prendre par rapport au bateau à vapeur. Soupçonnant que cette perte de temps était le fait seul de son peu de zèle et non celui des dispositions prises, nous lui déclarâmes que Sa Béatitude notre Patriarche nous avait ordonné de nous rendre le plus tôt possible auprés du Roi d'Abyssinie, afin d'y remplir notre mission; et nous lui demandâmes par conséquent, avant de le quitter, les lettres de recommandation qu' il pourrait nous donner pour les divers Consuls Anglais.

Ce fut le matin 11 Avril (23 Avril N. S.), jour du Mardi-Saint, que nous montâmes en chemin de fer, et nous arrivâmes à Suez le soir du même jour. Il y a là un hôtel français où nous descendîmes, dont le prix est de dix francs par jour. M^r. George Vest, Consul Anglais à Suez, sur l'information qu'il eût que nous étions porteurs de lettres de recommandation pour lui, nous donna audience le jour suivant, et nous fit gracieusement l'offre de ses services. Il envoya immédiatement un de ses employés à l' Agence des bateaux à vapeur pour y prendre des renseignements : il y avait trois jours que le bateau était parti, et le plus prochain vapeur ne devait pas partir avant 12 jours: tels furent les renseignements que nous apporta cet employé. C' était pour nous une assez grande perte de temps ; j' étais inquiet et je voulais avoir des informations plus exactes, je me rendis donc près de l' Agent de la Direction. Celui-ci me dit qu'il y avait là, en partance, deux bateaux à vapeur destinés pour le transport des pélerins musulmans de la Mecque, mais qu'il ne pouvait les faire partir sans les ordres du Gouvernement Egyptien. Ces nouvelles défavorables nous affligèrent, nous et le Consul de Suez, auquel nous proposâmes d' envoyer une depêche télégraphique au Consul-Général, à Alexandrie, pour le prier de solliciter le Gouvernement Egyptien de mettre un bateau à vapeur à notre disposition, car ce retard avait lieu contre la volonté

de Sa Beatitude notre Patriarche , et celle de Son Excellence l' Ambassadeur , qui entendaient que notre départ
s' effectuât le plus promptement possible . Le Consul consentit de télégraphier au Caire , d' où il reçut une réponse
négative : le Consul-Général était absent et Chérif-Pacha
était occupé à équiper une armée . Force nous fût donc
de patienter , persuadés du reste que ce retard ne devait
être attribué qu' au séjour que nous avions fait au Caire.
Mais il faut avouer aussi que , dans ce retard, la Providence avait eu une certaine part .

Il y avait à Suez une centaine d' Arméniens , étrangers à la localité , qui travaillaient à l' ouverture du Canal , dont 65 d'entre eux habitaient à Charlouf, village
situé à quatre heures de Suez . Ces pauvres gens privés de
toutes les consolations religieuses, n' ayant point d' église , ni de prêtres pour les confesser , et leur donner la
Communion le jour de Pâque , priaient Dieu de leur venir
en aide . Vu la misère de ces infortunés , nous renonçâ-
mes au dessein que nous avions de retourner au Caire
pour y passer les fêtes de Pâque : ç'eût été pour nous agir
contre la conscience , en conséquence, nous fûmes obligés de rester à Suez . Mais comme il n' y avait pas d' église arménienne dans cette localité pour leur administrer
les saints Mystères, le Consul, homme doué à la fois d'un
sens religieux et d'une intelligence libre, s'aperçut de nos
besoins :"C'est mon devoir, nous dit-il, de trouver pour
„des gens qui travaillent à l'ouverture de notre Canal, un.
„endroit où ils puissent faire leurs Pâques. J' irai, a-
„jout--t--il, trouver nos prêtres, et je demanderai à
„leur supérieur, quelque place pour vous, et tout ce
„dont vous aurez besoin pour ce sujet; si cela ne se peut
„faire, je mettrai ma maison à votre disposition. „ Sa
Grandeur l' archévêque Isaac prévint le Consul que sa
proposition ne serait probablement pas acceptée , ce qui
eut lieu en effet . Désolé et affligé comme nous de ce con-
tre-temps , le Consul mit alors une magnifique chambre

à notre disposition , se faisant un honneur de célébrer chez lui la Pâque du Seigneur .

Le jour suivant , qui était le Samedi-Saint , nous expédiâmes de bon matin une dépêche à Charlouf , pour inviter les Arméniens à venir assister près de nous aux offices de la fête de Pâque . Ensuite, après avoir préparé nos chambres dans l' Hôtel , nous invitâmes ceux de nos coreligionnaires qui se trouvaient á Suez, à faire près de nous leur confession . Ceux de Charlouf s'empressèrent tous de venir , à l'exception de quelques uns qui se trouvaient indisposés.

Le Dimanche matin, nous nous rendîmes tous ensemble à la chambre qu'avait fait préparer pour nous M^r. le Consul Lyboul, et là, nous commençâmes l' office solennel de Pâque en sa présence . A la fin de la prière qui suit le Credo, Mg^r. Isaac administra au peuple le Sacrement de l'Eucharistie, et l'office se termina par un discours de l'Archévêque, qui donna sa bénédiction à tous les assistants. Dans ce discours, Mg^r. Isaac n'oublia pas non plus de complimenter le Consul, et de lui rendre les hommages dus à sa bonté et à sa charité, faisant tout particulièrement des vœux pour la prospérité de M^r. Lyboul et celle de sa famille .

Après avoir congédié l' assemblée, nous nous empressâmes d'aller offrir au Consul nos remerciments et de lui exprimer nos sentiments de reconnaissance, tant en notre nom personnel, qu'au nom de Sa Béatitude le Patriarche Isaïe et de toute la Communauté Arménienne. Nous reçûmes de lui son portrait photographique, qu'il voulut bien nous donner sur notre demande, et nous l'envoyâmes á Jérusalem à notre Patriarche, avec la relation de toutes les bontés qu' avait eues pour nous M^r. Lyboul.

Ce même jour de Pâque, j'allai le soir à Charlouf, où se trouvait une trentaine d'individus malades et exténués par la fatigue, qui n'avaient pu venir à Suez assis-

ter à la solennité : je les ai tous confessés , et ils ont tous
aussi reçu la Sainte Communion . En compagnie de ces
gens, je me suis rendu immédiatement au Cimetière chrétien (1) , où étaient ensevelis trois jeunes Arméniens ,
dont les restes n' avaient point reçu les dernières bénédictions funéraires .

On me dit à Charlouf qu'un jeune Arménien de Kharpert (Arménie) , était là emprisonné pour dettes , je me
rendis alors immédiatement chez les personnes influentes
de la localité, et je parvins, mais non sans grande peine,
à obtenir sa délivrance. Ce n'était qu'un devoir que j'ac-
complissais là , mais pour ces infortunés émigrés , c'était
un sujet de grande joie et de beaucoup de consolation .
Un seul point les contrariait et troublait leur conscience,
c'est que je refusais d'accepter les offrandes qu'ils voulaient me donner pour mes dépenses .

Le Consul de France, témoin de la gêne que les Arméniens souffraient dans leurs besoins spirituels , nous
dit et nous assura, dans la dernière visite qu'il nous fit ,
qu'il nous serait très facile d'avoir, á Suez , une église
nationale et un cimetière à part . " Vous n'avez pour
„cela , nous dit-il , qu'à demander un terrain au Gou-
„vernement Egyptien , par l'entremise de votre Patriar-
„che . Son Excellence Noubar-Pacha , qui est de votre
„religion, peut vous servir grandement par son influence.
„Sur une demande que nous avons faite dernièrement
„à Son Altesse, Ismaïl-Pacha nous a concédé un nouveau
„morceau de terrain pour l'ensevelissement des morts.„
Les propos de M^r. le Consul étaient pleins de sincérité et
de charité , et il ne manquait pour leur exécution que
de savoir profiter de l'occasion opportune .

*(1) Le dit Cimetière fût concédé par le Gouvernement Egyptien,
sur la demande du Consul de France, pour servir à tous les Chrétiens , qui travaillaient à l'ouverture du Canal , sans distinction
de rite ni de religion .*

A mesure que notre retard se prolongeait, nous étions de plus en plus impatients et contrariés, tant á cause des injures du climat, que des inquiétudes de toutes sortes qui venaient nous assaillir ; et de plus, la cherté des vivres qui régnait dans le pays, nous pressait d'un autre côté de hâter notre départ.

Fort heureusement pour nous, un bateau à vapeur anglais vint enfin mouiller au port. Ce bateau qui appartenait à une Compagnie de négociants Indiens, apportait des pélerins musulmans, qu'il avait pris à Djedda, où il devait retourner sous peu pour en prendre de nouveaux. Nous n'hésitâmes pas à y monter, et après deux jours de mouillage ayant levé l'ancre, nous nous mîmes en route le 28 Avril (9 mai N. S.), et nous arrivâmes le cinquième jour à Djedda. Comme la soirée était avancée, nous passâmes la nuit à bord.

Le port de Djedda est plus dangereux que celui d'Alexandrie, à cause des aluns pétrifiés qui sont cachés sous la mer, où ils forment comme autant de rochers. Ce n'est qu'un étroit passage sinueux, bordé des deux côtés par des tourelles en pierre, de forme circulaire, s'élevant ʹde cinq coudées au-dessus de la surface de l'eauʹ, lesquelles ont été élevées là pour guider les pilotes. Du reste, il se trouve toujours des pilotes indigènes pour accompagner les navires qui voyagent sur la mer Rouge.

Le troisième jour de Mai, au matin, nous vîmes venir à bord un individu, pour demander la pratique de la part de la Direction de la Quarantaine. C'était Mr. Frangoul Malézian, Docteur Arménien de Constantinople, et Membre du Comité Sanitaire du pays, au nom de la Sublime Porte. La douceur de son caractère et son patriotisme captivèrent tout à coup notre cœur ; et sa présence dans ce pays inconnu fut aussi ravissante et désirable pour nous, que le sont les sources limpides qui viennent charmer le voyageur fatigué d'un lointain voyage dans le désert du Sahara.

Nous débarquâmes à la hâte avec M^r. Malézian , qui nous conduisit au grand Vekialé du Chérif (1), où nous louâmes une chambre au second étage .

CHAPITRE II.

Interception de la route entre Massawa et l'Abyssinie. Le Consul Anglais de Djedda. Le détroit de Souakim; la Quarantaine. M^r. Pétraki, négociant Grec. Mumtas-Bey. L'orage . Kesséla. Havaga Panaïote. Convention de prix avec les chameliers et leur Cheikh. Voyage sur le fleuve d'Atbara. Gadarif; Gallabat. Youssouf et Djerdjis . Visite au Cheikh Djiumaï. Les Abyssiniens de Gallabat . L'impôt annuel du Cheikh. Entrée en Abyssinie.

APRÈS avoir laissé nos bagages à la Douane , et nous étre installés au Khan du grand Vekialé , nous nous rendîmes chez M^r. Alfred Sindisen, Vice-Consul Anglais de la localité, à qui nous remîmes la lettre de recommandation que nous avions pour lui . Comme il parlait assez bien la langue turque, nous n'eûmes aucune difficulté de nous faire comprendre, et nous pûmes nous entretenir avec lui de notre voyage, tout à notre aise. Un voyageur revenant d'Abyssinie , nous apprit, à Djedda , que la route entre Massawa et le pays où se trouvait Théodore , avait été interceptée par les révoltés, et que nous serions obligés, en conséquence , pour aller à Gallabat , de prendre la voie de Souakim, route qui était assez dangereuse .

Ayant communiqué cette nouvelle au Vice-Consul , "Vous n'avez , nous dit-il , qu' à vous adresser au Gou-„verneur de Souakim , avec les lettres de recommanda-„tion que je tâcherai de vous procurer du Pacha-Gouver-„neur de Djedda . Mais comme ce dernier se trouve pré-„sentement à Médine, nous ne pourrons obtenir ces let-

---

(1) *La possession de ce khan appartient à la ville de la Mecque.*

„tres que dans huit jours au plus tôt. A cette même épo-
„que partira aussi le bateau à vapeur pour Souakim. Il
„eût été mieux sans doute, comme moyen plus efficace,
„de prendre auparavant des lettres patentes du Gouver-
„nement Egyptien pour le Gouverneur de Souakim, lo-
„calité qui est maintenant un district d' Egypte. Mais
„comme le dit Gouverneur est une personne affable et
„polie, et que je le connais beaucoup, je peux vous re-
„commander à son amitié, et mes lettres auront peut-
„être sur lui la même influence que celles du Pacha de
„Djedda; mais pour la bonne règle, il faut toujours pren-
„dre avec vous, des lettres de recommandation de ce
„dernier.„ Nous quittâmes M^r. Alfred, après lui avoir
fait nos vifs remerciments, pour toutes les peines qu'il
s'était données, en cherchant à nous procurer les moyens
les plus commodes pour achever notre voyage en sureté.

Le Consul nous envoya le jour suivant son premier
Drogman, M^r. Paul Holassian, pour nous prévenir qu'
on avait écrit, afin de demander au Pacha de Djedda,
alors à Médine, comme nous l'avons déjá dit, des lettres de recommandation pour nous. Nous les reçumes
au bout de huit jours, ainsi que les lettres de M^r. le Consul et celles du Vice-Pacha.

Nous passâmes douze jours, à Djedda, à attendre l'arrivée du vapeur, et le treizième jour nous nous embarquâmes pour Souakim, après avoir expédié une lettre à
Sa Béatitude notre Patriarche, pour lui donner des détails sur notre voyage. Il suffit de 27 heures, pour entrer dans le détroit de Souakim, dont le passage est aussi difficile que celui du port de Djedda, et où l'on court
autant de dangers. C'était également un passage sinueux et très étroit, où nous étions guidés par un pilote a-
rabe. Il y avait là deux tours en pierre pour la sureté
des passants. Comme on ne nous avait pas encore indiqué d'endroit, pour y faire les cinq jours de quarantaine
d'usage, nous fûmes obligés de passer la nuit à bord. Le

jour suivant, les voyageurs qui étaient venus de Zambak en bateau à vapeur, avaient fini leur quarantaine, et nous occupâmes leur place. Cette quarantaine fut établie pour les pélerins venant de Djedda, d'accord avec les Puissances européennes et la Sublime Porte, en vue de prévenir la contagion du choléra, qui ravagea en 1865, une grande partie de notre globe, et dont on croyait qu'une des causes principales était le pélerinage musulman.

Nous remerciâmes Dieu d'avoir passé ces cinq jours de quarantaine, sans éprouver aucune maladie, malgré les chaleurs brûlantes du climat. Mais la petite vérole, qui faisait ses ravages parmi les indigènes qui se trouvaient avec nous, nous obligea de rester dans le pays un jour plus tard.

Cependant le Directeur de la Santé pour nous faire une faveur, nous laissa sortir du Lazaret le soir même du sixième jour.

Le Consul Anglais de Djedda nous avait donné une lettre de recommandation pour un certain négociant Grec, nommé Pétraki, lequel s'empressa de nous accorder chez lui la plus cordiale hospitalité, ce qui nous obligea infiniment.

Le lendemain nous nous rendîmes chez le Gouverneur du pays, Mumtas-Bey, á qui nous remîmes les lettres que nous avions reçues pour lui. C'était un homme de bon cœur et obligeant, à idées libérales, et vivant en parfaite intelligence avec les Chrétiens, qui attestent tous ses qualités distinguées; pour notre compte, nous les avons éprouvées nous-mêmes, et nous pouvons dire ouvertement que les gens qui lui ressemblent, forment la gloire et l'honneur du Gouvernement du Grand-Seigneur : vrais types d'équité et objet de l'admiration'des peuples où ils le représentent, sur les limites les plus éloignées de Son Empire.

Aussitôt après notre visite, il s'empressa de faire venir le Cheikh de la route par où nous voulions passer,

et il nous recommanda à lui tout particulièrement. Ainsi,
il ne nous restait plus qu' á faire préparer les chameaux
qui devaient nous conduire à Kesséla, et de prendre,
comme c'est l'usage, la garantie du Cheikh, pour notre
sûreté.

Le Lazaret est situé dans une petite île d'un aspect
magnifique, qu'environnent de tous côtés les eaux de la
mer, qui forment là une espèce de Canal. On voit à sa
droite la petite ville de Souakim où demeure le Gouverneur : c'est aussi un îlot. L' eau du pays est salée ; on apporte de l' eau potable dans des outres, d' endroits plus é-
loignés. L'air de Souakim, ainsi que celui des pays qui
l'environnent, est très malsain. De petites barques vous
conduisent vers le continent, d' où l'on se met en route
pour l' Abyssinie. La fréquentation des navires de commerce donne au port de Souakim beaucoup de mouvement. C'est là que se trouve le dépôt de la gomme ara-
bique, dont les arbres sont très nombreux près de la
ville de Gadarif. On voit aussi sur la route de Kesséla
une espèce de fruit nommé *dom*, dont les grains servent à faire des chapelets, et les fruits, à alimenter les
chameliers et les chameaux.

Après quatre jours d' attente, les chameaux étaient à
peine préparés ; nous en réservions trois pour nos montures, et quatre devaient nous servir pour le transport de
nos bagages. Enfin, munis de nos lettres et de nos documents, nous gagnâmes le continent sur une barque, et
nous nous mîmes en route pour Kesséla, escortés par un
gendarme. C'était le 25 Mai (8 Juin N. S.), jour de la
fête de l'Ascension.

Il y a cinq routes qui mènent à Kesséla : notre guide
nous fit prendre celle qu' on appelle l' Arde-Lingheb.
" L'eau est un peu rare sur la voie où nous devons passer,
„nous dit-il, mais pour les chameaux elle est très commo-
„de, et de cette manière nous pouvons gagner quelques
„milles de plus par jour.„ Cette route est enclavée entre

deux chaînes de montagnes, dont l'une à droite s'appelle *Changará*, tandis que l'autre, celle de gauche, est désignée sous le nom de *Chabá*. Après quelques heures de marche, nous descendîmes au pied d'une montagne fort élevée, pour nous reposer pendant les chaleurs du milieu du jour. Le temps était beau, et le ciel pur et serein, et lorsque les rayons du soleil commencèrent à perdre leur force, nous reprîmes notre route. Nous cheminions depuis quelques instants quand, tout à coup, un orage vint à éclater; en un instant, l'air est enveloppé de nuages de poussière, les éclairs brillent de toute part, et la foudre fait éclater au loin ses grondements retentissants, semblable aux étincelles qui tombent sous les coups redoublés du marteau du forgeron sur son enclume. Une pluie torrentielle vint mettre fin à ce bouleversement athmosphérique, et les élements, qui avaient paru déchaînés les uns contre les autres, se calmèrent peu à peu. Pendant ce trouble effroyable de la nature, il nous fut impossible de rester sur les chameaux et de les diriger, car, un vent violent qui soufflait de l'Ouest, formait un ouragan effrayant, qui menaçait de tout renverser. Nous fûmes donc obligés de descendre et de marcher à pied, à travers les torrents et les rivières débordées, en suivant de près les chameaux qui nous servaient d'abri. Nous avions hâte d'arriver à quelque tertre élevé ou de nous enfuir sur quelque colline, persuadés que le secours seul de Dieu, que nous implorions, pouvait nous protéger contre les éléments furieux; d'autre part, les tombeaux des infortunés qui avaient été victimes de ces bouleversements de la nature, et qui se remarquaient çà et là par des pierres amoncelées, ne contribuaient pas peu à augmenter notre frayeur. Nous cheminâmes ainsi pendant une longue heure; après quoi les nuages s'étant dissipés, l'orage cessa, et la foudre et la pluie firent place aux rayons du soleil. Enfin nous arrivâmes près d'un monticule, et là nous rendîmes grâces à Celui qui nous avait sauvés, en disant avec David: "Nous a-

„vons passé à travers les feux et les eaux, et tu nous as „conduit au repos,„— L'endroit où nous étions, était un terrain sec, que le soleil réchauffait partout de ses rayons; nous nous empressâmes d'en profiter en mettant nos habits au soleil pour les faire sécher, car la pluie les avait tellement mouillés, que l'eau, après les avoir trempés, découlait partout de dessus notre corps. Au bout de 14 jours nous arrivâmes à Kesséla, en marchant 10 ou 12 heures par jour, et ne nous arrêtant que sur le midi pour prendre un peu de repos: onze jours même nous auraient suffi si nous ne nous étions pas égarés trois fois dans la vaste plaine d'Athmour, quoiqu'on mette ordinairement vingt jours pour faire ce voyage.

A une journée de Kesséla, commencent à paraître les plantes et les arbustes épineux; ces derniers, quoique donnant assez de peine aux voyageurs, sont cependant pour eux un bienfait de la Providence, puisque c'est sous leur unique ombrage qu'ils peuvent prendre leur repos et trouver un abri.

Le sol dans la plaine d'Athmour est si fécond, qu'il égale la fertilité de l'Egypte, s'il ne la dépasse point. Le Gouverneur de Souakim s'indignait justement de l'abandon et de l'état inculte de ces terrains. Il avait même formé le proget d'un chemin de fer entre Souakim et Kesséla; déjà une ligne télégraphique avait été créée jusqu'à ce dernier endroit, mais les Arabes indigènes qui s'étaient révoltés, s'unissant aux troupes Egyptiennes, avaient tranché les fils et pillé le bourg de Kesséla, deux mois avant notre arrivée. Un détachement de troupe qu'on y avait expédié, arrêta la révolte, et se saisit de ses chefs. Il arrive souvent que les Abyssiniens révoltés tombent à l'improviste sur le bourg de Kesséla et le saccagent.

Nous reçûmes, là, l'hospitalité dans la maison du Havaga Panaïote, qui était décédé depuis 26 jours; ce furent son père et son frère qui nous reçurent sur la recommandation de M^r. Pétraki. Le même jour, nous nous présentâmes avec nos lettres de recommandation chez le Gouverneur du pays, qui nous recueillit avec une grande bonté, et qui nous promit de nous faire arriver sains et saufs jusqu'à Gadarif. Il fit venir aussitôt le Cheikh de la route par où nous devions passer, et lui donna des ordres précis qui nous concernaient. Il nous fallut plusieurs jours pour nous accorder avec les chameliers sur le prix des chameaux, et ce ne fut pas, il faut le dire, sans de nombreuses contestations avec eux. Le Cheikh de la route, qui se portait garant de la sûreté des voyageurs, en répondant de les faire arriver sains et saufs jusqu'à l'endroit indiqué, demanda et reçut de chacun de nous quinze piastres par tête de chameau, comme prix de garantie. Nous échangeâmes un contrat, signé de part et d'autre, pour la sûreté de nos bagages qu'il ne manqua pas de peser.

Ces chameliers, ainsi que tous les paysans de ces contrées, ont une manière de faire identique à celle des Bédouins. Ils aiment à prolonger toutes leurs affaires; c'est dans leur caractère de traîner les discours en longueur et de s'appesantir sur les détails; ainsi se passa-t-il un temps considérable pour faire nos accords sur le prix du transport.

Le 11 Juin (23 Juin N. S.), nous partîmes de Kesséla, au coucher du soleil, ayant avec nous une escorte de deux gendarmes, et après une heure et demie de marche, nous arrivâmes à un village appelé Kathmié. Le jour suivant, vers midi, nous poursuivîmes notre route, et, après avoir marché encore pendant deux heures, nous descendîmes à l'endroit que nous avait indiqué le Gouverneur de Kesséla, et où se trouvaient des troupes irregulières. C'est là que commence la garantie du Cheikh; car il faut savoir que, la route qui mène à Gadarif, est pleine de périls. Les soldats de la garnison de cette localité se joignirent, le lendemain, aux cavaliers Arabes, que nous avait donnés le Cheikh pour nous escor-

16

ter au travers des épaisses forêts, où nous dûmes marcher
pendant une heure et demie.

Nous arrivâmes le troizième jour au bord de la rivière Athbara, qui forme une des branches du Nil, et qui,
au dire des gens du pays, tire sa source du Tekghezi,
grand cours d'eau qui se trouve dans le district du Tigré (ou Tègri); selon d'autres, elle prendrait naissance
dans le pays de Khartoum (1); mais il est plus probable,
que l'Athbara est alimentée par les torrents du Tekghezi et par les rivières de Khartoum . Au moment de
notre arrivée, cette rivière, grossie par les abondantes
pluies de Khartoum , était débordée. Les chameliers
tentèrent, mais en vain, de la traverser, car les eaux é-
galaient la hauteur des chameaux dans toute l'étendue
d'un jet de pierre. Mais comme l'on n'était point encore au temps des grandes pluies, la hauteur de cette rivière tantôt augmentait et tantôt diminuait, et, au moment où nous l'atteignîmes, elle avait commencé à s'a-
baisser; toutefois il nous fallut attendre encore une journée avant de la traverser. Il est vrai, qu'il y avait un
passage, mais pour y arriver, il nous eût fallu employer
cinq jours, et ç'eut été pour nous une perte de tems trop
considérable. Le lendemain nous tentâmes le passage,
mais ce fut en vain. Après avoir remonté la rivière pendant quatre heures, nous arrivâmes à un village, où nous
fîmes halte tout épuisés de fatigue. Les villageois essay-
èrent de faire entrer dans la rivière l'un des chameaux,
mais c'était à peine si l'on apercevait l'extrémité de son
dos: cet insuccès nous obligea de passer là toute la journée.
Le lendemain, au point du jour, on répéta l'épreuve, et
on trouva l'eau à la même hauteur; nous doutant pourtant de son abaissement, nous résolûmes de passer de
l'autre côté. Les chameaux accoutumés à cette manœu-

(1) *Khartoum est un district qui se trouve sous la domination
Egyptienne.*

vre, furent liés les uns à la suite des autres, après quoi nous les montâmes; et les paysans avec les chameliers entourèrent ces animaux en nageant, ayant chacun d' eux attaché à la poitrine des outres gonflées d'air: c'est ainsi que nous nous abandonnâmes à la merci du torrent qui nous entraînait. C' en était fait de nous, si Dieu ne fût venu à notre aide, et si les prierès de nos Pères et de nos Frères à Jérusalem, ne nous eussent soutenus. Au moment de traverser cet affreux abîme, nous ne pensions certainement pas aux périls qui nous menaçaient, ce ne fut qu'après l'avoir passé que nous en vîmes toute l'étendue, et, dans la joie d' y avoir échappé, nous échangions entre nous des baisers et des embrassements en disant: "Nous étions morts, et nous voilà de nouveau vivants: grâces à Celui qui nous a conservés.„

Nous passâmes là tout le jour, et vers le soir nous reprîmes notre route, en nous arrêtant, deux heures après, pour coucher en plein air. Le surlendemain, une heure après le coucher du soleil, nous arrivâmes à Gadarif, ayant eu fort à souffrir des pluies et des orages qui nous avaient entièrement trempés; et là, nous nous adressâmes à un des frères de Havaga Panaïote, qui réside dans cette localité, et qui nous reçut avec une aimable cordialité. Bien que de Kesséla à Gadarif il n'y ait qu'une distance de cinq jours, néanmoins nous eûmes beaucoup de peine à faire ce trajet en huit jours, à cause du débordement de la rivière.

Le lendemain nous allâmes faire une visite au Mudir (espèce de Maire de village), qui se trouvait être ici un employé militaire, pour lui remettre les lettres de recommandation qu'on nous avait données pour lui; et, munis de celles qu'il voulut bien nous donner pour d' autres personnes, nous reprîmes le jour suivant notre route pour le bourg d' Assar, montés sur des dromadaires et escortés par deux soldats réguliers. Le village d' Assar, ainsi que la petite ville de Gallabad où nous allions, appartenait au district de Khartoum, et pour cela, nous fûmes obligés de prendre des lettres de recommandation et les ordres du Baïractar Ali-Kéchif que nous allâmes trouver à trois heures de là. Munis de ces lettres, nous retournâmes sur nos pas escortés de deux autres soldats irréguliers.

Le 23 Juin (5 Juiller N. S.), nous sortîmes de Gadarif, et trois heures après nous étions au village de Vaki. L' air de cette localité égale par sa bonne température celui du village d' Assar. A partir de Gadarif le climat commence à changer et à devenir beau, toutefois on sent, là, l'approche des saisons pluvieuses d' Abyssinie; car d' ordinaire, à midi, ou un peu plus tard, commence la pluie qui dure jusqu'au soir. Quatre journées de marche nous conduisirent de Vaki à Gallabad, qui est aussi appelé Méthemma en Abyssinien, après avoir fait diverses haltes dans les villages de Volde-Atlaz, Voghi, Médague, Djaafer et Kor-Jaabis. Les habitants de ce dernier village sont, la plus part, des Takrouris, et ont le teint plus noir que les autres races.

Gallabad, comme nous l'avons dit déjà, forme la frontière entre l' Egypte et l' Abyssinie. L' autorité est, là, dans les mains d'une famille de race Takrourite, qui gouverne le pays de père en fils de la part des deux Gouvernements limitrophes. Nous trouvâmes, là, un très bon accueil chez l'Abyssinien Joseph et le Copte Djerdjis, qui étaient associés de commerce, et auxquels nous étions recommandés. Le jour de notre arrivée, le Cheikh de la localité s' étant enivré, comme cela est ordinaire à tous les Takrouris, nous ne pûmes pas le voir, mais les personnes de son entourage s' empressèrent de venir nous visiter. Le lendemain nous ayant fait appeler, nous nous rendîmes chez lui pour le voir; et, après nous être embrassés réciproquement aux épaules, suivant l'usage du pays, il se précipita, pour la baiser, sur la main de Mgr. Isaac qu' il tenait pressée avec affection. Et se serrant ainsi la main l'un l'autre, ils se saluèrent en répétant trois fois : *Chedid? Chedid? Chedid? Zéak? Zéak? Zéak?* (1) paroles qui signifient : Vous portez-vous bien? Comment va la santé? Les Abyssiniens ont encore d'autres formes de compliment qu'ils répètent également par trois fois, et qu'ils paraissent avoir adopté des Arabes. Ces cérémonies de réception étant terminées, le Cheikh Djuma fit lire nos lettres qui lui firent comprendre le sens et le but de notre voyage. Une multitude de gens se pressaient tout autour de lui, chacun d'eux se mêlant de discourir au sujet de notre voyage, et exposant diverses opinions et objections, auxquelles le Cheikh Djuma répondait tantôt en donnant son approbation, tantôt en les refutant et en exposant ses propres opinions. Le lieutenant du grand Cheikh qui était présent à notre réception, et qui connaissait à fond la langue Arabe et la langue Abyssinienne, ainsi que le caractère de ces deux nations, car il se rendait deux fois par an chez le roi d'Abyssinie, s'adressa alors à nous, et commença à nous dire : "Le roi „Théodore est occupé, en ce moment, par des guerres in- „testines, et les peuples des contrées oú vous devez pas- „ser, sont tous révoltés contre lui et agissent de concert „pour lui faire la guerre; de sorte que, présentement, les „routes sont encombrées et dangereuses; il y a aussi d' „autre part, les brigands rebelles à redouter; vous voyez „donc que vous courez des dangers de tous les côtés, et „nous ne voulons point qu'il vous arrive du mal. Nous „enverrons, si vous voulez, des messagers chez les princes „Abyssiniens nos voisins, pour nous informer s'il existe

(1) Cet est l'usage en Abyssinie. Lorsque deux personnes, é-gales en âge et en dignité, se rencontrent dans la rue, elles se présentent la main droite et se l'embrassent réciproquement. Mais, si l'une des deux est inférieure à l'autre en âge et en condition, elle embrasse seule la main à cette dernière, qui la salue seulement en s'informant de sa santé.

„ quelques moyens de vous faire parvenir chez eux sains
„ et saufs, et dans ce cas, nous vous rendrons tous les
„ services qu'il nous sera possible. Vous serez ainsi un
„ peu plus rapprochés du roi qui se trouve, en ce moment,
„ à Ghelbi-Tabor, et les princes ne tarderont point à lui
„ faire connaître votre arrivée; de plus, vous aurez, là, la
„ ressource de pouvoir lui adreser vos requêtes vous-mêmes.
„ En outre, vous y trouverez, dans cette saison pluvieuse,
„ beaucoup plus de commodité que dans ce pays-ci, où
„ le climat est accablant et très malsain. Si, au contraire,
„ les routes ne sont pas sûres, nous vous donnerons très
„ volontiers chez nous l'hospitalité pendant deux mois; a-
„ près quoi, vous accompagnerez notre grand Cheikh, qui
„ se rendra en personne près du roi Théodore pour s'ac-
„ quitter envers lui de son tribut annuel, par cette occasi-
„ on, il vous présentera à Sa Majesté. Vous n'avez main-
„ tenant qu'à attendre une semaine pour recevoir la ré-
„ ponse positive des princes susdits. „ Nous consentîmes
à cette proposition, car nous n'aurions guère pu faire
autrement, et nous retournâmes ensuite chez nos hôtes.

Les mois de Juillet et d'Août étant la saison des grandes
pluies, les marchands qui sont à Gallabad, s'en éloignent,
et vont habiter les uns à Gadarif, et les autres, à Assar.
M^{rs}. Joseph et Djerdjis, chez qui nous étions logés, ayant
été obligés de quitter la ville pour le même motif, nous
nous transportâmes dans un autre endroit, qui était proche
de la maison du Cheikh. Ce dernier, en ayant été informé, nous envoya aussitôt une chèvre, une outre remplie
de miel et une cruche d'hydromel; il donna ordre aussi
à un des siens de nous procurer chaque jour des vivres.

Les maisons et les habitations des villages, à partir de
Kesséla ont la même forme que celles des Abyssiniens,
dont nous parlerons plus tard. Les habitants de Gallabad sont presque tous Mahométants, à l'exception de
quelques Abyssiniens, qui n'ont là ni église ni prêtre. A
l'époque de notre arrivée il s'y trouvait trois cents Abys-

siniens fugitifs, tous misérables et manquant des choses les plus nécessaires; les femmes subvenaient à leurs besoins par des moyens deshonnêtes, et les enfants abandonnés soutenaient leur existence en embrassant le mahométisme. Nous eûmes grande pitié de l'état pitoyable et immoral des Abyssiniens, en les voyant pour la première fois à Gallabad, et, après avoir mis le pied sur le territoire qu'ils occupent, nous avons pu nous former une idée vraie de leur vie et de la signification qu'ils donnent au Christianisme, choses dont nous nous réservons de donner un aperçu dans le livre Second.

Nous avons dit plus haut que le grand Cheikh de Gallabad y représentait deux gouvernements limitrophes, à savoir, celui du roi d'Abyssinie et celui du Vice-roi d'Egypte; il paye chaque année au premier 2000 talers, qu'il lui porte en personne, à l'approche de la fête de la Sainte-Croix, avec d'autres présents, tandis qu'il paye quatre fois plus au Gouvernement Egyptien, c'est-à-dire, 8000 talers environ. Le roi d'Abyssinie a le droit de changer le dit Cheikh, nommé par le Gouvernement Egyptien, et de le remplacer par un autre Takrouri de la même famille, mais il ne peut toutefois donner cette place à un Abyssinien. Le roi n'a que des douaniers de sa nation pour recevoir les taxes des marchandises importées dans ses domaines, tandis que pour les taxes des importations, dans les pays que gouverne le Vice-roi, il y a des douaniers placés de la part de ce dernier. Deux jours par semaine, le mardi et le mercredi, sont destinés pour le marché, qui a lieu sur une place en plein air; pendant ces deux jours on trafique pour toute la semaine.

Le délai, auquel nous avions consenti, sur le conseil du lieutenant du grand Cheik, pour avoir la réponse des princes habitant les frontières du roi, était déjà arrivé; afin de prendre des informations à ce sujet, nous nous rendîmes de nouveau chez le Cheikh Djuma et son lieutenant, qui nous assurèrent de la sécurité des routes, en nous promettant de nous faire conduire par des chemins dérobés, pour nous soustraire aux voleurs rebelles qui pourraient s'y trouver. Le 6 Juillet (18 Juillet N. S.), le Cheikh fit préparer des chameaux pour notre service; et, revêtu de son uniforme officiel, il nous accompagna pendant une demi-heure jusqu'au district gouverné par les princes Djelga, auxquels il voulut bien nous recommander. Il nous donna aussi pour escorte dix soldats irréguliers avec un caporal pour les commander, ayant eu soin d'y joindre un individu qui savait l'Arabe et l'Abyssinien; et, bien que cet individu fût entièrement dépourvu de qualités distinguées, c'était néanmoins lui qui était chargé de nous présenter au Roi, et il était muni de lettres qui lui donnaient cette mission. Nous continuâmes donc notre route guidés par les soldats, et nous nous enfonçâmes dans un labyrinthe de chemins inextricables, à travers les régions escarpées de l'Abyssinie, abandonnés à la merci de gens sauvages et brutaux, dont Dieu seul pouvait nous délivrer.

<hr>

CHAPITRE III.

Dangers qui nous assaillirent après notre départ de Vohni. Notre arrivée à Djerna et à Caber-Mariam. Les gens qui vinrent nous visiter à Essar-Amba, La détresse que nous subîmes par le manque de pain. Le prodige. Le village de Bétania-Jésous. Peril de mort que nous courûmes dans le passage d'une rivière dangereuse. Le village de Voldaghé: peines dont nous y avons été accablés. Maladie et mort du jeune Ezéchiel. Le village d'Avissa, et notre arrivée à Essar-Amba. L'accueil qu'on nous a fait là. La visite du prince. Les deux jeunes hommes de Nazareth.

COMME c'était la saison des pluies, nous étions forcés de faire halte chaque jour après midi, et nous choisissions, pour cela, les endroit qui nous paraissaient les plus convenables. Trois journées de marche nous amenèrent au bord de la grande rivière Gandova, la quelle, au dire des habitants de Gallabad, n'a de passage nulle part; mais, cette année-là, les pluies ayant été moins a- bondantes et plus tardives qu'à l'ordinaire, les eaux ar- rivaient à peine aux genoux des chameaux, et nous les passâmes sans aucun danger. Le jour d'après, nous attei- gnîmes les hameaux de Vohni, qui avaient été saccagés et ruinés trois jours auparavant par les hommes des Ter- so-Govazi, révoltés contre le roi Théodore. Les cabanes de roseaux étaient toutes abandonnées. Les gens de Gal- labad qui nous escortaient, craignaient de passer le len- demain par la route fréquentée, redoutant pour leurs cha- meaux et pour nos personnes, et ils voulaient nous épar- gner tous les désastres qui auraient pu arriver de la part des brigands révoltés. Pour cela, ils furent contraints de nous faire passer par des chemains dérobés, et de nous diriger jusqu'à la résidence du Cheikh de Caber-Mariam, qui devait nous conduire ensuite chez le Prince d'Essar -Amba, si toutefois il y avait de la sécurité sur les routes.

Après avoir quitté Vohni, nous nous enfonçâmes de nouveau dans des montagnes et dans des vallées impra- ticables et boisées, que semblaient recouvrir les ombres de la mort. Nous marchions au travers d'une forêt é- paisse et touffue, sans cesse sur le qui vive, et chancelant de côté et d'autre sur nos chameaux, lorsque tout-à-coup une grosse branche d'arbre penchée devant moi en ligne horizontale, me barra entièrement le passage. Sans avoir même le temps de penser à me soustraire à ce danger imminent, et à tourner la tête de l'animal, je me mis à pousser des cris, tout hors de moi, et il me sembla alors que la branche de l'arbre s'élevait au dessus de ma tête, et que je passais dessous; quelle ne fut pas ma surprise, lorsque je m'aperçus que le pauvre animal, sentant à mes cris le danger qui me menaçait, s'était de lui-même agenouillé pour passer sous la branche, sans quoi je se- rais resté écrasé entre le chameau et l'arbre! Il faisait de même sur les montagnes, il fléchissait toujours, en les montant, les deux genoux de devant: c'était sans doute le résultat de l'exercice qu'on donne à ces animaux. Un accident semblable est arrivé aussi à Mg^r. Isaac. Le chameau qu'il montait, s'étant enfoncé dans un fourré d'arbrisseaux épineux, il eut en un instant ses vêtements déchirés et mis en pièces, et le visage et les mains tout couverts de meurtrissures: peu s'en fallut qu'il ne fût étouffé par les épines, si par bonheur une main invisible ne l'eût sauvé en tournant la tête de l'animal.

Après avoir passé ces étranges endroits, et traversé de nombreuses rivières serpentantes, nous atteignîmes un après-midi le pied de la montagne Djirana. On fit une décharge de fusils pour avertir le Cheikh de notre arrivée, et ayant dressé là nos tentes, nous commençâmes à prendre quelque repos.

La détonation des fusils mit d'abord en fuite tous les montagnards; mais un moment après ils rivinrent pour s'informer de nos personnes et de l'endroit d'où nous venions. Le Cheikh de Djirana vint nous trouver le soir avec quelques gens de sa suite; il avait apporté aussi des aliments pour nous et un panier plein d'une espèce de pains qui avaient l'air de crottes, d'un gout détestable, et qu'il nous fût impossible de manger. Ces gens étant revenus le lendemain, nous n'hésitâmes pas à les informer du but de notre voyage, qui était de nous présenter au roi Théodore par leur entremise. Après avoir réfléchi un moment, ils consentirent à nous accueillir, et prenant avec eux nos bagages, ils nous conduisirent à un certain endroit près de la route, où nous fîmes halte. Les chameliers et nos gens d'escorte partirent tous avec leurs chameaux; la seule personne qui resta avec nous, fut l'individu qui avait pour mission de nous présenter au Prince Abyssinien. Il était mûni, comme nous l'avons déjà dit, des lettres de recommandation, que lui avait donné à ce sujet le Cheikh Djuma.

Nous eûmes beau attendre au pied de la montagne, personne ne vint pour s'informer de nous ni pour transporter nos bagages. Fatigués d'attendre en vain, nous nous résolûmes de monter avec quelques gens du pays, laissant en bas nos bagages à la merci du hasard; après une demi-heure environ de marche difficile, nous arrivâmes au sommet. Les habitations que nous vîmes là, étaient construites en cannes de roseaux. Le Cheikh de la localité consentit, sur les instances et les promesses que nous lui fîmes, à disposer pour nous d'une maison, située prés de l'Eglise de Caber-Mariam. Quoique les huttes des bergers dans nos pays fussent préférables à celle qui nous fut donnée ici, néanmoins nous étions heureux, après tant de fatigues, d'en avoir trouvé une pareille, et nous nous hatâmes d'y entrer pour reposer nos membres endoloris. Les montagnards s'empressèrent vers le soir de transporter chez nous les bagages et les fardeaux que nous avions laissés au bas de la montagne, et nous pûmes remarquer, à cette occasion, combien ils sont habiles dans l'art de dissimuler avec les gens. Je considérais bonnement comme une œuvre de piété la peine qu'ils s'étaient donnée pour le transport de nos bagages, mais le temps ne tarda pas à nous éclairer sur leur véritable but et leur intention astucieuse .

Le jour suivant, on expédia une lettre de la part du grand Cheikh Djirana au prince d'Esser-Amba, pour prévenir ce dernier de notre arrivée, et lui demander en mêmes temps de nous fournir les moyens de nous faire arriver chez lui. Essar-Amba n'était distant qu'à une journée de marche. Trois jours après, nous vîmes arriver deux messagers chargés de nous saluer de la part du prince, et de remettre entre nos mains la mûle qu'il envoyait pour nous. D'après l'usage de ce pays, c'était un symbole de bon accueil, destiné à faire entendre aux gens d'en faire autant pour nous, et de ne rien épargner pour notre bien être. On fit aussi connaître aux notables du pays les ordonnances du prince, qui leur enjoignait de nous conduire á Essar-Amba le plus tôt possible; malgré cela, personne ne songea à nous le lendemain, ni ne nous apporta de nourriture. Nous eûmes beau demander plusieurs fois au Cheikh de quoi nous nourrir; il restait comme un être insensible et feignait de ne pas nous entendre. Enfin après des instances réitérées: " J' ai accompli, nous répondit-il, mon devoir d' „ hospitalité envers vous, sachez maintenant que je n'ai „ aucun pouvoir sur les peuple ; vous êtes certainement „ plus forts et plus influents que moi pour vous faire „ servir et avoir du pain par force.„ Encouragés par cette réponse, nous commençâmes à être exigents, et à demander vivement de la nourriture aux gens que nous rencontrions. Mais tous restaient sourds à nos demandes, ou bien se renfermaient dans l' intérieur de leurs cabanes. Dans la crainte qu' ils avaient du prince d' Essar-Amba, ils refusaient même de nous en vendre à prix d' argent. Nous passâmes la nuit sans avoir rien mangé, sans même avoir pu trouver le pain dont nous avions fait fi auparavant, comme étant semblable à de la crotte. Mais la Providence divine qui veillait sur nous d' en haut, eut pitié de nous, et nous accorda un secours aussi prodigieux qu' à Daniel dans la fosse aux lions. Le lendemain se présentèrent à nous deux femmes, qui demandaient la demeure d'un homme blanc. Elles arrivaient de leur pays, éloigné d'une journée de marche, et apportaient avec elles deux pains ronds et un assaisonnement de piment rôti. Elles disaient avoir reçu l' ordre dans une vision nocturne, d' aller trouver dans tel endroit un vieillard de race blanche, et de lui remettre ces deux pains. Quoique nous ne croyions pas à la réalité de cette vision, ça n'en était pas moins en réalité un acte de piété, qui protestait contre l'inhumanité et l'inhospitalité des gens de cet endroit à notre égard. Aussi je conclus, que cet acte de charité provenait toujours d'une inspiration divine.

Les ennuis que nous souffrions sur la montagne de Caber-Mariam, nous engagèrent à prier les notables de nous envoyer à Essar-Amba le plus tôt possible. Nous croyions que cette dernière localité était une vraie ville, dans la signification du mot, et nous nous imaginions y trouver sûreté et commodité, d'après les rapports qu'on nous en faisait: deux jours suffirent à peine au grand Cheikh pour rassembler une trentaine de paysans et leur faire transporter nos bagages (17/29 Juillet). Chacun de ces gens se chargea d'une fardeau ou d'un paquet, puis disparut, et nos quatre grandes caisses furent aussi transportées de la sorte. Comme nous ne comprenions pas leur langue, il nous fut impossible de savoir où ils les portaient; mais à partir de ce jour nous fûmes bien persuadés que nos bagages ne nous appartenaient plus. Un peu après midi, nous partîmes de Caber-Mariam, montés sur des mulets. Le ciel était couvert, les nuages s'amoncelaient, et une pluie fine commençait à tomber, mais nous y fîmes peu attention, préoccupés seulement que nous étions par l'idée d'arriver prochainement à Essar-Amba. Une heure avant le coucher du soleil, après avoir traversé une rivière passablement débordée, nous atteignîmes le village dit Bithania-Jésous (La Béthanie de Jésus), où nous passâmes la nuit. Les habitants nous reçurent là avec quelque cordialité.

Le lendemain, malgré la pluie qui tombait à verse, nous quittâmes notre campement de nuit, et, après une heure de marche, nous arrivâmes au bord d'une rivière, qui était excessivement débordée, et d'un cours à la fois très rapide et très dangereux. Ayant remonté quelque temps cette rivière dans l'espoir de trouver un passage, et n'en ayant trouvé aucun, nous fûmes obligés de la passer à la nage. Craignant pour moi la fraîcheur de l'eau, je montai demi-nu sur un mulet, soutenu de chaque côté par des paysans, et invoquant sans cesse le nom de Dieu, je poussai le pauvre animal dans le courant et à la merci des ondes. Avancé en pleine rivière, le mulet, se sentant en danger, fit un soubresaut qui me renversa dans l'eau et se mit à nager. Les hommes qui m'accompagnaient, firent d'inutiles efforts pour me faire remonter dessus, mais à la fin n'ayant plus la force de lutter contre la rapidité du courant pour sauver eux et moi ensemble, ils poussèrent de grands cris, et m'abandonnèrent au cours de l'eau. Mais la force d'en haut, qui ne s'est jamais éloigné de nous, vint alors à mon secours. Je saisis vivement des deux mains un rocher qui se trouvait devant moi, et je passai en même temps par une impulsion naturelle de l'autre côté, où la rapidité de l'eau était moindre à cause du rocher. Les forces m'étant un peu revenues là, je pus enfin résister au courant. Les paysans qui avaient déjà gagné la rive, accoururent à mon secours avec de longues perches qu'ils m'allongeaient à l'envie. Ayant saisi par un bout l'une de ces perches, je me trouvai une seconde fois sauvé des mains de la mort.

Sa Grandeur Mg[r]. Isaac qui se trouvait encore du côté opposé, témoin du désastre qui m'était arrivé, se dépouilla de ses vêtements, et aidé par deux hommes, il passa aussi à la nage du côté où nous étions. Notre jeune domestique Ezechiel traversa la rivière de la même manière, malgré la grave indisposition qu'il avait contractée durant notre voyage.

Nous étant arrêté quelque temps sur la rive pour sécher nos vêtements, nous arrivâmes après une heure de marche au village de Voldaghé, appelé aussi communément Melconz. Là, on nous donna pour nous reposer une chétive cabane faite de canne, dont les parois étaient presque à découvert, et où nos corps fatigués et affaiblis étaient exposés à toute la rigidité du vent et à l'intempérie du climat. Fort heureusement nous avions près de nous la toile du contour de notre tente, et nous nous en servîmes pour entourer cette cabane.

Mamo-Haïlo, premier Cheikh (*Mislin*) du district de

Djirana, ayant remis nos bagages aux notables de la localité, s'en retourna aussitôt avec sa suite et nous laissa seuls. Le matin du troisième jour, nous reprîmes notre route, montés encore sur des mulets; et comme le chemin par où nous conduisaient nos guides, nous paraissait périlleux et impraticable, nous les priions de nous faire passer par la route fréquentée. Mais ils nous alleguèrent de vains motifs, sans toutefois vouloir accéder au désir que nous leur exposions. Voyant leur obstination, nous fûmes obligés de revenir sur nos pas à pied, en leur abandonnant les mulets qu'ils prirent et qu'ils emmenèrent. Contre notre attente, ils ne nous reconduisirent pas par la route fréquentée. Hélas! nous nous trouvions sur une terre et dans un royaume où il n'y a ni règles ni principes; les gens de ce pays sont dépourvus de tous sentiments humains et n'ont d'égards envers personne; on ne connait là ni le grand ni le petit: ce qui nous pesait le plus dans notre malheur, c'était de ne pas comprendre leur idiome. Nous étions, là, à attendre impatiemment des nouvelles, et personne ne venait ni nous en apporter, ni nous en demander.

A notre départ de Caber-Mariam, comme nous l'avons déjà dit, Ezéchiel avait commencé à montrer des symptômes d'indisposition, car ce jeune homme prenait très peu de soin de sa santé; les rigueurs de l'hiver étaient pour lui comme les chaleurs de l'été, et il ne voulait écouter aucune des prescriptions que nous lui donnions à ce sujet. Son indisposition devenant de jour en jour plus grave, il s'alita; et malgré tous nos soins, et les médicaments de toutes sortes que nous lui fîmes prendre, et dont nous étions fort heureusement pourvus, nous ne pûmes parvenir à le faire transpirer. Il était attaqué d'une fièvre qui le condamnait, et le plus habile médecin n'aurait pu le soustraire á la mort. Nous apercevant du danger où il se trouvait, nous commençames à le préparer pour la vie éternelle; et ayant reçu dans des sentiments de vive piété les secours de la religion, il ferma ses yeux obscurcis et passa dans l'éternité, après neuf heures seulement de maladie, le lendemain de la fête de la Transfiguration. Cette mort nous laissa au cœur un vif chagrin, car nous étions par là une fois de plus isolés. Que Dieu récompense ce jeune homme de toutes les peines qu'il s'est données pour nous, et par lesquelles il a pris part á l'acte de charité dont nous étions chargés !

La nouvelle de cette mort attira chez nous grand nombre de paysans, auxquels nous proposâmes de transporter à l'église le corps du jeune infortuné. Ils y consentirent aussitôt, et l'ayant étendu selon leur usage sur un *alga* (1), qui lui servait déjà de lit pendant sa maladie, ils l'y attachèrent avec des cordes de peau, et quatre hommes le soutenant ainsi sur leurs épaules, ils le conduisirent à leur église située sur le sommet de la montagne de Kidane-Méret, en traversant plusieurs collines très élevées. Mg^r. Isaac suivait les funérailles à pied; quant à moi, épuisé que j'étais par de longues fatigues, j'avais été obligé, pour les suivre, de monter sur un mulet et de me faire accompagner de plus par quelques paysans, lesquels s'écartant bientôt de la route directe, me conduisaient par des chemins détournés. Je croyais tout d'abord qu'ils me guidaient vers l'église, mais lorsque je l'eus aperçue derrière moi, je voulus revenir sur mes pas ; ce fut en vain, car malgré tous mes efforts, les paysans poussaient ma monture pour la faire avancer. Les larmes aux yeux et la désolation au cœur, je les suivais en psalmodiant des hymnes pour le repos de l'âme du pauvre Ezéchiel. Le chemin était si difficile et si escarpé, que les bêtes fauves auraient eu peine à y passer; ici se voyaient des précipices glissants, là des rochers taillés à pic, et plus loin, des forêts remplies d'arbrisseaux épineux, qui ne laissaient pas

____

(1) L'alga est un banc d'une certaine hauteur, dont le milieu est entrelacé par des cordes de cuir, et qui sert aussi de cercueil.

passer les voyageurs sans déchirer leurs visages et leurs
vêtements. Nous atteignîmes enfin, après de bien grandes
difficultés, le village de Gozraghé, où j'arrivai tout désolé
et épuisé de fatigue. J'attendis là Mg^r. Isaac, qui après
avoir inhumé, avec un prêtre Abyssinien, les restes mor-
tels de l'infortuné jeune homme, dans un cimetière orné
d'arbres magnifiques, s'en revint vers nous vers le soir,
á pied et tout ruisselant de sueur. En nous revoyant, des
ruisseaux de larmes commencèrent à couler de nos yeux.
Quoique notre affliction eût pour objet la même cause,
lui néanmoins avait eu la consolation d'avoir enterré le
pauvre jeune homme, et d'avoir prononcé sur sa tombe
les dernières bénédictions ; tandisque moi j'étais loin d'-
avoir eu ce soulagement, puisque je n'ai pu même jeter
une poignée de terre sur ses restes dont nous étions séparés pour toujours.

Nous passâmes la nuit à nous affliger plutôt qu'á dor-
mir, nous rappelant sans cesse la perte que nous venions
de faire, et en remerciant Dieu d'avoir accordé à ce jeune
homme la grâce de mourir chrétiennement; car, quoiqu'
il fût mort sous un ciel étranger, et qu'il eût laissé sa dépouille dans une contrée presque sauvage, néanmoins
son âme immortelle alla prendre rang, il faut l'espérer,
parmi les vierges et les saints qui jouissent de la félicité
éternelle.

Le lendemain, après trois heures de marche, nous
arrivâmes à un autre village nommé Avisa, où nous eûmes le plaisir de retrouver nos bagages et nos coffres, qui
avaient été transportés par les hommes du Cheikh de
Melçouz, et remis par eux aux notables de la localité.
Nous quittâmes bientôt cette dernière station pour atteindre au pied de la montagne d'Essar-Amba, mais
ce ne fût pas sans de grandes difficultés, car la route,
ainsi que les précédentes, étaient couvertes de bocages,
remplis d'arbres épineux, qu'on ne pouvait traverser sans
prendre les plus grandes précautions. A partir de là, nos ,

guides commencèrent à être moins brutaux envers nous, et à montrer de temps à autre quelques vestiges de sentiments humains; ils tâchaient en effet de réparer les graves manques d'égard qu'ils avaient commis envers nous, nous faisant des excuses tacites par plusieurs actes de sympathie, ce qui nous réconfortait un peu dans le passage de cette forêt dangereuse; ils nous priaient de ne pas nous plaindre d'eux aux princes, mais au contraire de les bien disposer en leur faveur. Ces pauvres créatures paraissaient méconnaître les devoirs chrétiens et religieux qui nous commandent d'oublier et de pardonner à ceux qui nous offensent : qualité qui est le propre de tous les gens vraiment vertueux.

Le 24 Juillet, jour de la fête de Sa Béatitude notre Patriarche, nous nous plaisions à nous rappeler, en grimpant la montagne d'Essar-Amba, les cérémonies et les solennités qui se faisaient en ce jour au grand Couvent de S^t. Jacques, à Jérusalem, et à ce souvenir lointain de notre pays, nos cœurs étaient gros et pleins d'attendrissements. Lorsque nous eûmes atteints au sommet, tout hors d'haleine et moulus de fatigues, nous rencontrâmes le prince Tessemma, gouverneur du district de Djelga, ayant la haute surveillance de tout l'Amba, lequel venait au devant de nous, suivi d'une centaine de soldats et accompagné de son petit frère nommé Charau. Cette marque d'un aussi grand respect fut d'abord considérée par nous comme un hommage rendu à notre qualité d'ecclésiastique, mais ce n'était en réalité qu'en vue seule de nos biens, comme nous ne tardâmes pas à l'apprendre d'une manière positive. Il nous avait fallu une heure pour gagner la cîme de la montagne, où nous arrivâmes escortés très respectueusement, mais, dans un épuisement complet et à bout de force. Quand nous eûmes repris un moment haleine, on nous conduisit à un appartement bâti de pierre, qui ne recevait de jour que par la porte, et qui avait été expressément préparé pour nous. Nous avions

de prime abord de la répugnance à y entrer, mais en voyant les chétives cabanes destinées pour les princes eux-
mêmes, nous l'acceptâmes dans l'espoir d'y trouver au
moins un asile sûr, et d'y être à l'abri de tous les dangers. De tels logements, nous disait-on, n'existaient que
dans la ville de Gonder et à Guelbi-Thabor, résidences
ordinaires du roi: notre demeure elle-même servait d'
habitation au prince Théodore, chaque fois qu'il venait
passer là quelques jours. Nous commencions donc à considérer le logement qui nous était offert, comme un vrai
palais royal, quoiqu'il n'eût pour tout plancher que des
grosses poutres rangées l'une contre l'autre. Le rez de
chaussée de cette demeure servait de prison et avait une
porte à part. La chambre du haut que nous occupions, a-
vait plusieurs coins et plusieurs ouvertures enfoncées en
forme de placards, où l'on gardait les trésors et les biens
appartenant au Roi, ainsi que les provisions pour sa suite.
Quelques personnes de la montagne nous ayant envoyé
de l'hydromel, nous le goutâmes en compagnie de quelques princes, en buvant à la santé du Roi, de S. B. le Patriarche Isaïe et des assistants. Les coupes étaient des
cornes de bœufs, et chaque fois qu'on faisait un toast,
tous ces gens se prosternaient à la fois, en souhaitant
prospérité à celui en l'honneur de qui on vidait la coupe.
Aussitôt que les princes nous eurent quittés, on nous offrit de leur part une vache blanche (1), comme signe de
félicitation pour notre arrivée, en nous informant en même
temps qu'ils étaient prêts à nous procurer tout ce dont
nous pourrions avoir besoin.

Le lendemain, dans une seconde visite que nous fit le
prince, nous le priâme d'informer le roi Théodore de
notre arrivée. "Nous sommes en ce moment au cœur de
„l'hiver, nous répondit-il, et il y a sur la route de Guel-

---

(1) *Chez les Abyssiniens, l'offrande d'une vache blanche est
considérée comme une marque de respect et d'honneur.*

34

„bi-Thabor, cinq ou six rivières qui n' offrent aucun pas-
„sage; deplus, des bandes de rebelles acharnés, qui se sont
„multipliées depuis les débordements des rivières, se sont
„rendus maîtres de la route. Il vous faut donc attendre
„quelques jours; il est fort probable que le Roi lui-même
„s'avance de ce côté avec son armée, et alors il sera
„donné suite à votre demande.„ Ayant parlé ainsi, il
nous quitta, nous laissant dans une grande perplexité et
dans une grande inquiétude.

En proie à de tels soucis et à de telles angoisses, surtout après l'affliction que venait de nous causer la mort
d'Ezéchiel, nous avions grand besoin de consolation. La
Providence divine, qui a toujours coutume de mêler aux
plus grandes amertumes quelque soulagement imprévu,
nous donna l'heureuse chance de trouver dans cette contrée presque déserte, et sur une montagne escarpée, le
voisinage de deux hommes blancs, chose vraiment assez
rare en Abyssinie. Ils étaient tous deux natifs de Nazareth (Palestine), et s'appelaient, l'un Djerdjis et l'autre
Elias. Ils étaient marchands, et dans leur voyage qu'ils
avaient fait, comme nous, par la voie de Souakim, ils a-
vaient été dépouillés par les voleurs de tous leurs biens;
puis ayant continué leur route, en vue de se faire présenter au roi Théodore, ils étaient arrivés jousqu'à Djelga, où les principaux de la localité s'étaient saisis d'eux
pour les conduire à Essar-Amba: c'est là qu'ils avaint
été laissés, abandonnés dans une hutte misérable et ouverte à la pluie de tous les côtés. Ils étaient arrivés deux
mois seulement avant nous. Il est impossible de décrire
leur surprise et l'excessive joie qu'ils ressentirent dès qu'
ils nous aperçurent; ils nous reconnurent de suite pour
habitants de la Turquie, et dans le ravissement que leur
causait notre vue, ils nous accueillirent comme si nous
eussions été des anges descendus des cieux pour les sauver. Nous ressentions de notre côté une joie égale en les
entendant parler l'Arabe, que nous comprenions quel-

que peu. Nous nous entendions enfin, c'étaient des blancs
comme nous, et nous étions vraiment comblés de consolation; aussi, dès le premier jour de notre rencontre, nous
les recueillîmes chez nous, pour les tirer de l'état pitoyable où ils se trouvaient et qui mettait leur vie en danger;
dès lors ils commencèrent à nous servir avec une grande
fidélité, et ne nous quittèrent point durant tout notre
voyage. Assurés qu'ils étaient de nos bonnes intentions à
leur égard, les deux Nazaréens nous confièrent tous leurs
secrets, ainsi que le but de leur voyage en Abyssinie.
Djerdjis était chrétien orthodoxe, tandis qu'Elias était
fils d'un mahométant, bien qu'il portât un nom chrétien.
Ce dernier convaincu de la vérité du Christianisme, dé-
sirait se faire baptiser, sans oser toutefois exécuter ce
dessein ni dans sa patrie, ni dans la sainte Cité, ni dans
quelque autre partie de la Turquie; pour cela, il a-
vait résolu, d'accord avec son intime ami, d'aller auprès
du roi Théodore, pour se faire, là, chrétien en toute sûreté, et professer ouvertement la religion qu'il avait en
prédilection. Mais, comme nous venons de le dire, dépouillés de tout, comme ils l'avaient été, ce n'est qu'à
grande peine qu'ils avaient atteint jusqu'à Essar-Amba,
pour y attendre, selon la coutume du pays, une occasion
favorable de se présenter au Roi. Malheureusement ils
n'avaient pas réussi, aussi bien que nous, dans leur dessein; ils demeurèrent donc auprès de nous, pour partager les fatigues et les misères auxquelles nous étions as-
sujettis.

CHAPITRE IV.

Description d'Essar-Amba: sa garnison et sa police. L'état des prisonniers et leur garde. Le scélérat. La veille et la fête de l'Exaltation
de la St. Croix. Solennité du feu. Conseil des princes. Visite du prince
d'Arba-Amba; distribution de cadeaux et de récompenses.

L'ABYSSINIE chrétienne se divise en quatre parties ou provinces, savoir: Amara, Godjam, Choa et Thègri (*Tigré*), lesquelles provinces sont gouvernées par diverses autorités. La première forme le plus vaste territoire; c'est là que se trouve Essar-Amba (1), montagne
très forte, qui passe pour imprenable, et au pied de la
quelle se voient çà et là divers hameaux, dont l'ensemble
forme le village dit Djelga. Arba-Amba est une autre
montagne éloignée de celle-ci de deux heures de marche.
Ces deux montagnes, comme toutes celles qui sont dans
la province d'Amara, sont des places fortes inexpugna-
bles, dont chacune est une forteresse qui sert d'asile aux
ennemis. Il convient de donner, ici, une description d'
Essar-Amba, où nous avons séjourné pendant un temps
assez long.

Cette montagne s'étend de l'Ouest à l'Est; elle est
assez élevée et escarpée de tous les côtés. Elle a deux
défilés ou passages, dont l'un est à l'occident, et l'autre à
l'orient; le premier est d'un accès difficile à cause des
précipices, mais il a toutefois un passage qui, au temps
du danger, pourrait être défendu par deux hommes seulement: il est toujours gardé. Le défilé oriental est un
peu plus spacieux, et adjacent à une autre montagne, a-

(1) Essar-Amba *signifie* " *Chateau des foins,* „ Arba-Amba " *Quarante chateaux ou fortification.* „ Djelga *a une signification vague, par laquelle on comprend tout le district gouverné
par le prince d'Essar-Amba. Son étimologie paraît donner le sens
de* " *Bière faite de lin.* „

vec laquelle il communique par un pont en poutres qu'
on baisse en temps de paix et qu'on lève pendant la
guerre. C'est par ce défilé, tout près du pont, qu'on commence à descendre au pied de la montagne par où on
nous a fait monter: c'est le passage d'honneur, que nous
n'avons trouvé clos toutefois que par une mauvaise porte
à vantaux. On voit de place en place sur la montagne, de
petits terrains assez bien cultivés; mais ces terrains quoique
fertiles, sont loin de suffire à la consommation annuelle
de la garnison, qui se pourvoit, pour le reste, des céréales
provenant de l'impôt des dîmes. Ces deux défilés, tant
l'oriental que l'occidental, se trouvent sous la surveillance de gardiens fidèles qui les gardent à tour de rôle
le jour et la nuit. Ce service est héréditaire de père en
fils. Personne ne peut passer là sans la permission du
prince, laquelle s'obtient par le moyen du gardien. Si
quelqu'un veut y entrer pendant la nuit, il doit avoir
pour garant quelques gens de la localité.

Deux princes résident là de la part du Roi, l'un en
Essar-Amba, et l'autre en Arba-Amba; le premier est de
race Kémante, et l'autre, chrétien. Le roi Théodore ayant des doutes sur la fidélité de ces deux princes, qui
sont comme les préfets du district de Djelga, les retenait
en ce moment en otage auprès de lui. L'un d'eux était
remplacé par son fils, ayant un adjudant avec lui, et l'
autre par ses deux jeunes frères, accompagnés aussi d'un
adjudant. Ces derniers, à leur tour, résidaient l'un à Essar-Amba, c'était le frère du prince chrétien, qui avait un
représentant en Arba-Amba; et l'autre, c'est-à-dire le fils
du prince Kémante (1), résidait en Arba-Amba, et avait

(1) *Kémante est le nom d'une race Abyssinienne, qui se trouve
dans la province d'Amara. Les Kémantes sont des infidèles qui
ne professent aucune religion. Ils sont très vaillants, très courageux et très habiles dans le vol. Nous reparlerons de cette race
dans le II. volume.*

aussi un représentant en Essar-Amba. Cette organisati-on, qui donne l'idée du caractère soupçonneux du Roi, et de l'infidélité de ses sujets toujours enclins à la révol-te, avait été établie par le Roi lui-même. Les princes de l'une et de l'autre montagne ont coutume de se rendre à la foire de Djelga, pour protéger et défendre les habitants contre l'agression des voleurs et des rebells, qui viennent maintes fois saccager les villages, et s'emparer des provisions exposées en vente.

Les deux princes ont des habitations en forme de tente dans l'une et l'autre place forte, pour la station de leur garnison, et ces logements sont égaux en nombre. Les montagnes elles-mêmes comme lieux fortifiés, servent aussi d'asile et de lieux de refuge; les voyageurs, par e-xemple, venant de Gallabad, viennent tout directement, guidés par les indigènes, dans le district d'Essar-Amba, s'il y a du trouble dans le pays; autrement, on les fait loger au village de Djelga, au pied de la montagne. Si, au contraire, les voyageurs viennent de l'intérieur du pays, ou de la part du Roi, c'est le prince d'Arba-Amba qui les reçoit.

Ces montagnes sont aussi célèbres comme prisons, car étant des forteresses naturelles, il est très difficile aux prisonniers de s'en évader. Les détenus sont sous la garde de geoliers, qui sont les habitants des hameaux du voisinage. Ceux-ci se chargent tour à tour de les gar-der durant une semaine, et leur nombre surpasse com-munément celui des prisonniers. Les princes de la mon-tagne ne prennent aucun souci de ces derniers. Si par ha-sard a lieu quelque évasion, les geoliers à leur tour rem-placent les évadés, ou sont condamnés à la mort. Quand les prisonniers ont leur famille ou des domestiques, ils les retiennent aussi près d'eux pour les servir. Les dé-tenus ont la liberté de se promener dans la montagne escorté par un garde. Lorsqu'un prisonnier parvient à s'échapper, il se lie la jambe, après l'avoir déchaînée, avec un morceau de chiffon, qu'il l'aisse attaché pendant 24 heures à son pied, en souvenir de son évasion, puis il va se réjouir dans la compagnie de ses amis. La chaîne qui entoure la jambe du prisonnier, est terminée par un morceau de fer, dont les deux bouts sont joints avec un marteau. Lorsqu'on veut le déchaîner, on étend la jambe du prisonnier sur un rocher ou sur une pierre, et l'on fait passer dans l'anneau deux fortes lanières qu'on attache autour de gros bâtons, dont les bouts inférieurs appuyés derrière des rochers, sont forcés de chaque côté par deux hommes robustes, jusqu'à ce que l'anneau s'ouvre, au grand péril du malheureux prisonnier, qui endure pendant ce temps là d'affreuses tortures. L'adversaire du détenu ou celui qui l'a fait enchaîner, est obligé d'être présent pendant que ce dernier est mis au fer, après quoi il s'en éloigne, l'abandonnant à la merci de Dieu .

On amena à Essar-Amba, tandis que nous y étions, un insigne scélérat, dont voici l'histoire des forfaits, d'après les détails qui nous ont été donnés. Il était du district de Deinbia: un jour il se rend chez une femme de sa parenté qui habitait un village voisin, où il est reçu avec la plus cordiale hospitalité, et, après avoir soupé et passé la soirée agréablement, tous se mettent au lit. Au milieu de la nuit, le scélérat, profitant du profond sommeil de son hôtesse et de ses enfants, se lève à la sourdine, prend les vaches et les bœufs de la pauvre femme et s'enfuit. L'hôtesse s'étant réveillée au bruit, s'aperçoit du vol, et se met à la poursuite du voleur avec son plus jeune fils. Il était déjà hors du village, mais ceux qui le poursuivaient, parviennent enfin à le saisir. Ils s'accostent et en viennent aux mains; le voleur s'élançant sur ses agresseurs, les renverse, les baillonne avec un morceau de bois qu'il enfonce dans leurs bouches, et les garotte fortement pour leur ôter le moyen de s'enfuir et de crier. La malheureuse femme et son fils restent ainsi sur le chemin presque inanimés; et bientôt les loups étant venus les dévorer, il ne resta plus que leurs os, qu'on découvrit le lendemain du crime. Quelques jours après le fils aîné de cette femme, qui était absent de sa maison, se rencontra par hasard avec ce scélérat, qui emmenait les bestiaux en les entraînant; il les reconnait aussitôt, mais sans rien lui dire, il va simplement porter ses plaintes au gouverneur de la localité. Sur le champ le voleur est arrêté, et mis aux fers dans la forteresse d'Essar-Amba, où nous séjournions alors.

Ces *Ambas*, comme nous l'avons dit plus haut, sont des fortifications naturelles, d'après la signification du mot lui-même en abyssinien. Elles servent de dépôts pour les trésors et les biens du Roi, ainsi que pour les provisions de son armée; et ceux qui sont opprimés et persécutés par quelque autorité, y trouvent aussi asile. Les prisonniers de Théodore étaient détenus dans les deux montagnes d'Essar-Amba et d'Arba-Amba, mais l'eau étant venu à manquer dans ces deux *Ambas*, les prisonniers furent pour cette raison, transportés à Magdala.

A l'approche des grandes fêtes, les principaux Cheikhs des villages taxent leurs gens pour une certaine somme, avec laquelle ils achettent un ou deux bœufs, qu'ils envoient d'avance à leurs princes, et le jour de la fête venue, ils se rendent chez eux pour les féliciter et leur rendre les hommages les plus serviles.

La fête de l'Exaltation de la S^{te}. Croix, est le jour le plus solennel et le plus remarquable de l'année chez les Abyssiniens; mais toutefois, il faut le dire, les cérémonies qui ont lieu à cette époque, sont plutôt politiques que religieuses. Le jour de Pâque même est considéré chez ce peuple comme un dimanche ordinaire. La veille de la Sainte Croix, vers le soir, on voit arriver chez le prince les personnes les plus notables et les troupes des soldats, ayant tous à la main un bâton, dont le bout est orné de fleurs. Le prince fait alors sonner les cornemuses et se place sur le lieu le plus élevé de la montagne, entouré de ses hôtes; et lorsque ceux-ci sont au complet, ils se placent sur une esplanade, où s'étant divisés en deux bandes, ils se mettent à exécuter des jeux guerriers, qui tiennent lieu chez ce peuple d'exercices militaires; pendant le temps des jeux chacun tient à la main son bâton orné de fleurs. C'est réellement un spectacle très curieux que celui de ces combats simulés, où l'on s'efforce des deux parts de faire éclater sa valeur, de montrer sa bravoure et son habileté dans les stratagèmes. Le parti qui triomphe, poursuit les vaincus l'épée à la main et à la décharge des fusils, jusqu'à l'endroit occupé par le prince. Celui-ci, à leur approche, se lève debout, comble de louanges les vainqueurs et exalte leur bravoure et leur adresse. Soudain un bruit éclate, on sonne les trompettes, et des cris frappant l'air résonnent de toute part. "La "Sainte Croix vient d'arriver; la Sainte Croix vient d'arriver.„ Et, en chantant ainsi, tous s'embrassent. On voit, là aussi bon nombre de Mahométans et d'infidèles qui prennent part aux réjouissances de cette fête annuelle. Au milieu de ce bruit assourdissant, les bœufs tombent baignés dans leur sang, tout près de la foule qui les entoure, et qui vide des cornes d'hydromel en poussant des cris de joie. Cette solennité célébrée sous le masque de la religion, ne présente en réalité que les vestiges de la vie sauvage. Car, lorsqu'on tue les bœufs, et qu'ils gisent encore tout palpitants sur la terre, l'un des assistants arrache la langue de l'un, et la mange toute dégoûtante et fumante de sang. Un moment après on tranche l'une des jambes et on la présente au prince, qui en coupe avec son couteau un gros morceau à l'endroit qui lui plait le mieux, et l'avale crû comme il est. Cet exemple est imité par tous les convives qui en coupent à leur tour chacun un morceau, mais de dimension un peu moindre comme pour faire hommage à leur prince. La même cérémonie a lieu aussi chez le lieutenant du prince d'Arba-

Amba, qui donne banquet à tous ceux qui vont le féliciter.

C' est dans la nuit même qui suit cette journée, qu'a lieu encore la cérémonie du *feu ardent*. On entasse quantité de bois dans un certain endroit, et à la fin du festin, chacun va jeter son bâton orné de fleurs sur le monceau de bois, sur lequel d' autres jettent des fagots de broussailles, qu'ils ont préparés d' avance, ce qui donne bientôt à cet amas l' aspect d' une colline : et lorsque ce feu est allumé, il répand un éclat magnifique, à la clarté duquel les gens s'adonnent aux réjouissances pendant toute la nuit. Cette solennité du feu se passe également dans les autres villages, mais elle offre là un caractère religieux, qui a plus ou moins de ressemblance avec la même cérémonie qui se fait chez les autres nations.

Les princes de ces *Ambas* n'ont pas le droit de rien décider dans les affaires qui touchent au gouvernement royal. Quand on traite de quelque affaire, ils s' assemblent dans un endroit écarté avec leurs lieutenants et tous les officiers nommés par le Roi, à l'exception toutefois des chefs inférieurs de la milice. Ce comité a le pouvoir de juger toutes les affaires, et de donner sa sentence sur une affaire quelconque. Il a aussi le droit d'adresser des requêtes au Roi ou de lui envoyer un délégué en cas de besoin, et les princes sont chargés seulement de faire exécuter ce qui a été décidé.

C' est une affaire de ce genre qui avait amené le prince d' Arba-Amba chez le Chef de notre montagne, une vingtaine de jours environ après notre arrivée à Essar-Amba. Ce prince ne manqua pas alors de nous faire une visite et de venir nous complimenter. Profitant de cette occasion, nous le priâmes de faire part au Roi de notre arrivée. "Très bien, nous dit-il, dans notre assemblée qui se tiendra aujourd'hui, au sujet d'une certaine affaire, nous nous occuperons aussi de la vôtre„. Il nous fut répondu que lorsqu'on aurait de bonnes nouvelles, de la part de ceux qui viendraient de Djelga, sur la sûreté de la route et sur le cours des rivières, ils agiraient pour nous de leur mieux. Par cette réponse, ils ne voulaient que traîner notre cause en longueur, et nous tromper par un vain espoir, sans vouloir en réalité prendre la peine de nous servir, comme nous l'avons appris à la fin.

Nos principales craintes portaient sur le prince d'Essar-Amba, qui nous paraissait quelque peu disposé à se soulever et à suivre le parti de son cousin Gabro-Médani-Alem. Ce dernier était l'un des princes de Théodore, gouverneur du district de Vondeghet, sur la frontière de Godjam; et notre prince, qui avait de fréquentes relations avec lui, était naturellement soupçonné devant l'autorité de Sa Majesté, à cause des dispositions qu'il montrait parfois à la révolte. Cet état de choses nous fit résoudre enfin à nous adresser à l'homme, que le Cheikh Djuma nous avait adjoint, au début, pour le prier de nous présenter au Roi, et de faire en sorte de faire parvenir une lettre de notre part à Théodore; pour ce dernier objet, nous devons dire qu'il fit tout son possible, sans pouvoir néanmoins réussir à cause du débordement des rivières.

Dès que nous eûmes mis le pied sur le territoire Abyssinien, nous commençâmes à étaler devant eux des cadeaux et des objets de toute sorte en vue de gagner leur sympathie; ceux que nous traitâmes ainsi, furent surtout les princes et les principaux d'Essar-Amba, à qui nous avons offert, de prime abord, plusieurs pièces de fine toile, des tuniques en soie, et d'autres articles de manufacture; et, il faut le dire, ils nous parurent déjà accoutumés depuis longtemps à en recevoir, de la part des voyageurs européens qui étaient venus avant nous, et dont quelques uns même avaient eu la naïveté de leur offrir de la poudre, des fusils et même de l'argent. Le prince d'Arba-Amba nous ayant fait demander les cadeaux d'usage par un intermédiaire, nous consentîmes un peu, malgré nous et surtout par crainte, à lui donner deux pièces d'étoffe rouge pour faire deux tuniques, l'une pour lui et l'autre pour son lieutenant, avec d'autres présents de peu de valeur pour les personnes de sa suite.

Aussitôt qu'ils eurent reçu nos présents, sans même attendre les ordres du Roi, selon l'usage du pays ils donnèrent ordre aux principaux Cheikhs des villages de nous donner chaque mois une certaine mesure de farine provenant de la semence de *tef*, un bœuf, douze pièces de sel (1) en bloc, du poids de trois oks et valant en hiver deux thalers: toutes ces provisions devaient être fournies aux frais des paysans. C'était effectivement une grande faveur, pour laquelle nous lui fîmes de vifs remerciments, mais malheureusement nous ne pûmes pas en profiter. Notre domestique indigène s'appropriait le sel et refusait de nous le remettre, en alléguant que les paysans ne voulaient pas en donner, et comme nous étions loin de comprendre leur langue, ainsi que leur fourberie, la vérité nous restait toujours cachée. Nous nous contentions, au reste, du strict nécessaire pour notre subsistence. Pendant toute la durée de notre séjour à Essar-Amba, nous achetâmes le sel qui nous était nécessaire, ainsi que nos autres provisions, au marché de Djelga, par l'entremise dudit domestique qui nous volait; pour éviter ce désagrément, nous aurions bien voulu les acheter nousmêmes, mais il nous était défendu de sortir de l'Amba, pour ne pas tomber dans les mains de quelque prince révolté. Ainsi nous étions trompés sans cesse malgré toutes nos mesures et nos précautions.

(1) Le sel étant rare et les mines assez loin, il coûte toujours cher, et on l'emploie ordinairement à la place de monnaie.

CHAPITRE V.

Avis que nous fîmes passer pour la première fois à Théodore. Sa réponse. Dommages que nous causèrent les paysans. Notre deuxième avis au Roi, et la réponse qui tomba aux mains des princes. Arrivée de l'armée anglaise et fuite de Théodore à Magdala. Alemy fond sur Djelga ; sa retraite ; son territoire est pillé. Arrestation du rebelle Deinbiote, et décapitation de son frère chez le roi Théodore.

LES princes gouverneurs d'Essar-Amba et d' Arba-Amba ayant appris le décroissement des rivières, avaient expédié deux hommes des confiance au Roi, qui se trouvait à Guelbi-Thabor, à l'approche de la fête de la Sainte Croix, c' est-à-dire, le 9/21 Septembre. Théodore était éloigné de nous de trois jours de marche seulement. C' était la coutume des princes de rendre compte au Roi à cette époque, de l' état du pays, et cette fois-ci on l'informa aussi de notre arrivée et de notre qualité; mais ces renseignements étaient donnés de vive voix, sans être accompagnés d'aucune lettre, par la raison, disaient-ils, que la route étant encombrée de rebelles, les deux messagers auraient pu être soupçonnés, et empêchés d'arriver jusqu'au Roi.

Vingt-cinq jours après, c'est-à-dire, le 4/16 Octobre, ces deux envoyés furent de retour, et se présentèrent aux princes pour leur communiquer les ordres que Théodore avait donnés pour notre nourriture et notre entretien, après quoi il vinrent nous informer des entretiens qu'ils avaient eus à notre sujet avec le Roi. "Sa Majesté, „nous dirent-ils, a été charmée de votre arrivée, aussitôt „qu'elle l' à connue. Elle a accueilli les bénédictions et „les salutations que vous lui avez adressées, et vous sa- „lue aussi en vous présentant ses compliments de bien „venue. Le prince Théodore avait d'abord résolu de ve- „nir ici en personne pour vous conduire chez lui, et c'est

„cette raison qui nous a retardés, mais ayant appris en-
„suite que les insurgés étaient augmentés de façon que
„les chemins aux environs étaient tous envahis, il a re-
„noncé, pour le moment, à son projet, disant que d'ici à
„peu de jours il a l'intention de venir lui-même vous em-
„mener, ou de vous envoyer pour escorte un détache-
„ment de troupe.„ Ces paroles nous furent traduites en
arabe par un mahométan nommé Méhemet-Séid, employé chez le roi Théodore, et qui se trouvait alors à Essar-Amba pour affaire, et attendait comme nous, l'arrivée du Roi. Quoique Théodore s'occupât de nous de loin,
et qu'il eût chargé les princes de nous traiter avec bonté
et de nous fournir ce dont nous pourrions avoir besoin,
néanmoins ceux-ci en agissaient contrairement avec nous,
et cela pour un motif qui nous fût dévoilé plus tard. Les
paysans étaient en mauvaise intelligence avec le prince
et le haïssaient; voilà pourquoi ils ne le servaient pas de
bon gré, mais seulement en apparence, et juste assez
pour se soustraire à ses reproches. Un traitement aussi
rude que soupçonneux, les faisait passer pour être enclins à la révolte; mais toutefois les gouverneurs, qui a-
vaient toujours besoin d'eux dans les circonstances critiques, ne pouvaient ouvertement se fâcher avec eux ni
les molester, en ce moment là surtout. Ils étaient forcés
d'avoir avec eux des ménagements et de leur témoigner
toujours de l'affection. Voilà pourquoi leurs ordres n'é-
taient point respectés par les paysans, et pourquoi aussi
nous avions à subir des dommages à cet égard.

Les troupes de garnison placées sous le commandement des princes, ne dépassent point en nombre 300 soldats. En temps de guerre, ils ont toujours besoin de l'assistance des paysans, qui ne sont pas exemptés des impôts, qu'ils payent au gouvernement comme de simples
citoyens; ils s'enrôlent dans les régiments volontaire-
ment, sans y être contraints, pour faire la guerre avec
l'ennemi et combattre pour la cause du Souverain. Lors

que celui-ci est absent, personne ne le craint, ni paysan
ni prince; mais, au contraire, lorsqu'il est près d'eux, ils
deviennent tout autres, au point que personne ne croirait
que ce soient les mêmes individus intrépides et présomp-
tueux; ils se laissent alors saisir de frayeur, et ceux qui
ont quelque tort contre le Roi, s'empressent de lui faire
des excuses.

A notre arrivée dans la forteresse d'Essar-Amba,
tous les peuples placés sous la domination de Théodore,
s'étaient révoltés. Le district de Thègri était alors gouverné par Dedjact-Kassa, tandisque Therso-Govazi
commandait celui de Volgaïte et de Voguesa, ainsi
que les pays adjacents. Dedjact-Eniné et Catalavondié
commandaient ensemble le pays de Bélessa, frontière de Guelbi-Thabor, où résidait Théodore. Ces princes n'avaient aucune crainte du Roi, car ils pouvaient se réfugier dans les montagnes en cas d'attaque
de celui-ci. Minelik, un des princes du sang, dominait
dans le territoire de Choa, et Thellak-Haïlo, en rébellion
depuis quinze ans, s'était emparé du district de Godjam.
Enfin Vodelou et Jédjou, de même que le pays des Gallas, se trouvaient sous la domination de deux Amazonnes
mahométannes de race Gallaise, nommées l'une Vorkite
et l'autre Mestaïtic. Outre ces insurgés valeureux et renommés, il y avait encore quelques autres bandes de rebelles, mais peu importantes, qui vivaient de leur brigandage sur les chemins publics et dans les hameaux. Toutefois quand le prince Théodore se montrait, personne n'
osait lever la tête ni déclarer ouvertement ses intentions;
comme on l'avait vu sortir de plusieurs combats sain
et sauf et sans la moindre égratignure, chacun croyait
voir en lui une force surnaturelle et le considérait comme
invulnérable. Cette croyance était générale parmi le
peuple. Lorsqu'il marchait contre une bandit, ou sur
un village, on préférait prendre la fuite que de se rencontrer en face avec lui, dans la crainte d'être brûlé, si

l'on tombait dans ses mains, car c'est de la sorte qu'il a-
vait coutume, depuis plusieurs années, de traiter les
prisonniers qu'il faisait.

Ago-Meder, district limitrophe de Godjam, au Sud d'
d'Essar-Amba, était commandée au nom du roi Théodore par Aza-Imam. Ce prince s'étant saisi d'un des
chefs rebelles et de 200 hommes qui l'accompagnaient,
venant du territoire Godjam, les avait remis à son fils qui
s'était avancé avec cette bande vers Essar-Amba, d'où
il n'etait plus éloigné que d'une journée de marche,
et le bruit courait qu'il voulait les amener dans notre
forteresse. Instruit de cette résolution Tellak-Haïlo,
prince de Godjam, s'empare d'Aza-Imam, et fait sommer le fils de rendre sans délai la liberté aux prisonniers, le menaçant en cas de refus de livrer son père à la
mort. Le digne fils d'Aza-Imam, en vue de sauver son
père, met sur le champ les hommes en liberté, se révolte
lui-même contre l'autorité de Théodore et embrasse aussitôt le parti de Tellak-Haïlo, exemple que suivirent bientôt tous les peuples d'Ago-Meder; de sorte que, quand
Théodore partit pour Magdala, il ne restait que très peu
de pays soumis à son autorité, et ces pays mêmes furent envahis, après son départ, par les bandes des rebelles,
ainsi que les territoires des provinces où nous nous trouvions, comme nous le verrons plus tard.

Le pouvoir religieux chez les Abyssiniens est aux
mains d'un Evêque Copte, envoyé là par le Chef de cette
communauté qui se trouve en Egypte, et ce prélat exerce
une grande influence sur les Chrétiens d'Abyssinie. Le
dernier, mort depuis peu, abusant de son influence sur le
peuple, avait été, par ses machinations secrètes, le principal auteur de l'insurrection. Le Roi n'ignorait pas cette
conduite et il le regardait avec raison comme son ennemi le plus acharné; enfin sa patience se lassa, et se laissant un jour emporter par la colère, il fit raser la ville
de Gonder, où résidait ledit prélat, et s'emparant de sa

personne, il l'envoya comme prisonnier à Magdala, où il fut gardé par une troupe de soldats, qui avaient les ordres formels de ne le laisser communiquer avec personne. C'est dans cette triste situation qu'il était, lorsque nous arrivâmes à Essar-Amba, et la connaissance qu'il eût de notre arrivée, lui causa une douleur et une désolation telles qu'il ne tarda pas à succomber quelque temps après, et à la fin du mois de Septembre il avait cessé d'exister. Par une coïncidence étrange, Théodore avait reçu tout à la fois la nouvelle de notre arrivée et celle de la mort d'Abouna-Selami, et ces deux nouvelles ayant été communiquées par lui à ses officiers, ceux-ci en furent tous comblés de joie, surtout à cause de la dernière.

Malgré les bonnes nouvelles qui nous arrivaient de la part du Roi, et en particulier l'annonce de sa prochaine arrivée chez nous, il ne manquait pas de mauvais bruits non plus qui nous laissaient dans la crainte et la perplexité, de sorte que notre joie céda bientôt à la tristesse.

A cette époque, les princes de notre montagne de concert avec les hommes d'Arba-Amba, firent une excursion sur un territoire voisin pour le piller et le saccager. Profitant de cette occasion, nous nous entendîmes avec un mahométan nommé Méhemet-Jonouz, pour lui faire écrir une lettre en arabe, et la faire parvenir par son entremise aux mains du roi Théodore. Cet homme craignit d'abord de se charger d'une telle commission, et ce n'était pas, il faut le dire, sans raison, car il n'ignorait pas quels soupçons pourraient causer aux princes les correspondances secrètes qu'on adresserait au Roi, et que celui par le moyen duquel elle serait expédiée, ne manquerait pas, s'il était découvert, d'être condamné. Outre cela, ces princes ayant résolu de s'approprier les trésors et les biens de Théodore, et ensuite de se déclarer en rebellion contre son gouvernement, ils ne désiraient pas, pour cette raison même qu'il vint chez nous; au contraire, ils attendaient qu'il s'écartât davantage dans l'intérieur de son royaume, afin de pouvoir exécuter leur dessein. Toutes ces circonstances étaient notoires à Méhemet-Jonouz, voilà pourquoi il répugnait à se charger de cette commission; mais à la fin entraîné par les promesses que nous lui fîmes, il consentit à l'exécuter. Ayant plié la lettre en plusieurs petits plis, et l'ayant serrée dans un morceau de peau fortement cousu, nous la pendîmes à san cou, comme les amulettes et les talismans que les Musulmans ont coutume de porter. Le dernier jour du marchée de Djelga, 11/23 d'Octobre, notre homme se mit en route, et atteignit le quatrième jour la résidence du Roi, à qui il fit remise de la lettre.

Le contenu de cette lettre fut lu en présence de notre délégué, selon l'usage du pays, et pendant ce temps, l'on voyait briller la joie sur le visage du Roi, qui, en signe de contentement et de satisfaction, fit aussitôt donner un mulet au messager. Pendant son séjour auprès de Théodore, pour attendre la réponse et les ordres de Sa Majesté, Méhemet-Jonouz profita de l'occasion, pour nous faire connaître, par le moyen d'un de ses amis, tout ce qui se passait à la cour.

Quelques jours après, il reçut, outre la réponse à notre lettre, d'autres instructions écrites, adressées aux princes d'Essar-Amba.

Méhemet-Jonouz craignant d'apporter ces lettres lui-même, pour les motifs que nous avons dit plus haut, les consigna aux mains d'un autre, qui les remit bonnement toutes ensemble aux princes. Ceux-ci ayant pris connaissance de la lettre royale qui nous était adressé et qu'ils avaient interceptée, commencèrent à nous faire froide mine, et cessèrent de venir nous saluer comme ils avaient coutume jusque là de le faire: cet état de chose dura jusqu'à ce que le feu de la révolte se fût propagé partout comme un incendie, ainsi que nous allons le voir présentement.

Il ne s'était passé qu'un court espace de temps, depuis que nous avions expédié notre message au Roi, lorsqu' on apprit malheureusement l'arrivée de l'armée Anglaise, placée sous les ordres du Général Napier, qui se dirigeait en toute hâte vers l'endroit où était Théodore. C'est vers la fin d'Octobre qu' il commanda ses opérations, en mettant le feu à quelques chétives moissons qui se trouvaient sur l'emplacement de son campement, après quoi il abandonna Guelbi-Thabor pour se retirer dans la forteresse de Magdala, donnant des assauts sur sa route, tantôt à un village, tantôt à un autre, en faisant pour cela des détours qui lui prirent plusieurs jours. Magdala est éloigné d' Essar-Amba de 8 à 9 jours de marche. Ici je ne veux pas passer sous silence un incident qui eut lieu alors: le jour même que le prince Abyssinien apprit l'approche des troupes Anglaises, il congédia tous les hommes blancs qui étaient à son service, dont la plupart étaient Européens, et qui perdirent tous ses bonnes grâces; ils lui devinrent même aussi odieux que ceux qui étaient prisonniers à Magdala. Les mules richement harnachées, dont le Roi leur avait fait présent, leur furent enlevées par son ordre et remplacées par de viles bourriques, et c'est dans cet état qu' ils suivirent Théodore jusqu'à Magdala. Tel est le récit qui nous a été fait par les indigènes eux-mêmes.

Les nouvelles de la retraite du Roi et de l'arrivée de l'armée Anglaise, nous plongèrent dans une vive tristesse; des nuage sombres vinrent alors envelopper nos yeux, et nos esprits s'agitaient flottant dans les plus amères perplexités; nous voyions l' horizon sous les couleurs les plus sombres, et notre avenir rempli d'amertumes, qui commençaient déjà à peser sur nous; comme les anneaux attachées d'une chaîne, ainsi les chagrins venaient l'un après l'autre tomber successivement sur nous, et nous rendre le jouet de ces peuples sauvages. Les rebelles s'étaient emparés de toutes les provinces de Théo-

dore, à l'exception du district de Djelga, qui resta fidèle
au Roi, parce qu'il en était tout près, et, c'est uniquement pour cette raison, que les bandes des insurgés n'
osaient tomber dessus, et que les habitants de leur côté
n'osaient se soulever ouvertement. Au sud de ce district
est la province de Godjam, gouvernée par le prince Tel-
tak-Haïlo, qui commandait aussi plusieurs bandes de révoltés, ayant chacun son chef. Dans cet intervalle mourut le dit prince, et son fils le remplaça; mais comme il
avait eu antérieurement, un autre fils issu d'une concubine, il s'éleva un démêlé entre les deux frères au sujet
de l'héritage du pouvoir, ce qui donna lieu au fils de la
concubine de se révolter contre son frère, et de s'approprier une partie du territoire du consentement même du
peuple. Au nord de Djelga se trouvait le susdit Terso-
Govazi, prince révolté, avec sa bande de brigands.

La nouvelle de la retraite de Théodore à Magdala,
excite les insurgés à faire une excursion sur le territoire
de Djelga en vue de s'en emparer, et pour cela ils l'attaquent tous ensemble de toute part. Un des chefs des révoltés, nommé Alémi, qui était sous le commandement
du prince de Godjam, et qui avait eu trente mille hommes d'armes passés au fil de l'epée par l'armée de Théodore, fond à l'improviste sur le Dagoussa, qui est une
des subdivisions du district de Djelga, dont il est distant
de deux jours de marche, et y établit aussitôt son campement. Cette triste nouvelle nous fit perdre le sommeil, la crainte saisit notre cœur, et nous ne savions plus
que penser sur notre avenir; nous étions sûrs, que s'il s'
avançait vers la montagne, ç'en était fait de nous, car
nous ne pouvions compter ni sur les paysans, ni sur
la garnison, ni sur les princes, ces derniers étant pour
la plupart disposés au soulèvement, et prêts à tirer l'é-
pée contre le Roi, qui était haï de tout le monde. Comme
ils aspiraient tous à être indépendants et à agir à leur
volonté, ils avaient plaisir à voir le pays partout boule-

versé, afin de pouvoir plus facilement et sans crainte exécuter leurs plans, semblables aux loups, qui choisissent, pour chasser, les temps les plus brumeux.

Il y eut désunion au sujet de l'attaque à diriger contre Alémi, parceque le prince d'Arba-Amba se méfiait de celui d'Essar-Amba, qui avait un cousin au service du chef Alémi; il craignait, qu'au moment du combat, le prince d'Essar-Amba ne passât de leur côté et fît un massacre de ses guerriers, trahison qui n'est pas rare chez les Abyssiniens, d'où naît en grande partie leur méfiance et les soupçons qu'ils nourrissent les uns contre les autres. Quelques jours après, les paysans vinrent trouver les princes de nos *Ambas* pour leur représenter que le temps de la moisson étant proche, un assaut de la part des ennemis pouvait fort leur nuire, et que pour cela il valait mieux exposer leur vie en les prévenant, que de les laisser s'avancer et détruire leur moisson. Dans cette circonstance le prince d'Essar-Amba assembla tous les chefs qu'il commandait, et s'expliquant en leur présence avec la plus grande bonne foi et dans la plus grande sincérité de son cœur, il leur dit franchement, qu'il fallait, sans plus de délai, attaquer l'ennemi, si on le voyait s'avancer davantage. Le jour d'après, l'on vit se réunir dans un lieu écarté les princes, les chefs et les soldats, avec les paysans guerriers, qui décidèrent d'envoyer quelques uns d'entre eux pour épier les forces des ennemis et leurs manœuvres. Ceux qui furent envoyés, revinrent au bout de deux jours rapportant, que les ennemis n'étaient qu'une poignée d'hommes, et hors d'état de faire face à une armée bien disciplinée; en conséquence les princes se disposaient à les attaquer, lorsqu'ils apprirent que ces derniers avaient décampé précipitamment pendant la nuit. La cause de cette fuite fut la lumière du feu, que les espions avaient allumé pour avertir les princes de l'arrivée du Roi. Ce signal est également employé par les sujets du Roi, qui allument du feu sur un lieu élevé, quand ils veulent annoncer à leur prince l'invasion des révoltés, et ce moyen de communication est plus rapide qu'un message télégraphique.

La fuite d'Alémi, aussi précipitée qu'inattendue, frappa d'étonnement tous les chefs, qui, décidés dans leur entreprise, fondirent sur son territoire, et pillèrent 2500 bestiaux, avec une foule d'autres objets domestiques, dépouillant même les femmes de l'unique chemise qu'elles portaient, de sorte qu'ils s'en retournèrent chargés de butin. Après avoir partagé les bestiaux selon les usages établis, ils nous offrirent aussi un bœuf, et le reste fut gardé par les princes pour le besoin des soldats.

Théodore, qui avait de justes repressailles à faire contre les habitants de Dembia, résolut de faire une excursion sur leur territoire, qui n'est éloigné de Guelbi-Thabor que d'une journée et demie de marche, et l'ayant saccagé, il laissa les peuples dans la plus grande misère : contraints par cette extrémité, plusieurs d'entre eux consentirent à lui faire leur soumission. Mais lorsque le Roi se fut éloigné de sa résidence, les Dembiens, qui étaient sans chef, se divisèrent en deux partis, dont l'un se soumit à Terso-Govazi, qui était un prince rebelle, mais très vaillant, et l'autre d'accord avec leurs notables, reconnurent la domination du gouverneur de Djelga, c'est-à-dire, qu'ils se rendirent aux princes de notre montagne.

A cette époque, on vit un autre chef de rebelles du pays de Dembia, qui s'occupait à épier les démarches et les manœuvres de Théodore pour les communiquer aux révoltés par le signal du feu; et, lorsqu'il était pressé et resserré de toute part, il passait à la nage la rivière de Tana, et se sauvait en gagnant l'île voisine: c'est de la sorte qu'il avait transporté sa famille dans ce lieu sûr. Ce chef attaquait aussi, pendant la nuit, les voyageurs Dembiens pour les dépouiller. Instruits des forfaits et de la conduite brutale de ce brigand, les princes d'Essar-Amba accompagnés des paysans guerriers, assaillirent une nuit son village, mais lui était absent, et ils ne trouvèrent que son père, qu'ils arrêtèrent et qu'ils conduisirent enchaîné à Essar-Amba; ils pillèrent aussi 800 bestiaux. Peu de temps après, les paysans des environs ayant surpris ce chef avec sa suite dans le village, s'emparèrent de lui et le remirent entre les mains du prince dEssar-Amba, qui informa immédiatement le Roi de cette capture. L'un des frères de ce rebelle était au service de Théodore; et ce prince n'eût pas plus tôt appris les trahisons et les atrocités commises par ce dernier, qu'il fit décapiter ce frère sans aucun procès, quoiqu' il n'eût eu réellement aucunes relations, ni aucune complicité avec lui, mais c'était la loi du plus fort qui régnait alors.

CHAPITRE VI.

Invasion de Terso-Govazi sur le territoire de Djelga. Conférence; échange des prisonniers. Rétour de Terso-Govazi. Questions astucieuses de Thessemma. Nouvel assaut dirigé sur Essar-Amba; investigation de nos caisses. L'adresse et les moyens qu'employèrent Thessemma et les autres princes pour nous dépouiller. Leur fuite. Prisonniers déchaînés par nous.

LA retraite de Théodore n'inquiétait nullement nos princes; ils ne craignaient que le chef de rebelles Terso-Govazi, dont ils avaient jadis taillé en pièces une partie des troupes, et mis à mort ceux qui les commandaient. Dans le dessein de l'éloigner de leur territoire, ou pour retarder ses attaques, ils firent courir le bruit dans les pays de Govazi, que Théodore avait résolu de tomber sur le District de Djelga; par là ils tâchaient de prendre du temps pour aviser aux moyens de leur délivrance. Lorsque Terso-Govazi eut appris le campement de Théodore près de Magdala, il assembla ses troupes avec ses paysans armés, et vint à l'improviste envahir le district de Djelga; le 22 Décembre, (3 Janvier 1868, N. S.) il était déjà sur la place du marché. Les habitants, à leur approche, se dispersèrent de tous côtés avec leurs bagages; les uns allèrent s'installer avec leurs troupeaux et leurs bestiaux dans les vallées et dans les gorges de notre montagne, qui leur offrait un bon asile, tandis que ceux qui jouissaient de la faveur ou de l'amitié des princes d'Essar-Amba et d'Arba-Amba, vinrent se réfugier avec leurs familles dans l'une ou l'autre montagne.

Ces événements inattendus nous causaient tant de surprise et de terreur, qu' ils empêchaient nos esprits de s'occuper de toute autre pensée. Nous recourions, selon notre coutume en pareilles circonstances, à la Miséricorde divine, dont nous réclamions l'appui et le secours, la conjurant de vouloir bien nous sauver, ainsi que tous les malheureux qui étaient, comme nous, victimes de l' ambition des princes.

Les hommes de Govazi étant tombés sur la montagne, arrêtaient ceux qui se trouvaient sur la route, et les envoyaient au camp, les mains liées, après les avoir dépouillés. Un jour les troupes de notre montagne, se rencontrant avec celles de l'ennemi, eurent une action entre elles, où elles laissèrent cinq hommes sur le champ de bataille, mais où elles eurent aussi l'avantage de faire prisonniers un capitaine et un soldat ennemis, qui furent conduits tous les deux, enchaînés à Essar-Amba. Le chef de notre montagne n'osait sortir des portes de la forteresse où il s'était réfugié pour se défendre ; tandis que celui d'Arba-Amba, hors d'attente de l'ennemi qu'il ne craignait nullement, observait avec ses hommes sur la hauteur d'une montagne voisine, les mouvements et les manœuvres de l'armée ennemie. Thessemma, c'est ainsi qu'on appelait le prince d' Essar-Amba, expédia quelques uns des siens à ses sujets

pour les prier de venir à son secours, mais ceux-ci refu-
sèrent tous, les uns alleguant qu'ils n'avaient pas encore
rassemblé leurs troupeaux, et des autres disant ouvertement qu'ils étaient trop faibles pour combattre avec le
prince rebelle. C'est à peine si, au bout de trois jours,
il put réunir sous ses ordres 800 hommes habiles à porter les armes, tandis que chez le prince d'Arba-Amba, s'
étaient rassemblés plus de 2000 guerriers; car ce dernier était beaucoup plus aimé que l'autre, et outre cela, l'
eau qui se trouvait en abondance en Arba-Amba, était
une commodité réelle pour les gens, avantage qui manquait à Essar-Amba, où l'eau ne permettait pas d'entretenir une troupe d'hommes considérable.

Le lendemain le chef Govazi ayant mis son armée
en marche, pénétra par le défilé méridional de Djelga,
et s'installa sur une hauteur, d'où il pouvait observer à
son aise la position de notre *Amba.* Vers midi l'on vit
arriver une centaine d'hommes, parmi lesquels se trouvaient aussi des habitants de Djelga, que Govazi envoyait en avant pour explorer les pays d'alentour. S'étant
approchés de nous, ils commencèrent à dénigrer le roi
Théodore et à blâmer sa conduite, faisant outre mesure
l'éloge de leur prince dont ils élevaient la renommée
jusqu'au Ciel. "Pourquoi ne vous rendez-vous pas, disai-
„ ent-ils en parlant de Govazi, à un prince, qui a tant
„ d'attachement pour son peuple, et qui est sans aucune
„ ambition, sous lequel vous pourriez être plus heureux
„ et plus tranquilles? — Nous voulons obérir au Roi plu-
„ tôt qu'à un rebelle„ repondirent les hommes de Thessemma, en faisant l'éloge de Théodore. Alors les conférences
commencèrent à prendre un caractère plus sérieux. Le
chef d'Essar-Amba se mit à fortifier le défilé oriental en
y plaçant une troupe de soldats avec des paysans armés;
il équipa aussi les autres troupes, et fit tous les préparatifs nécessaires pour recevoir l'ennemi en cas que celui-
ci s'avançat vers les portes. On était prêt d'en venir aux

mains, et déjà des mots outrageants s'étaient échangés de part et d'autre, quand un des nôtres se laissant emporter, déchargea tout à coup son fusil sur ceux qui étaient venus pour parlementer, et tua l'un d'entre eux. Cette triste nouvelle nous plongea dans l'angoisse, car nous sentions la gravité du danger qui nous menaçait; dans cette conjoncture nous eûmes recours à nos armes ordinaires, c'est-à-dire, que nous nous prosternâmes pour implorer le secours de la miséricorde divine, en disant: „Seigneur, toi qui nous as déjà sauvés de la férocité des „Arabes et des brigands, et qui nous as conservé nos „biens jusqu'ici, sauve-nous encore aujourd'hui des mains „de ces peuples égarés, et dans le péril qui nous environne, „ne nous laisse point succomber à une épreuve qui n'est „point pour la gloire de ton nom. Mais quoi que tu or-„donnes, que ta volonté soit faite! Car tes yeux seront „toujours sur nous, quand même nous serions dans les „enfers. „

Après de longs pourparlers, les deux partis se séparent, et nos adversaires allèrent rejoindre leur camp, n'ayant pas l'ordre de nous attaquer. Le lendemain matin, on vit affluer une foule plus nombreuse devant la porte, où une longue conférence eut lieu; les envoyés de Govazi parlaient avec modération: " Notre chef, disaient-„ils, est un homme âgé et d'expérience; il est grand ami „de la religion, il protége les couvents et honore les „prêtres, et traite toujours avec bonté son peuple et l'É-„glise. Il n'emploie jamais aucune des violences du roi „Théodore; il ne massacre pas comme lui ses sujets et „ses soldats, et on ne le voit brûler personne: voilà pour-„quoi tant de monde se soumet si volontiers à lui, et vi-„ent reclamer sa protection, comme l'ont fait déjà plu-„sieurs pays qui se trouvent sous votre domination; pour „quelle raison donc la bourgade de Djelga ne lui obéi-„rait-elle pas? Pourquoi Essar-Amba et son chef ne veu-„lent-ils pas se rendre sans recourir à l'effusion du sang? „

Voici la réponse qui leur fut faite par Thessemma, notre chef: " Je suis serviteur et esclave de mon Souverain ; „je ne connais que lui; quiconque ne veut pas le recon- „naître et lui obéir, est un rebelle, et celui-là je ne veux „pas le reconnaître non plus, ni lui obéir. Tant que mon „Roi vivra, mon devoir est de combattre pour sa cause „et non pour celle d'aucun autre.„

A la fin de cette conférence, qui dura plusieurs heures, ils s'en retournèrent vers leur prince pour lui rendre compte de leur mission; mais étant retournés sur le soir, ils prirent avec nous un langage plus doux. Ils se contentèrent de demander la liberté d'un de leurs capitaines qui avait été fait prisonnier dans un combat, par les habitants de Djelga, et qu'on avait cru mort d'abord. Ce capitaine qui se trouvait dans la forteresse, fut immédiatement transporté sur le dos par un soldat, et montré de loin, tout chargé de chaînes, aux ennemis. Ceux-ci le voyant vivant, en ressentirent une grande joie, et demandèrent qu'on le déliât, et qu'on l'échangeât contre un des hommes qui étaient détenus chez eux. (Les Abyssiniens ne font aucun cas des qualités et des mérites personnels dans l'échange de leurs prisonniers; ils ne font attention qu'au nombre qui doit toujours être égal de part et d' autre.) "Nos prisonniers, répondirent les gens de la mon- „tagne, n'ont pas été pris sur les routes, ni arrêtés dans „les maisons; nous les avons saisis sur le champ de ba- „taille comme des rebelles et ayant les armes à la main, „ainsi donc, ce prisonnier sera mis à mort avec les autres „par les ordres du Roi.„ A ces mots le capitaine enchaîné se mit à pousser de grands cris, et s'adressant aux envoyés de Govazi, il leur dit: "Vous le voyez, je ne puis être dé- „livré de leurs mains: ma mort est décidée. Dites, je vous „prie, à mon prince, que son affection pour moi serait- „elle tellement limitée, qu'il ne voulût m' échanger que „contre un seul individu, lui qui a fait près de 50 prison- „niers dans un combat avec les gens de Djelga? Mon

„prince ne pourrait-ils pas bien renvoyer dix prisonniers
„en mon échange? Je suis sûr que personne d'entre eux
„ne sera mis à mort, tandis que moi je suis en danger
„imminent de périr ici. „ On se quitta de part et d'autre
sans s'être entendu sur les conditions.

Le quatrième jour à midi les gens de Govazi affluè-
rent en foule sur la montagne, pour reprendre leur conférence sur le même sujet, promettant en échange de la
liberté de leur capitaine, celle de cinq ou six autres de
leurs prisonniers. Cette proposition fut acceptée, sous la
condition expresse et absolue, que tous les prisonniers
détenus chez eux devraient être aussi échangés. Après
de longs débats, cette dernière condition fut encore acceptée, et la question d'échange fut enfin terminée.

Le cinquième jour nous vîmes avec surprise le camp
de Govazi transporté devant Arba-Amba. Le chef de
cette montagne avait essayé d'empêcher l'ennemi de pénétrer dans les défilés qui l'entourent presque partout
par en bas, mais il n' avait pu y réussir ni arrêter la
marche des troupes rebelles. Govazi était entré par
force avec les siens, et son entrée avait couté la vie à trois
ou quatre hommes des deux côtés. Il fit détruire les cabanes de ceux qui ne voulurent pas se soumettre, et saisit
tous leurs bestiaux. Mais il ne resta là que quelques jours,
ne voulant pas s'aventurer à pénétrer trop avant dans
les défilés, (Janvier 1868.)

Avant la retraite du prince rebelle, Thésemma dissi-
mulant les mauvais desseins qu'il avait conçus contre
nous, nous comblait maintes fois de marque d'estime dans
l'espoir d'endormir notre confiance. "Tant que je vivrai,
„vous n'avez rien à craindre, disait-il; je vous proté-
„gerai envers et contre tous, ainsi ayez bon courage. „
Tout aussitôtaprès ces paroles flatteuses, il envoyait vers
nous le drogman Abyssinien, dont j'ai mentionné plus
haut l'infidélité et les vols à notre égard, et cette indigne créature qui lui était vendue corps et âme, faisait

tous ses efforts pour surprendre nos pensées, et employait toutes les ruses pour connaître ce qui pouvait intéresser le chef à notre sujet. "Je sais bien, nous disait ce „ dernier, de la part du prince, qu eces coffres sont desti-„ nés pour le Roi, mais si vous avez de la poudre, des ar-„ mes à feu ou des canons, vous feriez bien de nous les „ livrer, afin de nous en servir pour repousser les enne-„ mis, et je prendrai sur moi toute responsabilité, si cela „ est nécessaire, je vous en donne parole. „ Ce drogman nous ennuyait souvent par des discours de ce genre, et il ne semblait préoccupé que du désir de connaître ce que contenaient nos coffres. En vain nous nous efforci-ons de lui faire entendre, que des religieux comme nous, ne portent avec eux que des Évangiles, des livres ecclé-siastiques et des croix. "Nous sommes bien loin, lui disi-„ ons-nous, d'avoir avec nous les objets que vous préten-„ dez, car ces objets, si nous les avions, ne feraient hon-„ neur ni à nos personnes, ni à notre état, et contrasteraient „ trop avec la mission de paix dont nous sommes chargés. „ Nos armes, c'est la parole de Dieu que nous prêchons ; „ nos canons, c'est la paix de notre Seigneur J. C. qu'il a „ donnée à ses Apôtres. Au reste, si le prince hésite à „ nous croire, nous sommes prêts à lui exhiber le contenu „ de nos coffres. „

A ces mots, qui lui furent rapportés, le prince parut se montrer moins exigent, et donnant un air suppliant à ses prétentions, il nous envoya le même drogman pour nous dire: "Demain je dois livrer bataille à Govazi, et je „ regrette beaucoup de ne pas avoir une tunique neuve „ toute rouge, car, je serai vu au combat avec cette tuni-„ que usée que je porte, et qui me fait peu d'honneur. Si, „ au contraire, je portais un bel habit neuf tout rouge, l' „ ennemi me reconnaîtrait aussitôt et dirigerait ses coups „ sur moi seul, de sorte que mes soldats se trouveraient à „ couvert par là.„ Il n'était pas bien difficile de deviner le sens de pareils discours, aussi fûmes-nous obligés d' obtempérer à ses désirs et de lui faire donner une tunique rouge d'Alep. Il s'en revêtit le soir même pour venir nous faire ses remerciments; à cette occasion il se prosterna trois fois devant nous et nous, dit dans son langage emphatique dont nous connaissions parfaitement la valeur: "Je suis tout prêt à donner ma vie pour la vôtre en „retour du don que vous venez de me faire, et je ne vous „laisserai désormais courir aucun danger. Si même la „mort venait m'enlever demain sur le champ de bataille, „mon frère a reçu mes ordres pour vous conduire montés „sur mes mulets jusqu'à Gallabad.„ Mais sa conduite était en plein desaccord avec tous ses beaux discours, qui voulaient dire tout simplement: Mes paroles et mes promesses ne sont aucunement vraies, et quand même elles le seraient, il vous est impossible de vous échapper de cette montagne, sans être volés et dépouillés de tout ce que vous avez dans vos coffres. Ces supposition, il faut le dire, n'étaient pas trop mal fondées, mais nous nous gardions bien de les lui manifester. Après nous avoir quittés, pour s'en retourner au camp, le prince nous envoya le soir même une cruche pleine d'hydromel, comme marque de son contentement. Le lendemain celui qui devait faire si vaillamment la guerre, et avec tant de désintéressement encore, ne quitta pas même sa cabane de tout le jour, et resta plongé dans une ignoble ivresse, ne pouvant remuer ni bras ni jambes.

La retraite précipitée de Terso-Govazi n'était que feinte. Il s'était avancé jusqu'à une certaine rivière, et y avait laissé les bagages de son armée avec les femmes et les enfants, après quoi il revint au bout de quinze jours, placer son camp au même endroit, au milieu des deux *Ambas*. A son arrivée, il fit sommer tous les gens qui s'étaient refugiés dans la montagne d'Arba-Amba, de faire sans délai leur soumission; mais ceux-ci, malgré le désir qu'ils avaient de se soumettre à Govazi, hésitaient à prendre une décision, ignorants qu'ils étaient du sort de

Théodore. Toutefois leur indécision 'ne dura pas long-temps, et ils firent bientôt leur soumission à Terso-Govazi, qui fit changer immédiatement les Cheiks de chaque village; en les remplaçant par des hommes de sa suite; il rendit en outre une partie des bestiaux à ceux, à qui on les avait dérobés, leur ordonnant de s'en retourner dans leurs villages sans rien craindre. C'est ainsi qu'il s' empara de tout le district de Djelga et de ses forteresses: il envoya aussi un chef, nommé Desdé-Brou, avec des hommes armés sur la frontière méridionale, pour défendre la ville de Dagoussa. Au retour de Govazi, aucun des paysans ne s'était joint à son prince pour la défense de l' *Amba*; au contraire ils avaient envoyé en secret des messagers vers Govazi pour lui faire leur soumission, à la condition toutefois qu' il sauverait du pillage et de l' incendie leurs maisons et leurs biens.

Le prince d' Arba-Amba se voyant sans défense et presque personne autour de lui, abandonna lui-même sa forteresse, dans la crainte de tomber aux mains de l'ennemi, et vint se retirer chez nous, à Essar-Amba, avec une poignée d' hommes, au nombre de 150 environ. Le prince de la montagne de Guemb l' accompagnait également avec une centaine de guerriers. Tous ces gens se joignirent à notre chef Thessemma, et se dirigèrent vers l'Ouest de la montagne, vis-à-vis d'Entchat-Amba (1), où ils prirent position pour la défense de notre *Amba*, contre les attaques divers des ennemis. Ceux-ci, dans cet intervalle, s'étaient mis à bruler les maisons bâties au bas de notre montagne, et à piller les bestiaux des paysans qui les y avaient renfermés. Govazi fit une fois une tentative d'assaut, mais il ne put résister à la décharge terrible des fusils des nôtres, ni aux coups des grosses pierres que l'on faisait rouler d'en haut, et qui rompant ses trou-

(1) *Entchat-Amba signifie* Forteresse de bois, *à cause du grand nombre d'arbres, qui s'y trouvent.*

pes en plusieurs endroits, les mettaient en déroute. Pour
nous, tremblant de frayeur, nous priions le Seigneur de
nous délivrer de ces périls alarmants, car nous craignions
à bon droit, que, si l'ennemi venait à entrer par le défilé,
il ne mît au pillage toute la montagne et nous dépouillât
de tout, suivant la coutume; appréhendant en outre, que
dans une telle calamité, le prince lui-même fût dans l'
impossibilité de nous protéger, malgré nos instances et
nos supplications; car, comment dans un assaut, pouvoir
arrêter le pillage? A la perspective de ces terribles événements, nous fondions en larmes devant le Seigneur en
implorant son assistance.

Dans cette crise affreuse, Thessemma n'avait pas oublié nos coffres. Il ne cessait de nous demander de la
poudre, des armes et des canons, objets qui certainement
n'avaient aucun rapport avec notre mission, mais qu' il
supposait toutefois que nous avions; cependant voyant
ce prince persister dans ses soupçons, nous l'invitâmes à
se rendre vers nous pour s'assurer de la vérité par ses propres yeux. Cette nuit-là même, vers les dix heures, nous
vîmes arriver chez nous un groupe de notables, qui nous
prièrent d'ouvrir nos coffres comme nous l'avions promis.
Je ne crois pas, que, ni Européens ni Orientaux puissent
jamais égaler l'astuce et la ruse que les Abyssiniens dé-
ployèrent dans ces circonstances. Leur unique but était
de s'emparer de nos biens, et ils pouvaient exécuter ce
dessein de mille manières, mais ils se comportèrent avec
nous de manière à sauver les apparences, et à ne nous
laisser ni fâchés, ni afflgés; en un mot, ils gardèrent parfaitement les convenances extérieures pour nous ôter toute
crainte et tout soupçon. Ils feignaient de ne donner qu'
un léger coup d'œil aux objets contenus dans nos coffres,
mais leur vrai point de mire était de les reconnaître,
pour venir ensuite la nuit suivante s'en emparer comme
de leurs choses propres. De notre côté, nous feignîmes
aussi de ne pas comprendre leur dessein, et nous expo-

sâmes à leurs yeux, sans rien cacher, tout le contenu de nos quatre grands coffres; comme nous faisions aussi apporter les petits pour les ouvrir: " C' est assez, nous „dirent-ils, nous sommes convaincus maintenant que vous „ne portez aucune munition de guerre, et que vous êtes „de vrais religieux. „ Ensuite ils se retirèrent et nous laissèrent seuls.

Le jour d'après, notre chef et ses gens se mirent à fortifier le côté occidental de la montagne; d'énormes pierres furent pour cela transportées et amoncelées sur le plateau de la montagne, pour être roulées en cas de besoin sur l'ennemi. Mais ce n' étaient que des moyens pleins de ruse et d'artifice, car ils étaient bien loin de songer à faire la guerre. Quant à nous, qui ignorions leur dessein, nous supposions qu'ils s'assemblaient afin de prendre réellement des mesures pour repousser l'ennemi, tandis que ces préparatifs n' étaient que des stratagèmes pour lui enlever tout soupçon de la fuite qu' ils avaient l'intention de prendre. Un des motifs aussi de leur rassemblement, était le vif désir qu'ils avaient de s' emparer de nos biens, comme l'événement ne tarda pas à nous le faire voir.

Minuit n'avait pas encore sonné, quand notre drogman, dont nous avons déjà parlé, et qui était vendu aux chefs de la montagne, vint vers nous et nous dit: "Le „bruit court, que les princes ont résolu de s'évader; je „vais sortir pour prendre des nouvelles exactes et vous „les communiquer.„ Ayant dit ces mots, il sortit, et, un moment après, les notables de l'endroit entrèrent chez nous. "Nous allons nous évader, nous dirent-ils d'abord, „et vous qu'allez vous faire? — Nous vous suivrons, leur „répondîmes-nous; nous irons là où vous irez, et nous „mourrons là où vous mourrez, car nous sommes résolus „à ne point vous quitter„. Nous étions forcés de leur parler ainsi, pour n'être pas traités par eux comme des rebelles; autrement ils nous auraient dépouillés sans aucune crainte, selon la coutume du pays. Nous leur demandâmes alors de nous donner des mulets pour pouvoir les suivre, et ils sortirent en promettant de nous en procurer. Quelques instants après, ils revinrent avec 150 soldats armés de bbucliers et de piques, et nous dirent: " Voici que les mulets sont prêts. „ Cette fois ils étaient accompagnés des principaux chefs qui attendaient dehors. Nous leur montrâmes les grands coffres pour les faire transporter. "Comment est-il possible de porter de „ tels coffres, s'écrièrent-ils, en les voyant, ils sont si pé- „ sants qu' ils nous empêcheront de nous hâter en route. „ Divisez au moins les objets qui s'y trouvent, en divers „ paquets, et remettez-nous les, nous les donnerons à „ chacun des soldats pour les porter, et de la sorte, nous „ serons vous et nous délivrés de tout souci durant notre „ fuite„. A peine ces mots furent-ils prononcés, qu'un d' entre eux s'avança l'épée à la main, et brisant aussitôt les cordes qui retenaient les deux grandes caisses: "Al- „ lons, dépêchez-vous, nous dit-il, car le temps presse „ , et il faisait mine de briser aussi les coffres. Effrayé de ces manières brutales et outrageantes, sa Grandeur Mg[r]. Isaac se hâta de les ouvrir, pour ne pas les laisser mettre en morceaux, et enveloppant les objets dans des pièces de toile, il remettait un paquet à chacun d'eux. Quant à moi, placé sur l'un des coffres, je contemplais avec un étonnement indiscible la scène qui se passait sous nos yeux. L'un des coffres étant vidé, l'on mit la main sur un autre, où étaient renfermés les habits ecclésiastiques et les vases sacrés. Monseigneur contemplait ce spectacle d'un air profondément ému, et semblait par son attitude muette solliciter mon aide. Appelant toutes mes forces à moi, je m'élançai comme l'éclair au milieu de la foule que je buosculai, en repoussant bien légitimement cette fois la force par la force. "Pourquoi, leur „ dis-je, vous laisser emporter à des actes aussi blâmables „ et aussi violents; nous voici prêts à combler vos désirs.„

Et, disant ces mots, j'ouvris le coffre, entouré par une foule de ces barbares, dont les regards avides ne pouvaient se détacher des objets qui y étaient contenus, et je commençai à former des paquets et à les leur remettre. En même temps, j'enfonçai en leur présence, dans mes poches et dans mon sein, les vases sacrés et les habits sacerdotaux qui me venaient aux mains, distribuant aussi sous leurs yeux, à nos domestiques Nazaréens, des habits que ceux-ci cachaient, sans que personne osât ouvrir la bouche pour les reclamer, ou pour les reprendre, car il semblait que Dieu les eût rendus tous aveugles. Comme quelques uns d'entre eux plus impatients que les autres, étendaient la main pour enlever quelque objet de leur goût, je leur tapais sur les doigts en les grondant vivement: " Ayez patience comme vos chefs, disais-je, „dans leur langage d'Amara (1) ; voyez comme ils sont „réservés et tranquilles, se contentant seulement de re-„garder.„ Effectivement les deux chefs pendant tout le temps qu'ils se tinrent près de nous, ne firent que regarder, sans oser avancer la main ou demander quelque chose pour eux.

Le second coffre n'était pas encore dégarni, lorsqu'un cri aussi effrayant qu'inattendu vint frapper nos oreilles. „Faites vite, nous disait-on, voilà l'ennemi qui arrive, „décampons. „ A ce cri, nos hommes prirent la fuite en un moment, et notre drogman disparut avec eux: ce dernier, qui connaissait tous les coins et recoins de notre appartement, avait enlevé au milieu de la confusion, notre linge, nos habits et même de l'argeut.

Cette espèce de pillage que nous eûmes à subir de ces

____

(1) Il y a en Abyssinie divers idiómes de province qui diffèrent plus ou moins entre eux. La langue que parlent les peuples d'Amara , est commune à tous les Chrétiens qui habitent l'Abyssinie, et c'est cette langue qui est employée dans les rapports du Gouvernement.

68

filoux, et qui nous affligea moins toutefois que la perte
des manuscrits et des documents, qui avaient trait à
l'affaire nationale des Indes, où sa Grandeur l'Archévêque Isaac avait résolu de se rendre, après sa mission
remplie auprès de Théodore. Le paquet qui renfermait
ces documents, fut remis à ces brigands, sans qu'on y fit
attentton, en même temps que les autres objets. Cependant nous rendîmes mille actions de grâces à Celui qui
nous avait conservé la vie, et qui dans des circonstances
aussi périlleuses ne manqua pas de venir à notre aide et
de nous manifester sa bonté. C'est à sa protection divine, sans aucun doute, que nous devons d'avoir pu sauver les vases sacrés, et nos habits sacerdotaux, à l'exception de quelques autres objets d'une valeur moindre, et
qui ne nous étaient pas aussi nécessaires. Il semble que
ces ravisseurs avaient voulu signaler leur départ par un
trait de barbarie et de cruauté digne d'eux, car au moment de leur fuite, ils avaient mis le feu à une cabane
qui se trouvait tout proche de notre demeure, dans le
but probablement de la brûler aussi, pour que les ennemis nous trouvant au milieu des cendres, ne pussent rien
avoir de ce qui nous restait. Mais la bonté divine nous
délivra encore de ce danger, et cette dernière faveur
du Ciel adoucit le regret que nous causait la perte de
tant d'objets divers; aussi, sans perdre de temps, et pour
prévenir d'autres malheurs, nous nous mîmes sur le
champ à combattre les progrès du feu, qui nous coûta
beaucoup de peine à éteindre.

Tout le monde s'était évadé excepté nous et les quelques prisonniers qui se trouvaient au dessus de notre logement. Ces hommes se voyant sans gardes, s'adressè-
rent à nous et nous prièrent de les déchaîner. Emus de
pitié envers eux, nous pensions d'abord à nous rendre à
leur demande, mais d'un autre coté la mauvaise foi et l'
infidélité de ce peuple dont nous avions été tant de fois
dupes, n'étaient pas sans nous donner quelque défiance

et nous inspirer des soupçons ; car une fois délivrés de leurs chaînes, ils pourraient bien, pensions nous, nous dépouiller de ce que nous restait dans les coffres. Poussant sans cesse de grands cris vers nous: " Dieu nous a „ sauvés de la mort, disaient-ils, et vous, vous n'avez pas „ la bonté de nous délivrer de nos fers? „ Témoins d'une scène aussi lamentable, tantôt nous leur adressions des paroles d'encouragement et de consolation, nous représentant à nous-mêmes les maux et les misères qui nous attendaient peut-être bientôt de la part des vainqueurs, enfin reprenant courage, nous laissâmes de côté nos soupçons et nos craintes, et nous confiant en la Bonté divine, nous nous décidâmes à les déchaîner, après leur avoir fait jurer auparavant de nous rester fidèles. Ces prisonniers qui étaient au nombre de sept, une fois débarrassés de leurs liens de captivité, coururent vers la demeure du prince et vers les maisons de son lieutenant et des autres chefs, où ils trouvèrent des vivres en abondance, qu' ils firent porter par leurs femmes sous des arbres qui se trouvaient à quelque distance de là, dans un lieu écarté, afin de les transporter plus tard dans leurs hameaux, lorsque la tranquillité serait rétablie.

Le lendemain, au point du jour, ils se rendirent au camp de Govazi, ayant encore aux mains les anneaux de leur chaîne, et se présentèrent devant lui pour se faire connaître.

CHAPITRE VII.

Terso-Govazi envoie des hommes à l'Amba pour nous garder. Son
arrivée. Notre entrevue. L'Archévêque Isaac se présente à la foule
revêtu de ses ornements épiscopaux. Terso-Govazi nous donne un
gardien après avoir reçu notre soumission. Nôtre arrivée à Bosa et
à Tchong avac l'armée. Mon entrevue avec le prince pour lui faire
connaître notre situation alarmante. Malignité de notre gardien. Enquête sur notre foi, et faveur qu'elle nous procura. Arrivée à Tchardoka, et fuite du prince vers Bellessa. Son combat avec Vakschime-
Govazi, et sa mort. Haïlau Mariam le rébelle. Lettre que nous envoyâmes à Vakschime-Govazi pour lui faire notre soumission.

LA garde des défilés d'Essar-Amba étant héréditaire, les hommes de la garnison ne s'étaient pas évadés
en même temps que le prince. Celui qui gardait le défilé
oriental, était de la race des Kemantes, et s'appelait Ache-
ka-Drorke; il s'était rendu la nuit même près de Terso-
Govazi pour le complimenter et le féliciter de la conquête de la montagne, et l'inviter en même temps à en
venir prendre possession. Il n'avait pas oublié non plus
de lui donner des renseignements sur notre compte, et
sur les divers accidents qui nous étaient arrivés. Terso-
Govazi s'empressa de faire venir le chef de son armée,
qui tenait son camp près du défilé occidental, et lui donna l'ordre de saccager le lendemain toute la montagne,
lui défendant expressément de nous faire aucun mal et
de ne pas nous en laisser faire par les autres; nous étions
destinés à être son propre lot, selon l'usage de ce pays,
qui accorde aux princes et aux rois seuls, le droit de domination sur les étrangers de race blanche et sur tous
leurs biens. Aussi le lendemain de bon matin, nous vîmes arriver un officier qui était chargé de faire la garde
près de notre demeure; il nous fit des compliments de
la part du prince, et nous engagea à n'avoir aucune
crainte. Ces manières nous rassurèrent un peu, et la
crainte de la mort qui s'était emparée de nous, commença

à se dissiper. Un instant après, quelques hommes de la troupe montèrent l'*Amba*, en poussant des cris confus et sauvages, ils pénétrèrent dans les maisons et saisirent tout ce qu'ils purents y trouver, mais nul d'entre eux cependant n'osa s' approcher de nous, ni nous faire aucun dommage.

Terso-Govazi, ayant levé son camp, qu'il avait placé entre les deux montagnes vint s'établir à l'Est, où il avait campé auparavant. Il fit son entrée dans l'*Amba* à la tête de 500 hommes armés de fusils et de lances, et précédé de musiciens qui sonnaient leurs trompettes. Dès que nous le vîmes approcher, nous nous hatâmes d'aller à sa rencontre avec les croix à la main. A notre vue, il se dirigea vers nous et nous apparut entre deux lignes de soldats, au milieu desquels il marchait. Il avait une taille gigantesque et l'air d'un Goliath; ses jambes étaient nues jusqu'aux genoux; il portait pour vêtement une tunique courte avec un manteau par dessus. Tout son habillement ne différait en rien de celui d'un simple soldat, il avait la tête nue et huilée selon la coutume du pays; des armes étaient attachées à ses deux épaules, et deux paires de pistolets pendaient à ses côtés.

Quand nous fûmes près l'un de l' autre, nous échangeâmes des salutations; il paraissait nous observer d'un œil attentif et d' un air souriant: c'était sans doute la première fois qu' ils voyait des hommes blancs en costume étranger, et nous étions évidemment pour lui et pour sa suite un objet de curiosité. Nous étions coiffés de nos bonnets noirs en forme de mitre, et revêtus de nos manteaux de drap noir à manches larges et longues. Sa Grandeur l'Archévêque Isaac portait à son cou un panaguïon (1), et moi j'avais une croix en or. Nous nous

(1) *On appelle* Panaguïon *chez les Orientaux la décoration pectorale que portent les Evéques, et qui est remplacée en Europe par la croix.*

avançâmes alors plus près, pour lui faire baiser la croix
que nous portions aux mains. Mais lui se retirant: "Ce
„n'est pas le temps de la baiser,„ nous dit-il. Car, en A-
byssinie, la loi défend à tous de ne faire aucun hommage aux prêtres et aux religieux étrangers, ni d'accepter leur bénédiction, avant que ceux-ci aient subi un e-
xamen scrupuleux et sévère sur leur orthodoxie. Après
les compliments d'usage, nous lui fîmes le récit de tous
les indignes traitement que nous avions eu à subir de la
part des gens qui s'étaient évadés après nous avoir dé-
puillés. "Ne soyez point en peine, nous dit-il, rassurez-
„vous; tous vos biens vous seront restitués, car le pays
„est bloqué et personne ne peut s'échapper.„ Ayant dit
ces mots, ils s'avança vers un endroit couvert de gazon,
où il s'assit en plein air, et envoya vers nous deux de ses
gens pour examiner nos coffres et tout ce qu'ils contenaient. Puis s'approchant de nous, il vint s'asseoir sur un
tertre élevé, accompagné de ses principaux chefs et des
autres soldats qui faisaient cercle autour de lui; alors il
ordonna aux gens de sa suite de lui montrer tout ce qui
restait dans nos coffres. Lorsqu' ils virent les ornements
épiscopaux et qu'ils en comprirent l'usage, ils furent saisis
d'admiration, considérant en détail et avec la plus vive
attention, les broderies d'or, les fleurs en soie et les formes. Ils disaient que leur évêque Copte Abouna-Sélami
n'avait jamais porté un si riche costume; ils prièrent Sa
Grandeur de s'en revêtir. L'état de servitude où nous
nous trouvions, nous contraignait d'accéder à leurs désirs.
Mg^r. Isaac consentit à revêtir ces habits épiscopaux, et
mit aussi sur sa tête sa mitre garnie de pierres précienses
et richement brodée en or, comme pour célébrer l'office
divin; dans cet état, il se tint debout au milieu de la foule,
et pour que tout le monde pût mieux le voir, il se tournait successivement de tous les côtés; ainsi fut satisfaite
leur curiosité. Cette action qu'on requérait de nous, était
presque une insulte à la vénération qu'on doit à l'Eglise

et à ses objets sacrés, mais toutefois la vue de nos habits ecclésiastiques, magnifiques et splendides comme ils étaient, ne laissa pas de faire une grande influence sur l'esprit de ce peuple à demi-sauvage, qui n'avait jamais vu jusque-là de pareils vétements; et ceux qui nous avaient regardé de travers, commencèrent alors à changer de conduite à notre égard, et eurent peur de nous, comme s'ils avaient eu quelque vision celeste.

Terso-Govazi nous adressa diverses questions sur le motif qui nous avait amené dans ces contrées, et de quelle manière nous étions parvenus jusqu'à Essar-Amba. Nous lui racontâmes exactement et en détail tout ce qui nous était arrivé. "Voulez-vous retourner dans votre „patrie, nous dit-il, ou aimez-vous mieux me suivre?„ Instruits comme nous étions de leur ruse, et nous méfiant de ces questions captieuses, quoique faites d'un air de naïveté: "Nous ne savons rien, lui répondîmes-nous ; „nous sommes présentement dans vos mains, vous êtes „maître d'agir à notre égard comme il vous plaîra le mi-„eux, et comme il vous semblera le plus expédient pour „notre bien. —Je veux que vous me suiviez, repartit-il.„ Nous acceptâmes en inclinant la tête en signe de consentement.

Depuis le premièr assaut de Terso-Govazi sur le district de Djelga, le marché avait été suspendu, et aucun trafic n'avait lieu sur place, de sorte que notre situation devenait de plus en plus fâcheuse, et ne sachant où nous procurer des vivres, nous commencions à mener une vie misérable, étant obligés même de mendier. Je me promenais ça et là avec un sac sur mes épaules, pour demander tantôt du pain et tantôt de la farine ou d'autre nourriture, et je ramassais aussi des broussailles que j' allumais pour les cuire et nous éclairer en même temps. Nos domestiques Nazaréens n'étaient pas capables de mendier comme moi, car les habitants de la montagne avaient quelque égard pour moi, ou pour mieux dire, ils me craignaient, parce que j'employais souvent la force avec eux pour en tirer quelque chose, refusant absolument de m'éloigner avant d'avoir obtenu d'eux ce que je demandais; et pourtant, malgré cela, il nous est arrivé plusieurs fois de passer tout le jour sans rien manger. Mgr. Isaac gardait la chambre attendant pour se nourrir que je lui porte un morceau de pain ou quelques poignées de farine.

Les souffrances et la faim nous avaient tellement épuisés, que nous fûmes forcés de solliciter Govazi de nous accorder plutôt de la nourriture que notre liberté. Ce généreux prince se montra touché de notre misère, et nous plaignit d'avoir été si maltraités par les chefs de la montagne; en même temps il donna ordre à un de ses employés de pourvoir à tous nos besoins, et de faire transporter nos bagages au camp par les paysans, après quoi, laissant la garde d'Essar-Amba à un de ses chefs, il se retira dans son camp.

Le chef, à la garde duquel nous avions été confiés, nous consigna à son tour à un autre individu, qui devait rester près de nous tous les jours. Il nous donna, avant de nous quitter, une chèvre avec un peu de farine.

Le lendemain matin les paysans se chargèrent de nos coffres, qui avaient été infiniment allégés, et ils les transportèrent ainsi que le restant de nos bagages: ils nous amenèrent aussi deux mulets, dont Govazi voulait bien nous faire présent. C'était le dernier jour du mois de Janvier (12/24 Février 1858), quand nous quittâmes Essar-Amba: arrivés au camp, on nous donna pour logement une chétive cabane, où le grand prince nous envoya bientôt un vase rempli de miel exquis. Le second jour, l'armée se mit en marche en grande pompe; elle était suivie par quelques milliers de bestiaux. Nous marchions trois ou quatre heures à peine par jour, tantôt montant des collines très élevées, et tantôt descendant dans des vallées profondes. Chaque soir, on nous

remettait, en les comptant, tous les colis de nos bagage,
et chaque matin nous les consignions, de nouveau, aussi
en les comptant, à des paysans qu'on rencontrait sur la
route. Ceux-ci les transportaient, en nous suivant, sur
leurs épaules, n'étant pas d'usage dans ce pays-là d'
employer les bêtes de somme pour les transports. Nous
avions atteint le pays de Bosa, par où nous devions
passer pour nous rendre à Tchardoka, quand le matin
nous préparant, selon notre coutume, à remettre les
bagage à notre gardien, celui-ci nous déclara ainsi l'
ordre de Terso-Govazi: "Le grand prince s'est appro-
„ prié tous vos biens; car c'est notre usage, ajouta-t-il,
„ lorsqu'une ville est conquise, que le prince s'empare de
„ tous les biens des habitants. Il peut aussi les rendre à
„ leurs propriétaires, si cela lui plaît. Jusqu'à présent le
„ grand prince vous avait laissé la libre disposition des
„ vôtres, mais dès maintenant il vous les ôte pour s'en
„ emparer, et vous n'en êtes plus les maîtres. Hâtez-vous
„ donc de prendre vos livres de prière et vos Evangiles,
„ et abandonnez tout le reste. „ Cet ordre, auquel nous
étions bien loin de nous attendre, mais qui n'était que
trop formel, nous brisa le cœur et nous remplit d'une
indiscible consternation. Sans perdre le temps en supplications qui eussent été inutiles, nous ouvrîmes les coffres,
pour en retirer nos petits livres de prière qui s'y trouvaient, profitant aussi de l'occasion pour enlever furtivement un étui qui renfermait un morceau de la vraie Croix.
Ce jour-là, nous remîmes aux paysans nos bagages sans
les compter, car désormais nous nous trouvions débarrassés de ce soin. Mais nous étions vraiment affligés de voir
passer nos vêtements ecclésiastiques en des mains sacrilèges: "Nous les avons gardés jusqu'à ce jour, avec la
„ plus grande vigilance, nous dîmes-nous à nous-mêmes,
„ c'est maintenant le tour de S^t. Jacques, qui en est le
„ propriétaire, à en prendre soin lui-même. „ Nos esprits se calmèrent comme s'ils avaient été déchargés d'

un fardeau, et nous reprîmes notre route en silence. Vers le soir on nous plaça sous un arbre où nous passâmes la nuit, mais sans pouvoir toutefois fermer les yeux, ni donner aucun repos à nos paupières, car, outre le vent qui soufflait avec impétuosité, il tombait aussi de la pluie à verse; nous étions couchés sur la terre même, sans avoir aucun matelas dessous-nous, ni de quoi nous couvrir pour nous mettre à l'abri des injures de l'air, ce qui était très pénible pour nous, qui n'étions pas accoutumés à une vie sauvage comme les indigènes.

Le lendemain matin, je ne cachai pas mon affliction ni mes craintes à Mg^r. Isaac. "Je ne pourrai jamais, lui „ dis-je, résister à ce genre de vie; si je suis condamné „ à le supporter encore quelques nuits, ma mort est imminente et certaine.„ Quoique sa Grandeur fît tous ses efforts pour m'encourager, et m'exhortât à supporter tous ces maux avec modération, néanmoins il consentit à la fin à me laisser aller chez le grand prince pour lui faire connaître notre misérable condition. Je me rendis près de sa tente à l'insu de notre gardien, et là je trouvai le moyen de l'informer du désir que j'avais de le voir. Il consentit à me voir, et lorsque je fus introduit en sa présence, je saisis aussitôt son épée, que j'appuyai sur mon cou en m'écriant: "Il vaut mieux pour moi, que vous „ m'ôtiez la vie aujourd'hui même avec votre épée, que „ de me laisser ainsi exposé aux rigueurs de ce climat auquel je ne suis pas accoutumé, et que de me laisser „ languir misérablement au milieu de cette vie errante.„ Le prince me demanda plein d'étonnement: " Qu' est„ il arrivé? Dites-moi, de quoi vous vous plaignez —. „Seigneur, lui répondis-je, d'une voix émue, nous som„ mes accoutumés dès notre enfance à porter des ha„ bits en suffisance et à coucher sur des lits; une telle vie „ en plein air, et sans habillement suffisant, nous est tout „ à fait insupportable; je vous conjure donc de m'accor„ der l'une de ces deux choses, ou de m'ôter la vie au-

„jourd'hui-même, ou de nous faire remettre notre linge et
„nos habits dont nous ne pouvons nous passer pour nous
„défendre contre le froid. —Je ne me suis point empa-
„ré de vos biens, nous dit-il, et je n'ai pas l'habitude sur-
„tout de rien prendre aux religieux. Les ordres mêmes
„que j'ai donnés à votre chef, n'ont d'autre but que la
„sécurité de vos bagages, car, comme on ne trouve que
„très rarement des villages sur la route que nous suivons,
„j'ai vu que nous ne pourrions trouver des gens pour les
„transporter, et aussi qu'il serait difficile de porter d'aus-
„si lourdes charges sur le mont Tchong, par où nous de-
„vons passer. Pour cela, j'ai jugé à propos d'envoyer
„vos coffres directement à Tchardoka, où je me propose
„d'aller passer l'hiver. Vous voyez donc bien que je ne
„suis nullement emparé de vos biens, que j'aurais pu m'
„approprier, si je l'avais voulu, avant de quitter Essar-
„Amba.„ Ayant dit ces mots, il ordonna immédiatement de nous restituer les objets dont nous avions besoin,
ainsi que divers articles dont le transport n'était pas
trop difficile.

Douze jours de longue marche nous suffirent à peine
pour arriver à Tchong dans le pays de Voguera, où se
trouvaient bâties des cabanes pour les troupes; l'on nous
en destina une pour nous, dont la porte était tellement
basse, qu'il nous fallut nous courber en deux pour y entrer, ou pour mieux dire, ramper comme des serpents, et
là nous ne pouvions nous tenir qu'assis par terre, tant le
plafond était bas: c'est dans cette misérable cabane
que nous nous reposâmes avec les deux Nazaréens, n'ayant pas même assez de place pour étendre nos pieds.

Comme nous l'avons déjà dit plus haut, le grand
prince avait chargé un des hommes en grade de sa suite
de prendre soin de nous. Cet homme très méchant et
sans pitié, ne nous laissait pas approcher du prince, dans
la crainte que nous portions plainte contre lui, en faisant connaître notre détresse; car, au lieu d'avoir soin

de nous, comme c'était son devoir, il ne nous fournissait pas même du pain ni de la farine; et après avoir jeûné toute la journée, il refusait même de nous donner pour tout notre souper, ce chétif morceau de ce pain, que nous avions trouvé la première fois si dégoutant, mais dont pourtant nous nous accommodions, en ce moment, pressés par le besoin comme nous étions; car, dépourvus aussi entièrement d'argent, nous ne pouvions en aucune sorte nous procurer de quoi vivre, ni lui présenter des cadeaux pour captiver son cœur. Quand maintes fois j'allais le prier de nous donner de la nourriture, il avait l'air de nous plaindre, et ordonnait devant nous à ses gens de nous apporter promptement du pain, mais ses domestiques, qui entendaient mieux son cœur que son langage, ne prenaient aucun souci d'exécuter ses ordres. Enfin le temps et les épreuves nous ouvrirent clairement les yeux sur son compte, et nous fûmes on ne peut plus convaincus que la douceur et les bons procédés ne sont d'aucune considération chez ce peuple, entièrement dépourvu de sentiments d'humanité, et qui ne sait ce que c'est que d'obliger son prochain par un morceau de pain ou par un verre d'eau, ignorant tout à fait le devoir de faire du bien à ses semblables. Je commençai dès lors à changer de manière avec eux, et à employer des aliments qui nous suffisaient pour quelques jours, et laissant en même temps la honte et la crainte, je les traitais comme s'ils étaient nos esclaves. Je m'emportais sans cesse contre ceux qui s'approchaient de nous, leur demandant du pain, en les traitant d'hommes sans cœur et de cruels. Un d'entre eux me répondit une fois: " Nous connaissons votre misère „ et nous y sommes sensibles, mais nous ne pouvons rien „ faire, ni fournir à aucun de vos besoins, sans connaître „ d'abord votre *Haïmanote* (religion). „

Terso-Govazi envoya vers nous, en secret, des savants Abyssiniens, pour prendre des informations sur notre profession et sur notre Église. Lorsque ceux-ci eurent appris que nous étions Arméniens-Orthodoxes, ils furent saisis de joie, baisèrent avec respect la croix que nous portions, et nous promirent en demandant notre bénédiction d'agir auprès du prince pour le disposer en notre faveur.

Les savants et les lettrés sont très rares en Abyssinie, pays où tout le peuple est plongé dans la plus crasse ignorance, aussi les uns nous prenaient pour des Turcs, les autres nous tenaient pour Européens ou Anglais, et quelques uns même nous croyaient Coptes; mais lorsque notre religion et notre nation leur furent connues par le moyen des savants, ils commencèrent peu à peu à avoir pour nous des égards, et à nous rendre le même respect qu'à leur clergé, et à leurs dignitaires ecclésiastiques. Tous les religieux d'alentour qui habitaient le pays conquis par le prince Terso-Govazi, venaient vers nous par groupes de centaines environ, pour nous adresser des questions au sujet de notre religion et de notre Église, et nous leur répondions dans leur langue; quand ils étaient persuadés de notre orthodoxie, ils s'inclinaient devant la croix que Mgr. Isaac tenait à la main, et se retiraient en le priant de les bénir. Ces conférences et cette affluence de religieux durèrent pendant dix jours. Après quoi le grand prince lui-même nous fit une visite en personne, se montrant très respectueux envers notre vénérable Archévêque, et se prosternant humblement devant un morceau de la vraie Croix avec lequel il demanda à être béni. Il s'excusait en même temps de l'abandon dans lequel il nous avait laissés jusqu'alors, regrettant, disait-il, de ne pas nous avoir traités selon notre mérite. A partir de ce jour, il nous fit de fréquentes visites, dans lesquelles il nous témoignait chaque fois ses bonnes intentions.

Durant les visites du grand prince, nous profitâmes de l'occasion pour l'informer de la résolution que nous

avions prise de quitter absolument le pays, où il nous était impossible de rester plus long temps: "Nous ne som-
„ mes point venus ici, lui disions nous, dans le but de
„ nous emparer de la dignité du prélat Copte, mais nous
„ sommes seulement chargés d'une mission pour le Roi
„ Théodore, laquelle mission n'a malheureusement pas
„ réussi, puisque nous n'avons pas encore eu l'honneur
„ de le voir. Soyez assez bon, nous vous en prions, pour
„ nous faire arriver jusqu' à lui.—Votre projet est inex-
„ écutable, répondit-il, nous sommes dégoutés du prélat
„ Copte, sa religion même est altérée, et son pouvoir spi-
„ rituel nous coûte trop cher. Dieu nous a envoyé en
„ vous, un Évêque qui ne nous coûte rien, serait-il pru-
„ dent à nous, de le laisser aller? Renoncez-donc à votre
„ dessein de partir, car je me montrerai sourd et inexo-
„ rable à toute demande que vous m'adresserez dans ce
„ sens. „ Poussé par les instances du clergé, qui avait sans doute quelque intérêt caché à nous confier la digni-té que nous refusions, le grand prince ne voulait pas en-tendre parler de notre départ, et il voulait à toute force, garder Mg^r. Isaac en qualité de Grand Prélat.

Terso-Govazi, après sa première visite, s'était empres-sé de nous envoyer pour cadeaux, deux grandes jarres remplies de pois-chiches et de fèves, un vase plein de beurre et un autre rempli de miel, avec une certaine de bierre. Notre chef voyant les bons procédés du grand prince à notre égard, changea aussi de conduite et de manières avec nous; il éprouva quelque sentiment d'hu-manité et nous envoya une chèvre, du pain de froment, et de l'huile de Guevanoug (1), qui remplace chez les A-

(1) Le Guevanoug est une espèce de graine noire et luisante comme celle du lin, que l'on fait torréfier, et que l'on met, après l'avoir battue, dans une jarre pleine d'eau bouillante; on agite cette jarre et l'on prend l'huile qui se met à la surface. Cette huile sent très fort.

byssiniens notre huile d'olive. Nos souffrances se termi-
nèrent dès ce jour; tout le monde nous regarda dès lors
d'un œil favorable, et une foule de gens, curieux de nous
voir, venaient vers nous de lieux lointains, tellement que
souvent nous n'avions pas le temps de manger jusqu'au
coucher du soleil, à cause des fréquentes visites que nous
recevions.

Vû cette affluence qui allait toujours croissant, nous
prîmes la liberté de dire un jour au prince qui vint nous
voir, que notre cabane était trop incommode. Il promit alors de nous faire construire une belle maison à la
mode de leur pays, mais le malheur vint bientôt changer
ces bonnes dispositions à notre égard. Terso-Govazi fut
obligé de nous quitter, pour aller combattre sur le territoire de Bélessa; quand nous fûmes informés de sa résolution, nous le priâmes de nous laisser aller à Tchardoca
auprès de nos bagages, et de nous permettre de demeurer là jusqu'à son arrivée. Il consentit très volontiers à
notre demande, et nous donna même, à cette occasion,
un *Balderava* (1), qui était déjà de notre connaissance.
Celui-ci devait se mettre à notre service et exécuter tous
les ordres du prince à notre égard, comme aussi l'informer de tout ce dont nous pouvions avoir besoin. Cet
homme s'appelait Blatta-Brou, il était de la secte des
communiants, dont nous parlerons dans le deuxième volume. Il s'approchait souvent de nous avec une dévotion
sans exemple, et il était pour nous comme un fils adoptif: sa piété était à l'excès. Nous allons voir bientôt quel
était le mobile de sa conduite et le vrai type de son caractère.

(1) Balderava, dans le sens étendu du mot, veut dire chargé
d'affaires, *mais avec un pouvoir illimité émanant du grand prince
à l'égard de ceux qu'il est chargé de surveiller. Celui que nous a-
vions, avait l'autorité presque entière de tout ce qui nous appartenait: nous ne dépendions que de lui seul.*

Le jour de notre séparation, le grand prince nous fit connaître ouvertement ses intentions: " Si Dieu me fa-
„ vorise, nous dit-il, et que je soumette le territoire de
„ Bélessa, je restaurerai la ville de Gonder, et je vous fe-
„ rai venir de Tchardoca pour y demeurer.„ Par ces pa-
roles, il voulait dire qu'il placerait, là, Mg^r. Isaac comme grand prélat de l'Abyssinie. Il envoya des ordres parti-culiers au cheikh de Tchardoca pour qu'il eût à nous re-mettre les coffres et les bagages déposés chez lui, et à nous fournir de la nourriture pendant deux mois, des im-pôts qu'il taxait sur les paysans. Outre cela, il eut encore la bonté de nous donner quantité de miel et de froment avec quelques thalers; également sa sœur, la princesse de Tacadié, qui se trouvait alors dans l'armée avec un détachement de troupe, voulut bien nous gratifier de quel-ques thalers pour nous procurer du café et autre chose de ce genre. Enfin le grand prince nous congédia com-blé d'honneurs, après nous avoir accordé la faveur de recevoir encore quatre vases de miel de certains pays qu'il désigna. Nous mîmes six jours pour arriver à Tchar-doca, quoique cette ville ne soit qu'à une journée de marche de Tchong, mais nous n'avions marché que deux ou trois heures par jour seulement, pour nous reposer de village en village. Là nous restâmes sous une tente près de l'église, en attendant qu'on préparât un logement pour nous.

Le grand prince, parti de Tchong, prit la route d'An-badjora pour se rendre en Bélessa. Ce pays est rabo-teux et couvert de sinuosités et de vallés remplies d'ar-bustes épineux. Il était gouverné alors par un individu nommé Dédjadj-Eniné. Terso-Govazi lui déclara la guerre, ils en vinrent aux mains, et il y eut une mêlée, où il tomba des deux côtés quantité de morts et de bles-sés. Se voyant vaincu Dedjadj-Eniné, prit la fuite, et le grand prince s'empara de son territoire.

Dédjadj-Eniné se réfugia dans le pays de Lasda

(1), chez Vagchem-Govazi, autre chef de rebelles, homme ⸺
d'une grande force et très vaillant, et l'exhorta à s'unir
avec lui contre Terso-Govazi. Vagchem avait plusieurs
fois engagé ce dernier à prendre garde d'attaquer Bélessa, pays qui était censé lui appartenir, disait-il, comme
ayant été remis sous sa défense. Lorsqu'il apprit que
cette contrée avait conquise par le grand prince, il se
détermina à lui faire la guerre, et vint camper avec ses
troupes près de la ville de Gonder. Terso-Govazi de son
côté s'avance sans crainte à sa rencontre, et place son
camp du côté opposé de la même ville. Il avait partagé
ses troupes en trois bandes: l'aile droite et l'aile gauche
étaient confiées à deux chefs subalternes, et il commandait lui-même l'aile du milieu. Avant le combat, les deux
armées entrèrent en pourparlers pour tâcher d'arran-
ger l'affaire à l'amiable. Vagchem-Govazi demandait
pour lui les pays de Semin, de Bélessa et de Gonder.
"Si tu consens à me les céder, dit-il à son adversaire, je
„cesse aussitôt de combattre contre toi, autrement je
„laisserai au hasard de la guerre, de décider la victoire
„en faveur de l'un de nous deux. Toi, issu d'une ignoble
„famille du district de Colla-Voguera, comment as-tu l' ⸺
„audace de vouloir t'emparer de ces pays? Quant à moi
„qui suis né prince, et dont la famille n'est pas obscure
„comme la tienne, il est de mon devoir de conserver les
„pays que j'ai reçus en héritage; je te conseille donc
„franchement de te retirer sur le champ, et d'aller te
„cacher dans les fossés et dans les vallons les plus pro-
„fonds de Colla-Voguera. — Chasse de ton esprit les
„pensées fières et hautaines que tu conçois à mon égard,
„lui répondit aussitôt Terso-Govazi, et sache que je n'ai
„aucun pays à te rendre de bon gré, à toi méchant hom-

(1) *Le pays de Lasda se trouve au Nord de Bélessa dont*
il se trouve séparé par le torrent de Thegkezi, qui lui sert de
frontière.

„me du pays d'Ago, à toi grand fluet, corps sans âme et „sans cœur. „ Vagchem-Govazi était effectivement très maigre et d'une corps chétif, ne portant dans sa personne aucune apparence de bravoure.

Terso-Govazi, dont le nom signifie *homme à fortes dents,* était, lui, comme je l'ai déjà dit plus haut, d'une corpulence telle, qu'on aurait pu difficilement trouver son pareil dans tout le pays d'alentour. Il avait été auparavant général dans l'armée de Théodore, qui, témoin de sa vaillance et des triomphes qu'il remportait sur les champs de bataille, avait conçu de la jalousie contre lui, et avait formé le proget de s'en défaire. Instruit de ses mauvais desseins, Terso-Govazi s'était enfui aux environs de Tchardoca, à Colla-Voguera, sa patrie, pays raboteux et impraticable, rempli de profonds vallons. Là, il avait commencé à mener une vie indépendante et à subsister par des vols; et, en très peu de temps, il s'était emparé des pays et des villages d'alentour, de sorte qu' au bout de six ans, il commandait sur une contrée assez vaste et étendue. C'est ainsi que les princes rebelles deviennent puissants et gagnent de l'autorité sur les autres; ils commencent à fonder leur puissance par les vols et le brigandage, et puis ils condamnent à la prison ou à la mort ceux qui les pratiquent à leur exemple, comme étant dans les autres des choses contraires aux lois. Le royaume même de Théodore n'avait pas eu d'autre origine.

Vagchem-Govazi fut le second prince qui se révolta contre le Roi. Vagchem est un endroit situé dans le vaste pays de Lasda, où étaient nés son père et ses aïeux, lesquels comme étant les principaux chefs du pays, portaient le nom de leur patrie. Vagchem-Govazi signifie *Le brave de* Vagchem. Il y a encore quelques uns de sa parenté qui portent des dénominations semblables, comme par exemple, Vagchem-Théfare, Vagchem-Brou, qui signifient, *Le beau de* Vagchem, *L'argent* de Vagchem. Son père, rebelle comme lui, avait fait autrefois la conquête

du Lasda, mais étant tombé entre les mains de Théodore,
il avait été pendu, après avoir eu les pieds et les mains
tranchés, et était mort dans d'affreux tourments. A partir de ce jour, Vagchem-Govazi, son fils, avait conçu le
projet de se révolter à la première occasion et de s'approprier le territoire où avait commandé son père: c'
est ainsi qu'il avait soumis à sa domination tout le pays
de Lasda.

Au moment où l'armée Anglaise s'avançait vers Magdala, où se trouvait alors Théodore, Vagchem-Govazi
profita de l'occasion pour marcher intrépidement contre
Terso-Govazi, afin de tenter la fortune des armes. Il é-
tait, comme nous l'avons dit, très maigre et chétif de
corps, mais il avait une intelligence supérieure et un
cœur valeureux et intrépide. Les hommes qui le suivai-
ent, étaient de son pays; ils étaient tous courageux et habiles guerriers, et quoique inférieurs en nombre, ils l'
emportaient de beaucoup par la bravoure sur les troupes
ennemies. Aussi Vagchem-Govazi n'eut-il aucune hési-
tation à attaquer, avec ses troupes, l'armée imposante de
Terso-Govazi: "Voyons, lui cria-t-il, c'est sur le champ
„ de bataille que vont paraître à découvert le rabougri et
„ le géant. „ Il dit et s'élance sur sa monture. Terso-Govazi ne trouvant pas de bons chevaux, est obligé de marcher à pied contre lui: c'était le 19/31 Mars. Alors les
deux armées s'avancent l'une contre l'autre. L'aile droite
de Terso-Govazi réussit la première à mettre en déroute
l'un des ailes de l'armée ennemie, qui fut dispersée et
pillée par les troupes. Sur ces entrefaites, le cheval de
Vagchem-Govazi tombe blessé par une balle; à cette
vue, ses soldats se découragent et se disposent à fuir.
Mais avant d'exécuter leur dessein, ils déchargent une
petite pièce de canon, qu'ils avaient avec eux, et qu'ils
ne savaient pas même bien manier; les troupes de Terso
Govazi, qui n'avaient aucune idée de la force des canons, furent saisies d'épouvante en entendant le bruit de

cette décharge, et l'aile droite et l'aile gauche se mettent à décamper avec les paysans guerriers de Semin et de Voguera, en criant à Vagchem-Govazi: "Mangez le pain „du pays que nous vous abandonnons. „ C'est une manière de dire chez les Abyssinien, par laquelle on veut dire que celui qui s'empare d'un pays, est maître aussi de s' approprier le pain et tous les autres biens. Pour lors Terso-Govazi se trouva en présence de son ennemi avec la seule aile du milieu, qu' il commandait et qui était toute composée de gens de son pays natal. Lorsqu'il leva les yeux et vit les déserteurs, il dit en poussant de profonds soupirs: "Si Dieu me donne la victoire, je sau-„rai prendre mes mesures, et vous verrez de quelle mani-„ère j'agirai avec vous. „ A peine a-t-il achevé ces mots, qu'il s'enfonce au plus fort de la mêlée, à l'endroit le plus périlleux du combat; il frappe impétueusement à droite et à gauche, des ruisseaux de sang coulent dans le camp ennemi, sous les coups redoublés de sa grande lance; Vagchem-Govazi hésite un moment, puis va se réfugier dans la troupe des tambours, où il commence à relever le courage des siens. Cependant le bruit des lances qui s'entrechoquent, la détonation des fusils et le sifflemement des balles va toujours s'augmentant, et de chaque côté on reçoit et l' on donne des blessures mortelles. Au plus fort de l'action, deux balles meurtrières viennent frapper au bras gauche et au côté droit le grand prince Terso-Govazi, qui méprisant le danger, n'en continue pas moins le combat, mais bientôt un troisième coup de balle qui le frappe au cœur, le fait tomber pour ne plus se relever; ses membres s'affaissent, les armes lui tombent des mains, et il succombe comme un vaillant guerrier. Vagchem-Govazi le voyant tomber, s'approche de lui, et lui dit: "Frère, qui est ce qui l'emporte maintenant, le gé-„ant ou le rabougri? „ Le moribond, qui n'avait pas encore rendu le dernier soupir, lui répond: "Il n'y a pas „de quoi te vanter: nous avons vaincu tous les deux. „

La mort de ce vaillant général termina le combat: une partie de l'armée vaincue prit la fuite, et l'autre fut faite prisonnière par les vainqueurs.

La nouvelle de la défaite et de la mort de Terso-Govazi fut à peine connu dans le pays, que les prisonniers de la montagne voisine de Tchardoca rompirent leurs fers et s'évadèrent après avoir enlevé la poudre, les armes et tout ce qui se trouvait dans la forteresse.

Haïlo-Mariam, prince des pays de Thalalo et de Thakadi, qui était détenu dans la même montagne, ayant recouvré sa liberté à cette occasion, s'empressa de retourner dans sa patrie pour y élever le drapeau de l'insurrection. Il n'était éloigné de nous qu'à une journée et demie de marche. La nouvelle de la mort de notre prince nous avait plongés dans une extrême désolation (24 Mars. 5 Avril N. S.) et les bruits des rebellions toujours croissants, nous alarmaient de plus en plus et abattaient notre courage; car on ne nous avait pas encore remis nos bagages, et nous ignorions même l'endroit où ils se trouvaient. Or, si le nouveau révolté, Haïlo-Mariam, était venu à se saisir de nos personnes, nos caisses, qui étaient probablement déposées chez les notables, auraient été remises à Vagchem-Govazi, et perdues à tout jamais pour nous. Nous résolûmes donc de faire en toute hâte notre soumission par écrit à ce dernier prince, à qui nous préférions nous rendre à discrétion, plutôt qu'à un autre rebelle de peu de considération. Nous eûmes beau chercher parmi tous les gens du pays, nous ne trouvâmes personne capable d' écrire une lettre. Comme je connaissais les caractères de l'alphabet abyssinien, je faisais épeler par un homme qui savait un peu lire les lettres que l'on traçait devant moi, et je les transcrivais ensuite presque machinalement: c' est de la sorte que je pus faire connaître au prince qui nous étions et l'endroit d'où nous venions; je n'oubliai pas non plus, de lui dire quelques mots de remerciment au sujet de notre Balderava, dont la ruse et la fourberie nous était bien connue, mais avec qui nous devions garder des ménagements, dans la crainte de nous attirer de nouveaux malheurs, et pour cela nous nous priions avec instance le prince de le laisser près de nous avec le même titre: cette lettre fut portée par Elias, notre domestique grec de Nazareth.

Nous allâmes ensuite trouver la femme de Terso-Govazi, qui avait quitté Tchong pour retourner chez elle à Tchardoca. "Pour le repos de l' âme du prince votre „mari, lui dîmes-nous, et au nom de l' affection que „vous lui portiez, ayez la bonté de nous faire remettre „nos bagages. Le prince lorsqu' il vivait, avait lui-„même donné l'ordre de nous les rendre.„ La princesse reprimanda fortement ses gens à cause de leur négligence, et leur commanda de nous les restituer à l'instant: ce qui fut fait aussitôt. Ils nous remirent, sur le champ, tous les objets à nous appartenant qu'ils avaient auprès d'eux, à l' exception de quelques uns qu'ils avaient consignés au curé de l'église, près de laquelle nous demeurions: celui-ci voulait les retenir pour lui et commençait à en nier le dépôt, mais pressé par nos vives réclamations, il nous les remit enfin, et gagna à cela d'être déshonoré et d' être traité de voleur. Ces gens pourtant sont considérés par le peuple du pays comme autant de saints.

CHAPITRE VIII.

Notre réception au camp de Vagchem-Govazi. Intrigues du Vice-Prélat. Nos entretiens avec le prince. Bruit de la mort de Théodore. Joie de Vagchem-Govazi. Séjour dans le village de Dokka-Kidane-Méret. Départ de Vagchem pour le pays d'Ambadjora et accroissement de sa puissance. Ougali-Desdan, prince de Godjam. Vagchem-Govazi se fait déclarer roi. Il se défie de Robert Napier commandant en chef de l'Armée Anglaise. Présents qu'en a reçu Kassa, prince du Tègri. Conduite de Blatta-Brou, notre Balderava; il nous poursuit à coup de pierres; nous l'appelons en justice devant de Roi. Baglot, manière de jurer.. Condamnation du Balderava. Notre séjour au village de Thekléem-Anot, en Bélessa.

APRÈS avoir lu notre lettre, et pris des informations sur nous et sur l'objet de notre arrivée dans ces contrées, Vagchem-Govazi donna ordre à son frère Vagchem-Brou de s'avancer avec ses troupes jusqu'à Tchardoca, pour nous prendre et nous conduire vers lui. Celui-ci nous envoya un détachement de troupe pour nous amener auprès de lui. Nous nous mîmes en route le 30 Mars (11 Avril 1868), jour de la veille de Pâque, et le lendemain nous fîmes halte dans le petit village de Bissava, afin de célébrer la fête; le troisième jour nous arrivâmes chez Vagchem-Brou, qui nous fit un très bon accueil, et qui disposa une tente pour nous recevoir. Le jour suivant au matin, il nous donna des mulets de rechange plus forts et plus frais, afin que nous puissions arriver dans la journée même auprès de son frère le grand prince qui campait à Voguera.

Ce dernier avait aussi fait préparer une tente tout exprès pour nous, et bien que nous ne lui fûmes pas présentés immédiatement, néanmoins il nous fut fait de sa part, et d'après ses ordres, un accueil très respectueux. Ses gens nous firent présent de deux bœufs, de cinq plats de différents mets, de bière et de cent pains. Que ce fût

par honneur pour notre caractère sacerdotal ou par hospitalité patriarcale, cela n'en était pas moins très généreux et méritoire, mais pourtant nous étions convaincus
que tout cela se faisait un peu dans l'espoir d'obtenir
quelque chose du contenu de nos caisses. Ayant été informé qu'elles se trouvaient encore entre les mains des
étrangers, Vagchem-Govazi ordonna aussitôt à des paysans d'aller à leur recherche et de les lui apporter. Dès
qu'elles furent trouvées, on les transporta à sa demeure
et on les lui présenta. Il nous appela pour les ouvrir et
pour lui montrer ce qu'elles renfermaient. Lorsqu' il eut
tout vu, il dit à ceux qui l'entouraient. "Ces gens sont
„ vraiment de vénérables personnes, il faut que nous les
„ respections. „ Puis se tournant vers nous, il nous dit:
"Où voulez-vous qu'on les mette? — C'est à vous, prince,
„lui répondîmes-nous, à en disposer selon votre gré. „ Il
ordonna alors de les remettre chez nous. Le jour même
nous lui fîmes quelques cadeaux; et à cette occasion il
ne pouvait se lasser d'admirer les dons précieux que
nous destinions au roi Théodore: c'était un sceptre royal magnifique avec une petite croix en or, qui renfermait un morceau de la vraie Croix (1). "Prince, lui dis-
„je, notre Licapapas (Patriarche) a destiné ces offrandes
„pour le Roi, mais nous ignorons présentement qui est le
„vrai Roi, et à qui nous devons offrir ces précieux ca-
„deaux qui attirent vos regards d'admiration. „ Plein de
dévotion et d'affection tout ensemble, Vagchem-Govazi
me serra par deux fois la main, qu'il baisa furtivement,
craignant d'être aperçu du Tchéghi (2), qui était présent
et qui aurait pu concevoir quelque soupçon et soulever

(1) *La grande Croix en diamants avait été enlevée à Essar-*
Amba par les montagnards.

(2) *On appelle Tchéghi en abyssinien, le premier dignitaire*
du Clergé après l'Evêque-Copte: il est élu par tous les ordres re-
ligieux du pays, et il a une grande influence.

quelque querelle. Car celui-ci ne voulait pas que le prince considérât Sa Grandeur comme Archévêque, ni qu'il reçut les bénédictions qu'on lui donnait avec la Croix. Il pensait de faire venir un autre Evêque Copte pour remplacer l'Abouna-Sélami. Cependant Vagchem-Govazi n'était pas en état d'envoyer une centaine de thalers au chef de l'Église Copte, au Caire, pour lui demander un autre Evêque. Le Tchéghi poussé par quelque influence, donna au prince le conseil suivant: " Si „ nous renvoyons ces individus, ils ne laisseront pas ve- „ nir chez nous un autre Evêque, retenez les ici, jusqu' „ à ce que vous vous soyez arrangé pour faire venir „ un Evêque de l'Egypte, à la condition de n'avoir au- „ cun droit à payer ; et faites connaître au chef de l'É- „ glise Copte, qu'en cas de refus, vous donnerez le poste „ vacant à l'Archévêque Arménien. Je suis bien sûr, cette „ fois, qu'il vous enverra un Evêque sans exiger de vous „ aucune redevance. Quant à ces gens-ci, vous serez libre „ de les retenir ou de les renvoyer. „ Ces conseils furent exécutés. Il expédia pour le Caire des délégués qui furent arrêtés par le grand prince du Tègri, comme ils passaient sur son territoire: "C'est à moi, leur dit celui- „ ci, qu'appartient le droit de faire venir le prélat d'après „ les lois et les coutumes anciennes; ainsi donc vous n' „ irez pas plus loin. „

Le second jour de notre arrivée au camp de Vagchem-Govazi, l'individu qui nous avait été destiné pour Balderava, vint nous trouver et nous dit: "Le prince, „ mon maître, vous présente ses salutations; il avait pen- „ sé hier à vous recevoir au son des Nigariths (trompettes „ militaires), mais il s'est trouvé, qu'au moment de votre „ arrivée, il prenait son sommeil, de sorte qu'il n'a pu „ exécuter son dessein, et il vous prie pour cela de l'excu- „ ser. „ Les Abyssiniens sont très experts dans cette sorte de diplomatie, aussi se garda-t-il bien de nous laisser pénétrer les desseins qu'il avait sur nous. Il se contenta

de nous inviter à aller chez le prince, qui, à notre vue, se leva pour nous recevoir. Il avait à sa droite le Tchéghi, qui reçut nos salutations très froidement, et était accompagné d'un grand nombre des membres du Clergé, qui avaient tous, les yeux fixés sur nous. Le grand prince nous demanda de nouveau le but de notre voyage en Abyssinie, et aux renseignements que nous lui donnâmes à ce sujet, nous ajoutâmes ces mots: "A plusieurs fois dif-
„ férentes, il nous est arrivé, dans notre pays, des délégués
„ de la part de Ras-Ali et du prince Oubiet du Tègri, a-
„ vec des lettres officielles, dans lesquelles on demandait
„ un Evêque à nos Patriarches pour gouverner l'Église d'
„ Abyssinie; mais jusqu'à ce jour, on n'avait pu accéder
„ à cette demande, à cause des dangers de la route et des
„ troubles continuels qui régnaient dans le pays. Le roi
„ Théodore lui-même fit la même demande à notre Pat-
„ riarche, il y a quinze ans; et cette demande, qu'il re-
„ nouvela trois ans après, ne put pour la même raison
„ être accordée. En outre, notre Patriarche ne vou-
„ lait pas paraître usurper le pouvoir spirituel et la
„ juridiction de l'Église Abyssinienne, qui appartient au
„ Patriarche des Coptes. Ce dernier a besoin des res-
„ sources des 10,000 thalers qu'on lui paye à titre de
„ droit, pour l'envoi d'un prélat, depuis qu'Abouna-Séla-
„ mi n'existe plus." A ces derniers mots, un léger sourire se montra sur la figure du Tchéghi, qui se crut pourtant obligé de nous examiner, selon l'usage, sur notre religion, bien qu'elle lui fût déjà connue par d'autres. Alors le grand prince, qui était moins éxigent et d'un caractère plus conciliant que les autres, dit au clergé qui l'entourait: "Ces prêtres ont une mission divine à accom-
„ plir auprès du roi Théodore, et ils sont maintenant nos
„ hôtes; à quoi bon leur faire subir un examen sur leur
„ foi, qui nous est déjà connue? " Par ces mots le grand prince tâchait de dissimuler les desseins qu'il avait dans son esprit; tout le monde alors garda un profond silence

sans prononcer un seul mot touchant la religion, et nous nous retirâmes chez nous.

Le bon accueil que nous avait fait le prince, nous engagea à lui faire quelques présents, le troisième jour de notre arrivée, quoique nous lui eussions déjà offert quelques petits cadeaux à notre première visite. Les présents que nous lui fîmes, cette fois-ci, consistaient en un magnifique bureau de bois d'olivier, travaillé à Jérusalem, deux belles et précieuses tapisseries persannes, diverses étoffes en soie, plusieurs pièces de toile, du papier, de la cire à cacheter, des bougies et des grains de couleur, qui sont très recherchés en ce pays. Vagchem-Govazi s'empressa de nous en remercier. "Prince, lui-dis-je, mon vénérable „Supérieur et St. Père, que vous voyez ici présent, ayant „eu comme un pressentiment de la mort prochaine de „Terso-Govazi, s'était abstenu jusqu'alors de lui faire „aucun présent, mais prévoyant au contraire votre Gran„deur future et vous voyant par avance revêtu de la „dignité royale dont vous êtes vraiment digne, il vous „présente humblement ces offrandes, en vous priant de „vous souvenir de nous, quand vous serez élevé au pou„voir souverain. —Je ne vous oublierai jamais, nous ré„pondit-il, et mon plus grand désir est d'accomplir les „desseins que j'ai formés à votre avantage. Je vous re„mercie cordialement de tous les jolis cadeaux que vous „venez de me faire.„ Son frère Vagchem-Brou et d'autres personnages reçurent également chacun des présents, selon leur mérite, de sorte que les caisses restèrent presque vides, ou pour mieux dire, furent vidées par les exigences des gens du prince, car une foule de personnes vinrent nous en demander, et nous fûmes contraints de montrer les caisses vides aux derniers arrivants.

Le 6/18 Avril, le bruit du suicide de Théodore parvint jusqu'à Vagchem-Govazi, qui, n'ayant plus à redouter ses menaces, ordonna à ses troupes de fêter cette nouvelle, et de faire des réjouissances pour la délivrance de sa tyrannie. Tout le Clergé du pays vint en foule chez le prince, à cette occasion, pour lui faire ses félicitations et lui rendre ses hommages. Je me présentai à mon tour pour m'acquitter du même devoir, et, arrivé en sa présence, je lui dis: "Vous vous rappelez, Seigneur, de ce „ que je vous ai dit, il y a quelques jours, le voici main„ tenant accompli: je viens m'incliner présentement de„ vant vous de la part de mon vénérable Père, pour vous „ rendre nos hommages comme à un Souverain. „ Ce disant, je m' inclinai en sa présence, en criant: Vive le Roi! En entendant ces mots, son cœur déborda de joie; il ordonna à ses gens d'étendre la Maléphia(1) pour me faire asseoir, et l'on me servit un moment après des raffraichissement en grande cérémonie. Le grand prince sans en rien dire au Tchéghi, envoya près de nous sa mère, qui vint nous trouver de bon matin, en nous apportant une cruche pleine de beurre: cette femme se mit aux genoux de Mg^r. Isaac, le conjurant en même temps de prier pour la prospérité et l'élévation de son fils unique, car Vagchem-Brou n'était pas son frère utérin.

Quelques jours après, le grand prince nous appela près de lui, et nous fit des excuses en disant: " Comme „ je me trouve forcé d'errer, ça et là, avec mes troupes, „ pour prévenir les révoltes et les attaques imprévues, j'ai „ pensé qu'il serait mieux, afin de vous épargner les fa„ tigues et les inquiétudes d'un voyage, qui serait très dif„ ficile pour vous à cause de vos lourds bagages, de vous „ laisser quelque temps dans ce pays-ci, où j'ai fait dispo„ ser, pour vous, une maison près de l'Église de Dokka„ Méret; pour cela, j'ai ordonné aux paysans de l'endroit „ qu'on vous fournisse 10 Tehans(2) de légumes, 100 mor-

(1) *Maléphia signifie* tapisserie précieuse.

(2) *Espèce de mesure. Dix jarres de légumes équivalent à un Tchan; dix Tchans forment un peu plus de mille Okes, 1500 Kilos. Ces mesures du reste ne sont pas égales dans toutes les parties du*

„ ceaux de sel, 3 cruches de piment rouge, 3 cruches d'oi-
„ gnons, un bœuf, un pot de beurre et deux cruches de
„ miel: ces aliments vous suffiront pour deux mois. „
Nous nous levâmes, aussitôt, et lui fîmes nos remerciments
pour toutes ces marques de bonté à notre égard : " Nous
sommes tout disposés à vos ordres, ajoutâmes-nous, mais
„ vous savez très bien que cette terre d'Abyssinie est loin
„ de jouir d'une paix permanente, surtout à l'époque où
„ nous vivons. Lors donc que vous serez éloigné de nous,
„ vous pouvez prévoir quelle sera notre condition, au mi-
„ lieu de tant de dangers qui nous menacent, et l'hiver qui
„ s'approche, va ajouter encore à nos embarras et à nos
„ difficultés. Ayez donc la bonté de nous renvoyer dans
„ notre patrie, ou de nous permettre de vous suivre, et d'
„ aller partout où vous irez. Car le séjour de ces contrées
„ est toujours dangereux quand le trouble et l'anarchie y
„ règnent. —Demeurez ici pendant ces deux mois, nous ré-
„ pliqua-t-il, on décidera ensuite, dans le conseil, si vous devez
„ rester ou retourner dans votre patrie; pour le moment
„ je ne puis rien vous dire de plus. „ Quoique nous comprenions parfaitement toutes ces paroles, elles nous furent cependant interprétées par un individu que nous
avions pris tout exprès avec nous: cet individu, nommé
Jean, était un vieux Syrien de Diarbékir (Grande Arménie), qui depuis seize ans vivait là dans une extrème misère et dans le plus grand dénûment: il nous servait depuis quelque temps en qualité de drogman. Ayant fait
donc nos adieux au grand prince, nous allâmes nous retirer dans la maison qu'il nous avait fait préparer, près
de l'Église de Dokka-Kidane-Méret, où nous conduisit
notre ancien Balderava.

Vagchem-Govazi partit le jour suivant, se dirigeant

*royaume: chaque province et même chaque district a ses mesures
particulières. Egalement pour les pains, on adopte dans le pays
diverses mesures.*

vers la contrée d' Ambadjora, et avant son départ, il n' oublia pas de nous faire ses compliments, en ajoutant qu' après deux mois il nous préparerait un autre endroit meilleur près de lui, et que pendant ce temps, il laissait son frère Vagchem-Brou dans le pays de Messan-Denghia (1), tout près de Voguera, pour soumettre les nouveaux révoltés des pays de Thehghési et de Colla-Voguera, situés au Sud-Ouest de Messan-Denghia.

Les soldats et les officiers déserteurs de l'armée de Théodore, venaient chaque jour grossir les troupes de Vagchem en Ambadjora: la plupart aussi des prisonniers qui se trouvaient dans la forteresse de Magdala, au nombre de mille, lui firent également leur soumission. En un mot, la puissance de Vagchem allait toujours croissant.

Ougali-Desdan, prince de Godjam, qui avait succédé depuis peu à son père, était très inquiété par les révoltés, et pour obtenir sa tranquilité, il envoya une députation avec des présents à Vagchem-Govazi, pour le complimenter sur les nouvelles conquêtes qu'il venait de faire. Celui-ci très flatté de cette démarche, lui offrit en mariage la main de sa fille. Ougali-Desdan reçut cette nouvelle avec des transport de joie, et ne tarda pas à la communiquer à tous les rebelles de son pays, les exhortant à se soumettre sans délai. Les uns, se rendant à son appel, s'empressèrent de faire leur soumission, et ceux qui se montrèrent récalcitrants, furent réduits à l'obéissance par la force; à cette occasion le prince de Godjam fit même prisonnier son propre frère, qui était né d'une concubine, et le fit mettre aux fers.

Vagchem-Govazi, ambitieux et altier comme il était, et enflé du reste par des succès inattendus, ne tarda pas à se souvenir de la prédiction que Sa Grandeur lui avait faite, et se fit proclamer Roi, sans se faire sacrer, au bruit des trompettes militaires qu'il fit sonner dans tous les

---

(1) *Messan-Denghia signifie* Emeri.

basars; et, un mois après, il se fit appeler Teklé-Gorghis (George), faisant déclarer par les crieurs publics, que celui qui oserait désormais l'appeler de son premier nom, serait puni sur le champ. Depuis lors les peuples commencèrent à jurer au nom de Teklé-Gorghis, dans toutes les affaires où ils tenaient à se faire croire.

Après la mort du roi Théodore, qui préféra se donner la mort plutôt que de tomber vivant entre les mains des Anglais, Sir Robert Napier, commandant en chef de l'armée Britannique, fit appeler, au retour du combat, Teklé-Gorghis auprès de lui. D'après le bruit qui courait alors, c'était pour le récompenser et lui faire ses remerciments pour le service que le prince Abyssinien lui avait rendu, en lui procurant un guide pour traverser le territoire de Lasda, chemin qu'il devait suivre pour arriver à la montagne de Magdala. Un semblable service lui avait été rendu par Dédjasmadj-Kassa, prince du Thègri. Teklé-Gorghis était d'abord dans l'intention de se rendre en personne à l'invitation de Sir R. Napier, par les bonnes grâces duquel il espérait obtenir le trône vacant du Roi, mais influencé par les mauvais conseils de ses courtisans, qui lui disaient que le général Anglais avait l'intention de le livrer au prince du Thègri, il conçut des soupçons et s'abstint d'y aller, restant privé par là des récompenses qu'il aurait certainement reçues. Dédjasmadj-Kassa, au contraire, plein de confiance en la magnanimité du Gouvernement-Britannique, se rendit sans aucun soupçon auprès de Sir R. Napier, par qui il fut récompensé dignement de ses services.

Nous avons promis, plus haut (1), de donner quelques détails sur la vie et la conduite de notre Baldérava, nous allons maintenant nous acquitter de cette promesse, par ce que ce récit est lié à des événements importants qui nous sont arrivés à nous-mêmes.

____

(1) *Page* 81.

98

Comme nous l'avons déjà dit, Terso-Govazi, à son départ d'Essar-Amba, nous avait conduits à Tchong, en Voguéra. Un certain Abyssinien, nommé Blatda-Brou, qui se disait Chrétien, et qui avait été jadis au service du roi Théodore, qu'il avait quitté comme déserteur, commença peu à peu à nous fréquenter. Il était charpentier, ou pour mieux dire charpenteur, et avait été chargé par Teklé-Gorghis de la construction d'une Église. Comme nous désirions beaucoup jouir de la compagnie des Chrétiens, dans un pays aussi barbare, la société de cet individu nous charma dans le commencement, et nous étions enchantés d'avoir trouvé un homme qui paraissait si pieux et si dévoué au Christianisme. Il portait toujours sur lui des livres de prières, avec une croix au cou, et dans les mains un chapelet qu'il tournait sans cesse. Il avait continuellement à la bouche des paroles douces et attrayantes, et était quelque peu versé dans les questions religieuses. Quand on traitait devant lui de choses spirituelles, il semblait écouter avec une profonde dévotion et un indiscible plaisir, et dans ces occasions, il se précipitait sur nos mains qu'ils embrassait avec transport. " Je ne vous quitterai jamais, véné-
„ rables Pères, nous disait-il, et je vous suivrai, s'il plaît
„ à Dieu, jusqu'à Jérusalem, où je resterai avec vous ;
„ car vous avez la parole de la vie éternelle qui nourrit
„ mon âme. „ Lorsqu'il couchait chez nous, il ne cessait de prier toute la nuit; il fréquentait l'Église de très grand matin, et communiait toutes les semaines. Il se plaignait souvent des gens de son pays. "La plupart de ces gens,
„ disait-il, sont voleurs, méchants et fourbes; ils sont
„ presque tous polygames, et ignorent entièrement les de-
„ voirs du chrétien. Je ne les aime point, car je suis Go-
„ ravi (communiant) (1), je déteste le mensonge, et j'ai

(1) On appelle Goravi les hommes et les femmes qui ont le privilége de communier. Nous en parlerons dans le second Livre.

„ en horreur de faire du mal à qui que ce soit. Ma femme
„ aussi est une Goravie. Quand j'avais autrefois dans les
„ mains | l'autorité d'une certaine localité , je distri-
„ buais les revenus que j'en recevais, aux pauvres, aux
„ Églises et aux prêtres. Je ne sais ce que c'est que l'in-
„ justice, je n'ai jamais dépouillé personne, ni privé quel-
„ qu'un de ses droits. „ Ces paroles, qu' il répétait sans
cesse, nous rappelaient le Pharisien dont il est fait mention dans le Saint-Évangile. Son maintien et ses manières d'accord avec ses paroles, nous l'avaient fait croire
vraiment un homme chéri de Dieu, un être au cœur
simple et exempt de fraude.

Quand Terso-Govazi eut pris la résolution de nous
renvoyer à Tchardoca, il chargea cet homme de prendre
soin de nous, et nous le donna en qualité de Baldérava
ou de surveillant; nous l'acceptâmes, en remerciant le
prince de nous avoir donné un homme que nous croyions aussi dévot que dévoué. Mais Blatda-Brou n'eut pas
été plus tôt revêtu de cette charge, qu'il devint un autre
homme en peu de jours, et changea entièrement de conduite à notre égard; aussi, après la mort de Terso-Govasi,
déposant sa qualité de serviteur, il ne prenait plus avec
nous que des airs d'intendant et de patron, tellement qu'
ouvrant enfin les yeux, nous commençâmes à le considérer, non pas seulement comme un Pharisien, mais comme
un voleur et un fourbe insigne, comme un homme chargé de tous les vices et n'ayant pas une des qualités que
nous lui supposions. Nous trouvant dans une époque d'
anarchie, et condamnés à supporter, sans nous plaindre
les peines qui nous assaillaient de toute part, nous étions
sur nos gardes toute la nuit, par la crainte qu'il nous causait, attendant de Dieu seul le secours dont nous avions
besoin.

A cette même époque, circulaient de tous côtés des
bruits d'insurrections nouvelles: celui qui pouvait rassembler cinq ou six brigands sous ses ordres, devenait un

chef indépendant; de toute part, on voyait la dévastation
et le pillage; celui qui était fort, s'appropriait les biens
du faible; le carnage et la mort s'étendaient partout.
Notre Baldérava, le prétendu Goravi, profitant de ces
moments de trouble, s'empara sans scrupule de nos trois
mulets, qu'il prétendait lui avoir appartenu autrefois, et
force nous fut de nous taire pour le moment. Sur ces
entrefaites, se répandit le bruit de la domination de Vagchem-Govazi; alors les troubles cessèrent, et nous nous
hasardâmes à nous rendre auprès du prince, pour porter plainte devant lui contre notre Baldérava, que nous
gardions toujours à notre service, dans la crainte que si
nous le renvoyions, il essayât de flétrir notre réputation
par des calomnies, comme ont l'habitude de le faire tous
les domestiques de ce pays, quand on les met à la porte;
nous voulions le congédier à l'amiable, mais nous ne
pouvions y parvenir.

Pendant tous le temps que nous demeurâmes près de
l'église de Dokka-Kidane-Méret, il s'appropria plus de
la moitié de nos aliments, dérobant également les autres
présents que nous avait donnés le prince, et les échange-
ant contre de l'argent, qu'il employait à gagner les paysans, pour être soutenu par eux dans ses injustices, et
pour qu'ils parlent en sa faveur, en cas d'accusation.
Nous n'ignorions point toute ces intrigues, mais la prudence nous obligeait à garder là-dessus le plus profond
silence; attendu qu'en l'absence du prince, il nous était
impossible d'avoir raison de ce scélérat. Ne pouvant supporter plus longtemps le régine du chétif *Schéro* (1), auquel il nous astreignait, et qu'il nous faisait servir sans
sel ni aucune substance quelconque, je me rendis un
jour auprès du chef de Voguéra, pour le prier de nous

______

(1) *Le* Schéro *est une espèce de bouillie faite de farine de millet, de pois-chiches et de fèves, qu'on assaisonne avec de l'huile et
du piment rouge.*

fournir un peu de sel. Il consentit à ma demande avec bonté, et m'en donna sur le champ cinquante drammes, en disant: "Contentez-vous de cela pour le moment, et „ envoyez-moi sans délai votre domestique, pour que je „ l'envoie avec quelques soldats, vous en chercher dans „ les villages. „ Conformément à cet ordre, nous lui envoyâmes aussitôt notre domestique Abyssinien, qui s'appelait Abba-Keddous (père saint). Malheureusement, celui-ci rencontra en route notre Baldérava, qui, ayant appris de lui la mission dont il était chargé pour nous, entra dans une très grande colère, voyant par cette mesure ses droits de service méconnus; aidé par d'autres paysans ses complices, il lui infligea une volée de coups de bâton, et l'obligea à retourner sur le champ chez lui par un autre chemin. Abba-Keddous, tout tremblant, se jeta à ses pieds pour lui demander pardon, et après lui avoir juré de ne rien nous dire, s'en revint vers nous sans provision. Après cette abominable action, notre Baldérava et ses complices s'engagèrent entre eux par serment, à nous ôter la vie, cette nuit-là même, pendant notre sommeil, dessein du reste qu'ils avaient déjà conçu depuis longtemps.

Instruit de leur résolution, Abba-Keddous s'en revint vers nous en gémissant, et alla se coucher sans rien manger. Nous devinâmes sans peine qu'il lui était arrivé quelque malheur, mais il ne voulut rien nous dire, sans être auparavant délié de son serment: alors il commença à nous parler des coups de bâton qu'il avait reçus, et du complot que ces scélérats avaient formé contre notre vie, nous disant que leur intention était de s'enfuir, après le coup fait, dans le district de Takadi, et d'emporter avec eux les vêtements sacerdotaux et les vases sacrés qui se trouvaient chez nous. Aussitôt que nous fûmes informés de ces faits, nous voulûmes aller, en toute hâte, chez le chef de Voguéra pour les lui communiquer tout en détail. Mais Blatda-Brou, qui, après sa brutale conduite envers notre domestiqne, était revenu chez nous avec l'air d'un innocent agneau, nous défendit sous différents prétextes, de nous rendre, avant quelques jours, auprès du chef susdit, sans doute afin d'avoir le temps d'exécuter son funeste projet. Nos domestiques furent obligés de saisir par force les mulets qu'il ne nous laissait pas monter ; une lutte s'engagea entre eux; des injures on en vint aux menaces, et bientôt des coups s'échangèrent de part et d'autre. Le tumulte et les cris nous attirèrent dehors; nous voulûmes intervenir pour les empêcher de se battre, et nous arrivâmes juste au moment où il se lançaient des pierres. Notre Baldérava, homme plus brutal et féroce que ses satellites, profitant d'un moment d'arret occasionné par notre présence, lança une grosse pierre au dos de Mg^r. Isaac, qui tomba sur le champ évanoui. Je courus aussitôt à son secours, sans prendre aucun souci des pierres qui pleuvaient tout autour de moi, lesquelles ne m'atteignirent pas heureusement, à l'éxception d'une seule qui me frappa au côté gauche, mais qui ne me blessa pas grièvement. Je me hâtai de transporter à la maison Sa Grandeur, pour lui donner les soins que son état réclamait. Pendant ce temps nos deux Nazaréens indignés de l'ingratitude du Baldérava se mettent à lui lancer des pierres, et s'étant saisis de lui, ils le couchèrent par terre et lui administrèrent une bonne volée de coups avec les fouets qu'ils tenaient à la main; après quoi, ils se mirent à la poursuite de ses six complices, et de ses fils qui l'accompagnaient.

Le fait était assez grave, et le danger pouvait devenir encore plus grand, puisque le parti du Baldérava était le plus fort, par conséquent le silence en cette occasion aurait pu compromettre notre cause. Sur l'avis que nous lui en donnâmes, le chef du village s'empressa de venir nous trouver, et ayant fait saisir les coupables, il assembla les vieillards de l'endroit pour examiner avec eux la cause de cette querelle. Les villageois, gagnés d'avance par les menées scélérates du Baldérava, l'excusent tous ensemble et nient absolument le coup de pierre qu'avait reçu au dos Mg^r. l'Archévêque. Fort heureusement, le domestique même du chef, et un autre individu étranger à la localité, s'étaient trouvés par hasard sur le lieu de la scène, et ils n'hésitèrent point à donner leur témoignage devant le chef, qui ordonna immédiatement d'enchaîner le Baldérava, avec l'un de ses complices, homme très fort et de taille gigantesque; quant aux autres, ils furent remis en liberté, et un gardien vint s'établir près de nous pour nous surveiller, selon l'usage du pays.

Le lendemain je ne manquai pas d'aller me plaindre au chef de Voguéra, à qui je racontai tout ce qui s'était passé. "Lapider un Archévêque, c'est lapider l'Église, „ lui dis-je; ce crime est tellement grave, qu'il est déféré „ d'ordinaire, au tribunal ecclésiastique, qui a seul le „ droit de le juger.„ Aussitôt ce chef tint une assemblée en plein air, où se trouvèrent réunies plus de deux cents personnes, car l'usage, en Abyssinie, veut que les tribunaux soient accessibles à tout le monde. Blatda-Brou fut conduit devant cette assemblée pour y être jugé, et un de nos domestiques fut chargé de plaider notre cause. Après avoir entendu les deux parties, le chef reconnut très bien nos droits et les injustices du Baldérava, qui s'efforçait en vain de soutenir les siens; cependant il fallait des témoins pour attester le coup de pierre reçu par Mg^r. Isaac. Comme il ne s'en présentait point, nous fûmes embarrassés un moment, mais prenant courage je m'adressai au chef et lui dis: "Seigneur, „ puisque les hommos nous refusent leur témoignage, „ il n'y a que Dieu qui puisse témoigner en notre fa- „ veur, lui qui voit tout, a vu certainement la lapidation „ que nous avons subie et dont nous nous plaignons, à „ bon droit.„ A peine eus-je prononcé ces paroles, qu'un Tephdéra (1) se leva tout à coup et dit: "Je demande

____

(1) Tephdéra *a la signification de lecteur et d'enfant de chœur.*

„ votre attention sur ce que je vais déclarer, me sentant
„ pressé de découvrir la vérité. Je ne connais aucune-
„ ment ces hommes blancs, et ne leur ai jamais fait de
„ visite, mais me trouvant présent, pour un motif quel-
„ conque, sur le lieu de la querelle, à laquelle j'ai assisté
„ dès le commencement, et ayant vu de mes propres yeux
„ le coup de pierre lancé au dos de l'Archévêque Armé-
„ nien, j'atteste sur ma conscience, et déclare devant
„ cette assemblée, que c'est celui-ci (et en même temps
„ il montrait le Baldérava), qui a jeté la pierre de ses
„ propres mains. „ A ces mots les assistants crièrent tous
d'une seule voix: "Il a tort, il a tort, „ et sur les ordres
du chef, on mit les fers aux mains du Baldérava, et il
fut gardé comme prisonnier dans sa propre maison. Mais
comme il habitait le même village que nous, et que tous
les habitants prenaient son parti, je me rendis de nouveau chez le chef de Voguéra, et le priai en grâce de
nous envoyer près du Roi. Il m'accueillit avec bonté, fit
appeler le Cheikh du village, et lui intima l'ordre de
prendre soin de nous, et d'avoir à veiller à ce qu'il ne
nous arrivât aucun accident jusqu'à l'arrivée du Roi. Il
voulut aussi faire conduire le Baldérava au camp, mais
celui-ci refusait de sortir de chez lui, alléguant que le
lieu où il demeurait, était près d'une Église (1), et par
conséquent un refuge inviolable. Le chef alors se mit
en colère et le fit emmener par force: "C'est moi, lui dit-
„ il, qui ai ordonné de vous emprisonner là, comment
„ prétendez-vous être venu dans cet endroit pour vous y
„ sauver?„

Cependant le rusé Baldérava ne cessait pas dans sa
prison de chercher partout des moyens de salut. Il en-

---

(1) *Les grandes Églises sont considérées en Abyssinie comme lieux de refuge pour tous ceux qui s'y retirent. Le même privilége s'étend aussi aux hameaux qui sont tout près des Églises dont ils portent le nom.*

voya pour cet effet, quelques uns de ses amis à Ambadjara auprès du Roi et de ses courtisans, et aussi auprès du
Tchéghi, car il connaissait parfaitement la haine que ce
dernier nourrissait contre nous. Leur mission n'avait d'
autre but que de nous calomnier, et d'irriter toute la
cour contre nous. Effectivement le Roi ne tarda pas à
expédier un détachement de troupes au chef de Voguéra
avec injonction de s'emparer de nos personnes et de celle
de notre adversaire. Un soldat fut désigné pour garder
nos bagages, et défense nous fut faite de rien enlever.
Lorsque le Baldérava fut déchaîné et mis en liberté,
il se porta le premier comme accusateur contre nous,
et prit dès ce moment avec nous un air arrogant et
impérieux.

Quand on nous mit en route le 22 Mai (3 Juin N. S.)
nous étions escortés comme des condamnés, et traités
sans aucune espèce d'égards. Le Cheikh du village nous
accompagnait; et après avoir traversé les villages de
Djembelghé de Téhaméda et de Mariam-Ouha, nous atteignîmes le quatrième jour Ambadjara, où était campé
Teklé-Gorghis; là, sans respect pour notre dignité, on
disposa pour nous une cabane des plus pauvres et des
plus mesquines, et toute communication au dehors nous
fut sévèrement interdite. Nous passâmes la nuit sans
rien manger, sans même avoir de pain ni quoique ce
soit, car notre pain était celui des larmes et notre coupe
celle de la douleur et de l'affliction. Toute la nuit nous
ne pensâmes qu'à nos infortunes, et les prisonniers Anglais eux-mêmes, pour lesquels nous étions venus demander la délivrance au Roi, n'avaient pas souffert,
j'ose le dire, autant de misères que nous. Dans un
état aussi misérable, nous n'avions qu'une seule consolation, c'était la mission de charité dont nous nous
étions chargés avec désintéressement et en vue de nous
dévouer pour l'Église de J. C., toutefois il est de son
devoir que l'homme fasse tout son possible pour conser-

ver sa personne et son honneur, qui est la vie morale, à moins pourtant qu'il soit persuadé qu'en les sacrifiant, l'Église en retire quelque profit. Nous passâmes donc cette nuit-là à réfléchir aux moyens d'amener notre délivrance, et à penser aux expédients à mettre en œuvre pour gagner notre cause qui était juste; puis, las de réfléchir, nous finîmes par nous en remettre à la volonté divine. Quant à notre adversaire, il employa toute la nuit à faire des visites aux principaux chefs de la cour, et employa tous les moyens pour se concilier leur bienveillance.

Le lendemain matin, nous nous rendîmes à la tente où devait se tenir le conseil judiciaire. Le Roi n'était pas encore arrivé, mais les chefs de sa cour s'y trouvaient déjà rassemblés. Le Baldérava, qui était placé au milieu d'eux, s'approchait tantôt de l'un, tantôt de l'autre, en leur chuchotant je ne sais quoi à l'oreille à mon sujet, car je les voyais à l'instant tourner leurs yeux et leurs regards vers moi. Le nombre des assistants s'élevait au moins au nombre de trois cents personnes, parmi lesquelles se trouvaient aussi les princes d'Essar-Amba, ceux-là mêmes qui nous avaient si habilement dépouillés. Aussi notre présence n'était-elle guère agréable à ces derniers, qui voulaient qu'on nous chassât de l'Abyssinie le plus tôt possible, et d'une manière ignominieuse. Enfin le Roi arriva, et lorsqu'il nous eût salué, il s'assit sur un espèce de banc allongé, qu'on avait destiné pour lui. "Aujourd'hui, dit-il, nous allons nous occuper, avant tout, „de l'affaire de ces personnes.„ Puis il donna ordre que les accusés se présentent devant l'assemblée avec l'accusateur. Comme la première fois, nous avions confié la défense de notre cause à l'un de nos domestiques Abyssiniens. On commande à Blatda-Brou de parler le premier. Celui-ci, un chapelet à la main qu'il tournait sans cesse d'un air de componction, élève la voix et parle dévotement en ces termes: "Je suis Goravi, o Prince; je

„vous prie de juger ma cause d'une manière équitable
„et impartiale. „ Après cet exorde, il commença à exposer une série de calomnies et de mensonges contre notre
drogman et contre moi, car j'étais aussi en butte à ses
impostures; Mg^r. Isaac seul était épargné, probablement
à cause de sa viellesse. Il prétendait que, poussés par les
conseils de notre drogman, nous avions été sur le point
de nous enfuir avec tous nos bagages et sous la conduite
de celui-ci, auprès du prince du Thègri, qui était en inimitié avec Teklé-Gorghis; et que c'était uniquement pour
empêcher notre fuite, qu'il en était venu aux mains avec
nos gens, de qui il avait reçu même des coups de bâtons,
et que, grâce à l'arrivée des paysans qui avaient secondé
ses efforts, nous n'avions pu exécuter notre évasion. Ces
accusations nous étonnèrent au suprème degré, et en les
entendant, nous en appelâmes à Dieu seul qui pouvait
nous en délivrer, et couvrir de honte, comme autrefois
les viellards de Daniel, celui qui les avait inventées.

L' Abyssinien notre avocat, ayant écouté le débat
avec attention, prit la parole et nous défendit en ces
termes: "Je vous prie de m'accorder un moment votre
„attention. C'est la première fois que nous entendons
„ces sortes d'accusations de la part de notre adversaire,
„et elles nous paraissent aussi dénuées de fondement
„que les songes d'un homme insensé. Le but de notre
„cause n'est autre que de prouver si l'Abouna a été
„frappé d'un coup de pierre, oui ou non. Ecoutez
„maintenant ce que j'ai à vous dire là-dessus. „ Il commença à exposer l'affaire dans tous ses détails, puis à
dire comment elle avait été appelée devant une assemblée de deux cents personnes environ, qui avait été prési-
dé par le chef de Voguéra: il n'oublia pas non plus le témoignage du jeune lecteur. Ensuite nouant le bout du
éhram (manteau) du soldat qui se tenait debout entre nous
et notre adversaire, et le tenant dans sa main, il dit à ce
dernier: "Sur les deux mulets des deux Abounas, bag-

lo!„ (1) Frappé d'étonnement, Blatda-Brou balbutie et parle de choses étrangères au procès, mais les assistants le rappelant à son sujet, lui crient: "Défaites le nœud, „pas davantage.„ Il veut poursuivre son discours, on se met à rire aux éclats, et le Roi lui-même en voyant cette scène, ne peut garder sa gravité, et se couvrant le visage du bout da son *éhram*, se met à rire à gorge déployée. J'ai plusieurs fois dans ma vie assisté à différents débats, mais pas une ne m'a paru aussi comique que celui-ci. Pour mettre fin à cette scène, le Roi fait appeler le Cheikh de notre village qui nous avait suivi et lui dit: "Faites-nous „connaître la vérité comme témoin oculaire au sujet „de la querelle de ces gens. — Ce n'est pas à moi d'en „parler ainsi, lui répond celui-ci, mais à mon domes- „tique qui a vu tout de ses propres yeux: c'est lui donc „qui vous satisfera à ma place.„ Ce dernier alors prend la parole et fait un récit conforme en tout point aux dépositions qu'avait déjà faites notre défenseur. A ce récit succède dans l'assemblée, un profond silence au milieu duquel on entend seulement les reproches que Vagchem-Téphari, cousin du Roi, adresse à Blat- da-Brou d'un ton plein de sévérité: "Vous avez été in- „vesti de la charge de Baldérava afin d'empêcher qu'il „n'arrive aucun accident à ces personnes, et au lieu de „les surveiller, comme c'était votre devoir, vous vous „mettez à les maltraiter! Vous êtes un hypocrite et un „menteur, et le plus vile de tous les Goravis.„ Le Roi

(1) *Le Baglo est une manière de jurer en usage chez les peu- ples d'Abyssinie. Si l'adversaire est sûr de la bonté de sa cause et défait le nœud, l'autre partie qui ne peut prouver son dire par des témoins, est condamnée à l'amende de deux mulets; au contraire, si la partie accusée est sûre de sa cause et augmente l'amende, et que l'adversaire l'acceptant ose malgré cela le défaire, et que son in- justice vienne ensuite à être découverte par les témoins, ce dernier est condamné à payer dans son intégrité l'amende augmentée.*

propose ensuite à Sa Grandeur l'Archévêque de jurer sur la croix, qu'il avait reçu le coup de pierre. "Ce n'est pas, „disait-il, que nous ayons besoin de serment de votre „part, puisque le fourbe est déjà déshonoré et livré à la „risée du public, toutefois le serment que vous ferez, me „laissera la certitude d'avoir rempli dans cette affaire „toutes les formalités de la justice.„ Mg^r. Isaac déférant au désir du Roi, fait sans hésiter le serment qu'on demande de lui; après quoi le Roi demande à haute voix qu'on lui apporte le livre des lois, qui est, à ce qu'il paraît, le livre même des canons ecclésiastiques; puis se tournant vers nous, il nous dit: "Puisque vous connais- „sez les canons de l'Église, dites-moi, quelle punition doit „être infligée à ceux qui frappent des pierres un Abou- „na.— D'après les lois de l'Eglise, lui répondîmes-nous, on „doit lui couper la main.„ Il donne ordre aussitôt de l' emmener, et on l'entraîne dehors pour lui couper la main. Voyant cela, je me lance immédiatement au milieu de l'assemblée et je prononce ces mots au nom de Mg^r: "Nous ne sommes pas venus ici, o Roi, pour „faire du mal aux hommes, au contraire notre but est „de gagner des âmes et non point de les perdre; nous „n'avons pas coutume de rendre la pareille, car J. C. „notre Seigneur nous a prescrit à tous de rendre le bien „pour le mal. Il suffit qu'on l'éloigne de nous, car désor- „mais nous ne pouvons plus avoir confiance en lui. — „Non, reprend le Roi, nos lois doivent être respectées, et, „d'après ces lois nous devons infliger au coupable au „moins une peine pécuniaire; dites-nous ce que vous dé- „sirez qu'on lui inflige, au lieu d'avoir la main coupée.„ Sur ces entrefaites on ramène au divan le coupable et je réponds en sa présence: " Cet homme n'est pas en é- „tat de payer une forte somme, il suffira de lui infliger „une amende de vingt thalers, qui seront payés à l'E- „glise de Dokka-Kidane-Méret, afin qu'on célèbre là la „sainte Messe pour le salut de son âme.„ Cette proposi-

„tion remplit d'étonnement toute l'assemblée, et les as-
„sistants commencèrent à s'entre dire à voix basse: "Ces
„hommes blancs sont vraiment compatissants et miséri-
„cordieux: ce sont les enfants de Dieu, dont parle la
„Sainte-Ecriture. „ Le Roi commanda alors à Blatda-
Brou de fournir une caution pour le payement des 20
thalers, qu'il devait payer après un certain temps. Ce
fut le prince d'Essar-Amba, qui se trouvait là présent,
comme nous l'avons dit, qui consentit à lui servir de
caution.

Ayant gagné ainsi notre cause, nous reclamâmes
aussi de lui une indemnité pour les provisions dont il s'
était emparé, et il fut décidé qu'il nous payerait pour
cela le prix ordinaire de sept *Tchans* de provisions: nous
lui fîmes remise de trois *Tchans*, reclamânt seulement le
prix des quatre autres, équivalant à quarante thalers,
pour lesquels il lui fut demandé également une garantie.
Mais cette fois il ne put trouver personne qui voulut lui
en servir, et tous ses amis l'abandonnèrent; en conséquence on lui attacha, selon l'usage, une châine autour
du bras, laquelle était également attachée par l'autre
bout au bras d'un soldat, et il fut envoyé, dans cet état,
à la recherche de la somme exigée. Il l'apporta au bout
de quelques jours, et fut amené en présence du Roi, toujours enchaîné de la même manière, pour s'acquitter de
son amende judiciaire.

Lorsqu'eut lieu ce procès, nous passâmes tout le jour
sans rien manger; et la faim nous pressait tellement que
laissant de côté toute honte, je pris la hardiesse de dire
au prétendu Roi: "Prince, nous sommes à jeun depuis
„hier soir, et depuis que nous sommes dans votre camp,
„nous n'avons rien mis dans notre bouche: cela fait as-
„sez peu d'honneur àVotre Majesté, et aux lois de l'hospi-
„talité chrétienne.„ Teklé-Gorghis, qui faisait semblant
de n'en rien savoir, se tourna aussitôt vers ses domestiques, et feignant un air fâché, il leur demanda s'il é-

tait vrai que nous n'avions rien mangé depuis la veille au soir. Tous se turent. Il ordonna alors qu'on nous fournit chaque jour douze pains et trois plats de mets. Vagchem-Téphari, le prince royal, nous fit aussi de don d'un bœuf, que nous confiâmes à un prêtre Abyssinien pour en avoir soin, et que nous eûmes grand peine plus tard à retirer d'entre ses mains, employant même pour cela l'entremise des soldats, attendu que celui-ci en niait le dépôt et qu'il voulait se l'approprier.

Le Roi voulait nous renvoyer au même village où s'était passée notre querelle avec Blatda-Brou, mais nous le priâmes de nous renvoyer plutôt dans notre patrie; sur son refus, nous lui déclarâmes qu'il nous était impossible de retourner à un endroit où nous ne pouvions nous confier à personne, et où les gens étaient tous amis et parents de Blatda-Brou. Il consentit alors à nous envoyer au village qui porte le nom de l'Église de Theklé-em-Anot, dans le pays de Bélessa. Nous expédiâmes aussitôt, à Dokka, Elias, notre domestique Nazaréen, pour transporter nos bagages à Thekléem-Anot qui se trouvait distant de trois journées de marche seulement, toute fois ce fut à peine si Elias pût faire ce voyage en un mois à cause des difficultés qu'il eut en route.

Ce fut au mois de Mai que nous arrivâmes à Bélessa. Cette ville jouit d'un climat chaud, et les habitants comparativement à ceux des autres pays, sont en général assez bons; également l'Église de l'endroit était, par rapport aux autres, assez propre et bien disposée. D'après les ordres que le Roi en avait donné, nous devions recevoir des habitants de ce village un *Tchan* de provisions et dix pièces de sel en bloc.

CHAPITRE IX.

Dédjadj-Oubi et ses fils. Excursions de Teklé-Gorghis. Rébellions.
Les conseils des notables. Révolte de Ras-Voldé-Mariam. Animadversion de Teklé-Gorghis contre les prêtres du pays ; intrigues et
fausses prédictions de ces derniers. Soumission de Ras-Voldé-Mariam. On nous envoie de nouveau chez le Roi. Ali-Pharis. Esseïte-
Mostaïte se soulève par deux fois; Vorkiti, princesse Mahométanne.
Nous essayons de faire de la médecine pour vivre; nous manquons
d'habits. Difficultés que nous avons pour expédier nos lettres; nous
nous servons pour cela de l'entremise de l'Abyssinien Mikaël.

APRÈS avoir conquis le territoire du Thègri, le roi
Théodore s'était saisi du prince Dédjadj-Oubi et de ses
deux fils; après quelque temps de captivité, le prince a-
vait succombé, mais ses deux fils furent gardés dans la
forteresse de Magdala, où ils restèrent prisonniers pendant seize ans. A la mort du Roi, ils recouvrèrent leur
liberté, mais ne voulant point se soumettre au prince
Dédjadjmatch-Kassa, qui gouvernait leur province, ils
allèrent habiter au pays d'Ouldoubba, au sud du Thègri,
et s'étant emparé des localités placées sous la domination de Teklé-Gorghis, ils avaient commencé à élargir
leur domaine et à se fortifier.

A cette époque, Teklé-Gorghis avait fait une excursion soudaine près de la localité ou se trouvait son frère
Vagchem-Brou, et ce dernier, sur les ordres du Roi,
était tombé sur les fils de Dédjadj-Oubi, qu'il avait saisi et mis dans les fers, où l'un des deux expira peu de
temps après.

Teklé-Gorghis entra dans le territoire de Colla-Voguéra, patrie de Terso-Govazi, dont il obligea par ruse
les habitants, qui étaient très forts et très vaillants, à reconnaître sa domination et à se soumettre sans réserve
à son autorité. C'est ainsi que rentra dans son obéissance

le rebelle de Takadi, et qu'il reprit son pouvoir dans cette contrée.

Pendant que les troupes du Roi étaient dispersées par les villages à la recherche des provisions, la trompette guerrière se fit tout-à-coup entendre, et ce fut le signal d'un pillage général, après quoi elles se retirèrent. A cette même époque, nous avions envoyé chez le Roi notre domestique Élias, afin de lui demander des vivres. Le Roi accédant à notre demande, ordonna aux paysans de nous fournir trois *tchans* de provisions diverses ; et nous accorda en outre les droits d'entrée d'une journée de marché, ce qui nous était suffisant pour deux mois, en vivant toutefois avec une grande économie. Mais il nous aurait fallu un homme capable de faire exécuter les ordres du Roi, et cela nous faisant défaut, nous tâchions au péril de notre vie et sans prendre aucun souci des conséquences, d'user de tout notre ascendant, pour faire respecter les ordres qui nous concernaient.

Vagchem-Téphari, cousin de Teklé-Gorghis, ayant été désigné par celui-ci comme gouverneur des territoires de Dembéa et de Djelga, se mit en marche pour le lieu de sa résidence. Il était accompagné par les anciens princes de Djelga, dont se souviennent nos lecteurs. Ces hommes rusés conseillèrent au nouveau gouverneur d'envoyer ses troupes dans les villages, à la recherche des vivres, et leur conseil fut suivi. Sur ces entrefaites Gabro-Médani-Alem, cousin de l'ancien prince d'Essar-Amba, et d'accord avec lui, fondit à l'improviste sur la tente de Vagchem-Téphari, s'en empara, et se saisissant du prince, le mit aux fers ; après quoi il pilla le camp de ses troupes qui étaient dispersées dans les hameaux. Il est vrai que ce prince fut renvoyé au Roi quelque temps après, mais il n'en résolut pas moins de s'en venger. Ainsi donc, à mesure que le Roi s'efforçait d'étendre ses conquêtes, il voyait d'autre part la rebellion s'augmenter dans ses domaines. Voyant cela, ses principaux chefs al-

lèrent le trouver et lui donnèrent le conseil suivant.
"Prince, tu as dominé jusqu'ici par la force de ton bras
„et la grandeur de ton génie de très vastes territoires, et
„tu as toujours traîté les paysans avec beaucoup de dou-
„ceur, mais ceux-ci dédaignant ta bonté et ta magnani-
„mité, ne cessent de lancer contre toi les traits de leur
„langue acérée, et n'attendent qu'une occasion pour
„lever l'étendard de la révolte. Voici que la fête de la
„S^te. Croix approche, et c'est l'époque, tu le sais, de le-
„ver les tributs sur les peuples; tu n'as qu'à commen-
„cer à mettre des impots sur une partie des territoires
„qui te sont soumis; par ce moyen, ils seront obligés de
„te reconnaître comme leur Roi, et ils abandonneront
„l'idée de lever la tête; car les paysans sont forcés d'
„obéir au prince auquel ils remettent les tributs de l'an-
„née nouvelle, le seul motif de leur rebellion étant d'
„être exempt des impots. Pendant que ce payement s'
„effectuera, ajoutèrent-ils, les rivières s'abaisseront et
„nous serons alors tous tranquilles et rassurés. Si, au
„contraire, nous allons faire une excursion sur Djelga
„ou sur Dembéa, ces contrées-ci ne manqueront pas de
„se soulever pendant ce temps-là, et pendant que nous
„reviendrons les dompter, les premières se révolteront
„de nouveau.„ Ce conseil, qui paraissait raisonnable,
fut suivi de point en point par le roi Teklé-Gorghis,
qui s'empressa d'expédier des hommes dans les territoires qui paraissaient reconnaître son pouvoir, pour lever des impots en argent ou en nature. Il exigeait du
seul pays de Bélessa où nous nous trouvions, 1200 thalers en argent, et 8000 jarres de provisions diverses (1).

---

(1) *Le roi Théodore avait augmenté annuellement la taxe des*
impôts; pendant les dernières années, il avait imposé jusqu'à 15000
thalers sur Bélessa, 13000 sur Voguéra et 8000 sur Semin: on
trouvait également d'autres localités obligées de payer de pareilles
sommes. Une partie de ces impôts était destinée à faire des gratifi-

Ces levées d'impôts qui se faisaient toujours avec quelque crainte, furent tout-à-coup abandonnées au bruit du soulèvement de Ras-Voldé-Mariam, homme remarquable par sa valeur, qui résidait à Bégameder. Ce dernier avait été autrefois au service de Théodore, et après la mort du Roi, il avait réussi à s'emparer de son pays natal, ainsi que des autres pays circonvoisins. Il avait une grande réputation de vaillance, et passait pour un guerrier très expérimenté. Il s'était signalé déjà en taillant en pièces les troupes que le roi Teklé-Gorghis avait envoyées contre lui, et cet exploit de bravoure avait commencé sa renommée; à cette époque il était déjà maître de la moitié du territoire de Bégameder, tandis qu' Ali-Pharis, cousin du Roi, dominait dans l'intérieur du même pays. Ce dernier avait été emprisonné dans la forteresse de Magdala, et n'avait dû sa délivrance qu' à l'arrivée des troupes anglaises.

Teklé-Gorghis, comme nous l'avons déjà dit, ayant été forcé per les circonstances d'abandonner la levée des impôts, chargea alors le prince de Godjam, son beau-frère, de sa vengeance contre Gabro-Médani, et lui enjoignit de ravager le pays de Dembéa. Ayant ensuite rassemblé tous les paysans de la contrée en état de porter les armes, il vint avec eux à Ambadjara, et après avoir célébré la fête de la S^{te}. Croix, il fondit immédiatement sur Bégameder.

Il faut savoir que dans l'Abyssinie, le Clergé prend une très grande part aux affaires politiques, et que profitant de son ascendant sur le peuple, il réussit maintes fois à rendre impraticables les résolutions du Roi, ou à les faire échouer. Voilà pourquoi Théodore n'aimait pas le corps ecclésiastique, qui était également odieux au prince régnant Teklé-Gorghis, que le Clergé haïssait à

---

cations aux favoris du Roi, et le reste servait à acheter des marchandises qu'on faisait venir de Maßsaua.

à son tour, et contre lequel il excitait le peuple par d'indignes menées. Ainsi, par exemple, le Clergé donna cour parmi le peuple à une prédiction qui disait que, Teklé-Gorghis devait mourir, trois jours ou trois mois ou trois ans après son élévation à la dignité royale, et que son pouvoir après lui serait entièrement anéanti. De pareilles prédictions s'étaient également répandues sur le compte de Théodore pendant qu'il était sur le trône. Il va sans dire, que les trois jours s'étaient écoulés sans aucun effet; on attendait maintenant les trois mois. Lorsque Teklé-Gorghis fondit sur Bégameder, c'était à la fin de ce temps déterminé, et tout le monde était dans l'incertitude, et mis en émoi par le Clergé, qui, profitant des circonstances pour troubler les peuples, voyait arriver avec joie l'époque de leurs présages. Les prêtres du pays préféraient Gabro-Médani-Alem: "C'est lui, disai-„ent-ils, qui doit monter sur le trône, car il aime le peu-„ple, et il en a pitié comme un père de ses enfants.„ Ces fausses prédictions n'avaient d'autre but que d'inspirer de la crainte et des soupçons aux troupes, afin d'abattre leur courage dans les combats, et de les porter à abandonner la cause d'un prince qui était sur le point de perdre ses conquêtes avec sa vie.

Le Clergé de ce pays fait tous ses efforts pour garder son influence sur le Roi, de même que sur les peuples. Il voudrait que le Roi fût toujours indulgent à l'égard des couvents, qu'il pardonnât tous les torts et fît grâce à tous les crimes commis par les peuples; qu'il n'infligeât aucun châtiment pour les délits; en un mot, qu'il suivît la politique de Ras-Ali, le prédécesseur de Théodore en Amara, pendant le règne duquel le vol, l'assasinat, la fourberie, les crimes et tous les vices étaient permis et nullement réprimés, raison pourquoi il avait eu pendant sa vie tant de partisans, et ce qui donna lieu aussi à un grand nombre de chrétiens d'embrasser le Mahométisme; sous son règne, toute la terre d'Abyssinie n'était qu'un vaste champ ouvert à tous les crimes et à tous les forfaits, et malgré cela, il était aimé et considéré comme un prince excellent et plein de douceur. Théodore avait, lui, un caractère tout opposé; il faisait couper les pieds ou la tête aux hommes qui commettaient des crimes; dans les derniers temps, il avait même commencé à les faire brûler. De même, Teklé-Gorghis, d'après le bruit qui courait, et suivant cet exemple, se mettait à exercer des punitions semblables, en faisant couper aux coupables le nez, les oreilles, les mains et même la tête, chose qui paraissait barbare et effroyables aux yeux du peuple, bien qu'à dire vrai, il y ait de l'exagération des deux côtés. Car, si le Roi dans l'intérêt de la justice doit être parfois sévère envers les peuples, il doit être aussi compatissant envers eux, et ceux-ci, à leur tour, ne doivent pas abuser non plus de l'indulgence du souverain. Ces derniers doivent savoir, que c'est en vue de punir les crimes des hommes, que Dieu donne par fois le sceptre à des princes qui ont le cœur endurci comme Pharaon. "Le cœur du Roi, dit Salomon, est „dans les mains de Dieu. „

Les prédictions du Clergé n'aboutirent finalement à rien; car le Roi s'étant rendu à Bégameder, au lieu d'y trouver la mort, vit là ses entreprises couronnées d'un plein succès. Ras-Voldé-Mariam lui fit sa soumission de la manière suivante. Ayant fait camper son armée à une journée de marche de l'endroit où se trouvait Teklé-Gorghis, il vint avec quelques uns de sa suite, et s'avança à une heure de distance de la tente royale; ensuite il prit une grosse pierre qu'il plaça sur son cou (1), et qu'it porta jusqu'à ce qu'il fut arrivé auprès du Roi, à qui il dil en baissant la tête devant lui: "Prince, je vous prie de

(1) C'est dans ce pays un usage général, lorsqu'un coupable se rend chez la personne offensée, qu'il se présente portant une pierre sur son cou.

„me pardonner toutes les fautes, dont je suis coupable
„envers vous.„ Le Roi se montra clément et lui pardonna, et la paix fut rétablie entre eux. Le lendemain il revint suivi de toutes ses troupes, et se présenta à la tente
du Prince; alors ses cavaliers se mirent à faire des courses à cheval, en chantant les avantages qu'ils avaient autrefois remportés contre le Roi, mais en finissant tous
leurs éloges par des excuses. Ras-Voldé-Mariam tenant
en main son épée dégainée, faisait des cavalcades devant
la tente du Roi, et s'accusait en ces termes: "Il est vrai
„que j'ai tué plusieurs de vos soldats, et que j'ai vaincu
„avec ce bras (il le montrait) l'armée que vous avez ex-
„pédiée contre moi; que j'ai dépouillé vos hommes et que
„je les ai fait prisonniers, mais néanmoins dans toutes
„ces circonstances, je n'ai jamais cessé d'être clément et
„d'agir avec miséricorde. Ces armes que vous voyez, ô
„Prince, (il montre les armes que ses soldats tenaient en
„main), je les ai prises des mains de vos soldats, n'ayant
„pour tout arme moi-même qu'un pieu de bais aiguisé
„par le bout. Je vous assure qu'ils doivent m'en savoir
„gré, car si par hasard j'avais eu en main une épée,
„personne n'aurait pu s'échapper. Ce Ras-Voldé-Mari-
„am, dont le nom vous était peut-être connu, vous le vo-
„yez maintenant de vos propres yeux. Nul n'aurait pu
„me prendre vivant, et personne n'aurait pu me vaincre.
„Depuis longtemps j'ai entendu faire votre éloge, et le
„bruit de votre renommée m'est arrivé de bien loin: je
„me suis dit à moi-même: c'est vraiment Dieu qui l'a
„élu et mis sur le trône, pourquoi ne lui obéirais-je pas?
„Aussitôt je me hâtai de venir vous faire hommage et de
„vous assurer de mon dévouement. C'est moi, Ras-Voldé-
„Mariam, qui viens aujourd'hui me soumettre à vous o-
„béir? Rassurez-vous, ô Prince; tant que je vivrai, vous
„serez délivré d'inquiétude, car je saurai trouver tous
„vos ennemis, les saisir et les égorger comme des chiens.
„C'est ma main qui vous délivrera d'eux tous.„ Ayant

dit ces mots, il fit de nouvelles excuses au prince, pour les torts qu'il avait eus contre lui. Le Roi, usant de clémence, lui rendit sur le champ les domaines de ses pères, et de plus lui donna le gouvernement de trois villes, le revêtant lui-même des insignes de sa charge.

Pendant notre séjour à Ghelbi-Thabor, dans le pays de Bégameder, nous envoyâmes près de Teklé-Gorghis notre domestique Elias, avec une lettre dans laquelle nous le suppliions de nous laisser partir, et de nous renvoyer dans notre patrie, ou bien de nous fournir des vivres selon nos besoins, comme son prédécesseur l'avait fait. Il jura au nom de son père défunt, et nous fit répondre, qu'il n'avait encore levé de tribut nulle part, et que le peu de thalers qu'il avait en sa possession, était destiné aux dépenses de son armée. "Mais attendez quelque „peu, ajoutait-il, et n'ayez nulle inquiétude; je vous ren-„verrai ensuite, si Dieu le veut, avec le respect et les „honneurs qui sont dus à votre dignité; car, si je vous „laissais partir en cet état, ce serait une insulte pour moi „comme pour vous. Il envoya avec cette réponse les ordres aux villages de Bélessa de nous fournir des vivres pour trois mois, c'est-à-dire, 10 *Tchans* de provisions: cette énorme quantité de vivres nous était donnée en prévision que nous pussions nous procurer les autres besoins en échange.

Teklé-Gorghis pénétra ensuite dans les pays de l'intérieur, et s'avança jusqu'à Vodelou et Jédjou, sur les frontières des Gallas. Ces deux derniers pays étaient gouvernés par Ali-Pharis, proche parent de Ras-Ali, et cousin de Teklé-Gorghis. Ali-Pharis, avait été autrefois, comme il a été déjà rapporté plus haut, emprisonné dans la forteresse de Magdala, au temps de Théodore, après la mort duquel il s'était approprié les sus-dites localités, où vivent mélangés des chrétiens et des Musulmans à peu près en nombre égal; quoiqu'il n'eût point fait encore sa soumission au Roi, cependant ils ne voulait pas non plus se révolter ouvertement contre lui ni lui obéir: son u-nique but était de prendre du temps pour se fortifier, et de se déclarer ensuite contre le gouvernement. Teklé-Gorghis ayant connu son dessein, fondit sur son territoire et y établit son camp. Ali-Pharis, qui n'était pas encore en état de lui tenir tête, s'enfuit au milieu des Gallas, où il trouva une protection assurée.

.Teklé-Gorghis expédia de là des messagers au prince Minilik de Choa, qui lui fit sa soumission de bonne grâce, ce que voyant le Roi, il accorda en récompense à ce prince une partie du territoire d'Esseïte-Mestaïti, prin-cesse mahométanne, Gallasse, et lui aida même à s'en emparer. Celle-ci se trouvait alors auprès du Roi, où elle était venue toute exprès pour faire sa soumission; quand elle eut connaissance de cette perfidie, elle ne put supporter une pareille insulte, et prit la fuite pen-dant la nuit, et aussitôt de retour dans son pays, elle leva de nouveau l'étendard de la révolte. Un aussi vil procédé et une telle offense ne provenaient, chez le Roi, que de la vengeance; car Teklé-Gorghis avant de s'em-parer des états de Terso-Govazi, avait été engagé avec cette princesse dans un combat, où il avait perdu la plus grande partie de ses troupes, et où il n'avait échappé à la mort que par la fuite (1). Vorkie, autre princesse maho-métanne Gallasse, fut également rendue tributaire par le même prince de Choa, sur les ordres que celui-ci en a-vait reçus du Roi.

A cette époque, Teklé-Gorghis, qui se trouvait dans ces contrées, éloigné de nous de six journées de marche, nous avait presque oubliés, et ne prenait aucun soin pour faire renouveler nos provisions épuisées. De notre côté,

(1) *Les Gallas ont la coutume de passer en prières, dans leur camp, toute la journée qui précède le combat, et à l'approche de la nuit, ils fondent à l'improviste sur l'ennemi, qu'ils massacrent et dépouillent sans pitié.*

nous ne pouvions non plus expédier près de lui quelques uns de nos domestiques pour lui demander du secours, retenus que nous étions par le peu de sureté des routes. Nous fûmes donc obligés de recourir à un autre moyen pour vivre, et ce moyen bien loin d'avilir notre dignité, nous fit acquérir, au contraire, plus d'honneur et de respect parmi le peuple. C'était la médecine, que nous excercions au corporel et au spirituel: nous faisions consister la première manière en abstinence, en ablutions, et en divers médicaments naturels et très simples, qui le plus souvent faisaient leurs effets; la seconde manière que nous faisions suivre aussi à nos malades, consistaient en exercices de piété et de dévotion. Toutes les fois que nous étions appelés auprès des malades, nous ne manquions jamais de faire sur eux la prière et la lecture de l' Evangile, et ceux-ci se guérissaient le plus souvent par l'effet de leur foi et de leur dévotion. Nous conformant aussi quelques fois à leurs usages, nous écrivions sur des morceaux de papier quelques fragments d'oraisons, sur tout de celles de S^t. Nersès le Gracieux (1), que les malades portaient sur eux comme des reliques, et ce moyen populaire contribuait beaucoup à leur inspirer des sentiments de piété. Aussi Dieu daigna répandre ses bénédictions sur notre œuvre, qui était purement évangélique. Plusieurs d'entre eux étant retournés à la santé, vinrent chez nous pour nous remercier, et nous témoignèrent leur attachement par les plus grandes démonstrations de respect. A partir de ce moment, régna chez nous l'abondance; chaque jour on nous apportait des pois-chiches, des lentilles, des fèves etc, aliments qui formèrent seuls

(1) *St. Nersès le Gracieux* (Schenorhali) *Catholicos d'Arménie, mourut en 1113. Il a écrit, pour l'usage du peuple, des prières en 24 versets, correspondant aux heures du jour, lesquelles ont été traduites en 24 langues, et imprimées chez les Pères Mékitaristes de Venise.*

notre nourriture pendant toute la durée de notre voyage. En vue de nous faire plus d'honneur, quelques uns nous apportaient de la bière, du lait caillé et quelques légumes plus rares, demandant seulement en récompense la bénédiction de Sa Grandeur l'Archévêque. Le bruit de nos guérisons se répandit bientôt dans tout le pays de Bélessa, et souvent on nous apportait des malades de pays très lointains.

Quoique nous eussions trouvé dès lors des moyens assurés d'existence, néanmoins le souvenir de notre patrie ne laissait pas que de revenir souvent à notre esprit; et ce souvenir était d'autant plus doux pour nous, que notre émigration se prolongeait davantage. Cédant au désir bien naturel de revoir les lieux qui lui étaient chers, Mgr. Isaac résolut d'aller trouver le Roi, pour le solliciter de nouveau de nous renvoyer dans notre pays. Les villageois ayant été informés de son dessein, firent près de lui mille instances pour l'en détourner, ce à quoi ils parvinrent à la fin, mais non sans beaucoup de peine. "Ce „n'est pas l'usages, lui disaients-ils, d'aller se présenter „devant le Roi, sans en avoir auparavant obtenu la „permission; car il pourrait vous arriver de tomber „entre les mains de quelque rebelle, et nous serions „responsables de ce qui vous arriverait de fâchéux. „Dites nous si vous avez besoin de quelque chose, nous „sommes tout prêts à vous le procurer.„ Ils nous approvisionnèrent effectivement dès lors de tout ce dont nous avions besoin. Cependant nous étions dans un besoin très urgent d'autres objets, qui ne nous étaient pas moins nécessaires que la nourriture, je veux parler des vêtements: nous n'en avions point de rechange, et ceux que nous portions, étaient tout déguenillés et rapiécés; nos tuniques noires étaient partout racommodées avec des morceaux de toile blanche et ressemblaient à de vrais haillons, de sorte que nous avions l'air, là dessous, de Robinsons ou d'Arlequins. Quant à nos chemises, elles étaient complétement usées et impossibles à porter, tellement que nous fûmes obligés d'en faire avec nos linceuils mortuaires, que nous avions apportés parmi nos autres effets. Egalement nos chaussures étant usées, nous nous servions de sandales que nous attachions autour de nos pieds avec des courroies. Malgré cela, nous aurions encore supporté cet état, si nous n'avions pas été tourmentés par la vermine qui nous dévorait, n'ayant, comme nous venons de le dire, aucuns habits de rechange. Les deux Nazaréens et nos autres domestiques avaient aussi besoin de nouveaux habits, et pour leur en procurer, nous fûmes obligés de vendre l'un de nos mulets, afin d'acheter des manteaux pour eux ; de sorte qu'il ne nous resta plus qu'un seul de ces animaux, le troisième étant déjà mort depuis quelque temps.

Comme notre séjour se prolongeait en Bélessa, nous conçûmes le désir d'écrire à Sa Béatitude notre Patriarche, pour l'informer de notre situation en ce pays, à travers lequel nous passâmes tout le temps à errer çà et là ; pour cela, nous cherchâmes de tous côtés quelque marchand Abyssinien qui pût se charger de nos lettres jusqu'à Massawa, mais malgré nos recherches, nous ne pûmes trouver personne. Nous aurions bien expédié un messager tout exprès, si nous avions pu en trouver un de sûr, mais l'homme payé par nous, après avoir reçu notre argent, aurait sans aucun doute déchiré nos lettres ou les aurait portées par trahison au Prince, auquel il nous aurait représentés comme des personnes suspectes et dangereuses pour son gouvernement. Cette considération nous empêcha de consigner aucune lettre entre les mains des indigènes, afin de ne pas perdre notre argent inutilement, car dans toute l'Abyssinie on chercherait en vain une seule personne fidèle. Les lecteurs se souviennent sans doute de notre sincère ami et de notre très fidèle intendant, c'est-à-dire du Goravi Blatda-Brou ; ils se rappellent aussi ses vexations et ses extorsions, pendant le

124

temps qu'il fut à notre service, de même que les forfaits qu'il commit et ceux qu'il projetait, au moment où il nous quitta. Ce qu'il y a de plus mauvais dans les gens de ce pays, c'est que lorsqu'ils se chargent d'une lettre quelconque, ils vont aussitôt, comme nous l'avons dit plus haut, la présenter au Prince, et à l'aide de quelque mauvais interprète qui l'explique tout de travers, ils s'efforcent de lui persuader que ceux qui l'ont écrite sont des espions, qui complotent contre le gouvernement, ou qui demandent des troupes à leurs puissances pour s'emparer de son royaume. Les princes se laissent aisément persuader par ces paroles, et ils récompensent même les délateurs. Pendant notre séjour en Abyssinie, nous ne pûmes expédier que deux lettres, la première, avec notre ami mahométan, qui a demeuré quelque temps avec nous à Essar-Amba, et que nous lui remîmes à son départ pour Massawa: elle était adressée à M^r. Arakel Djivéléghian, à qui nous donnions de nos nouvelles; la deuxième, avec un marchand Abyssinien nommé Mikaël, qui était venu nous offrir ses services dans un autre but, et avec des desseins que nous sûmes déjouer. Il nous proposait de lui consigner tous nos habits ecclésiastiques pour les transporter à Massawa, afin, disait-il, de les mettre en sûreté, pour qu'ils ne tombent pas dans les mains des voleurs, mais en réalité son but n'était autre que de s'en approprier. Nous le priâmes simplement de vouloir bien se charger de nos lettres; et comme il devait passer par le Caire, nous lui donnâmes aussi, pour lui, une lettre de recommandation (1). Ce marchand redoutant les périls de la guerre, n'eut pas même le courage d'aller jusqu'à Massawa: ayant renoncé à son voyage, il confia en d'autres mains nos lettres, qui arrivèrent pourtant à leur destination.

(1) *Cette lettre de recommandation a été publiée dans* Sion, *journal mensuel, qui s'imprime en langue Arménienne à Jérusalem.*

CHAPITRE X.

Gabro-Médani-Alem. Meschescha fils de Théodore; sa mort. Ougali-
Desda: atrocités des Gallas en temps de guerre: Excursion de Gabro-
Médani-Alem en Bélessa. Lettre qui nous arriva de Jérusalem par
l'entremise de M^r. Arakel Djivéléghian. Requête adressé à Teklé-
Gorghis pour demander notre congé. Sa réponse. Notre retour;
détails sur les difficultés de notre voyage. Le pays d' Ago; Sécheresse. Arrivée à Adoua et à Axoum. L'Église d'Axoum. Table en
pierre des dix commandements. Lettre adressée au Consul-Général
d'Angleterre à Alexandrie.

$\mathbf{P}$ENDANT que le prince Teklé-Gorghis était allé
au pays de Jédjou, les habitants d'Amara et ceux des
pays voisins qu'il avait soumis, s'étaient tous soulevés de
nouveau, et querellaient entre eux pour la possession des
terrains, dont chacun voulait s'emparer. Gabro-Médani-
Alem, l'un des principaux révoltés, s'était emparé, pour
son compte, de cinq ou six villes.

Quelques jours avant la mort du roi Théodore, Meschescha son fils aîné s'était enfui dans le pays d'Ougara,
qui avait appartenu à ses ancètres, et s'était joint ensuite
à Desdé-Brou, qui conduisait une expédition, par ordre
de Terso-Govazi vers le pays de Dagousa, pour en défendre l'entrée aux ennemis. Ces deux chefs livrèrent un
combat à Gabro-Médani-Alem, et ils furent vaincus. Desdé-Brou fut saisi aussitôt et mis aux fers, et son compagnon fut arrêté dans sa fuite par Ougali-Desda, prince
de Godjam, pendant que celui-ci lançait son cheval au
pas de course, pour surprendre Gabro-Médani-Alem en
Dembéa: course qui demandait d'ordinaire cinq jours de
marche, et pour laquelle il n'employa que deux seulement. Meschescha fut donc saisi et enchaîné par le
prince da Godjam, qui le mit ensuite à mort pour venger
son père, comme on nous l'a assuré quelque temps après.

126

Gabro-Médani-Alem ayant dispersé ses troupes dans les villages voisins, ne se tenait nullement sur ses gardes, lorsqu'il apprit tout-à-coup l'arrivée d' Ougali-Desda; comme il n'avait pas fait ses préparatifs, il fut contraint de prendre la fuite, et se dirigea vers les contrées d'Armadjouho.

Conformément aux ordre de Teklé-Gorghis, son beau père, Ougali-Desda dévasta entièrement Dembéa, et après avoir pillé le camp de Médani-Alem, il s'en retourna vers le prince. Dans son armée se trouvaient beaucoup de Gallas, qui ont l'horrible coutume, pour faire éclater leur bravoure, de couper les oreilles des hommes tués sur le champ de bataille ou des prisonniers, et de les envoyer ensuite à leurs femmes après le combat. Celles-ci en les recevant, avertissent aussitôt leurs voisines et leurs amies, qu'elles rassemblent chez elles, et exposant lesdits membres en leur présence, comme étant les signes de la bravoure de leurs époux, elles se livrent à de grandes réjouissances en dansant tout autour au son des trompettes et en chantant les louanges de leurs maris, elles les pendent ensuite enfilés aux portes de leurs maisons; dès lors elles prennent rang dans la classe des nobles. Celles parmi les familles, qui en ont une série plus nombreuse, sont d'autant plus honorables et plus influentes. Quand la servante de ces familles va à la fontaine puiser de l'eau, elle remplit ses cruches la première sans attendre son tour, et s'en retourne avant ses compagnes. Ceux, d'entre les hommes, qui n'envoient pas du champ de bataille les signes de leur bravoure, sont considérés comme des lâches et restent sans considération dans leur pays.

Les Gallas et les chrétiens nourrissent en tout temps une haîne implacable les uns contre les autres. Pourtant les Gallas ont encore cela de bon, c'est qu'ils marient au milieu d'eux les prisonniers chrétiens après les avoir convertis à leur religion, et qu'ils les font jouir avec une entière liberté de tous les droits de citoyens. Tandis que les chrétiens du pays retiennent, dans l'esclavage, les Gallas qu'ils ont convertis au christianisme, et qu'ils les vendent même, s'ils le veulent, à qui bon leur semble.

Gabro-Médani-Alem ayant rassemblé ses troupes, marcha sur la ville de Gonder, dont il s'empara après avoir expulsé le chef rebelle qui la dominait; après quoi il se soumit au prince de Thègri, et fit tous ses efforts pour agrandir son territoire jusqu'aux limites de cette province. Il s'avança ensuite sur Bélessa où nous nous trouvions alors, mais les habitants de ce pays ne purent soutenir le choc, parce que la moitié de la population était disposée à lui faire sa soumission, et que les paysans guerriers se trouvaient avec leur chef Dédjadj-Eminé auprès du roi Teklé-Gorghis. Ce que voyant les habitants de Bélessa, ils se mirent alors à nous effrayer, en disant que les troupes de Gabro-Médani-Alem allaient fondre sur la cité, et la livrer au pillage. Leur but était, par ces discours, de s'emparer au milieu de notre trouble, de nos habits ecclésiastiques: les seuls biens qui nous restaient alors. Mais pressentant qu'ils étaient en péril, nous avions déjà pris soin de les cacher sous terre, dans une fosse que nous creusâmes expréssement pour cet effet, et rassurés de ce côté, nous nous remîmes pour le reste entre les mains de Dieu. Gabro-Médani-Alem en vue de rassurer les habitants, parla ainsi aux notables de Bélessa: "Je ne suis pas venu pour m'approprier vos biens, leur „dit-il, je ne vous demande que des guerriers. — Tous „les nôtres se trouvent auprès du Roi, lui firent-ils ré- „pondre par l'entremise des prêtres, par conséquent, il „nous est impossible d'exécuter votre demande; mais si „vous avez besoin de provisions, nous pouvons vous en „procurer. „ Gabro-Médani-Alem sans rien accepter, s'en retourna en disant: Le territoire sera bientôt à moi, s'il plaît à Dieu. Pour le moment il se borna à occuper le pays de Voguéra jusqu'à Sémin, à l'Est du Thègri.

A cette époque, nous vîmes arriver soudain le domestique Abyssinien de Mr. Arakel Djivéléghian, qui réside à Massawa, avec un paquet de lettres pour nous, qui lui étaient arrivées depuis notre départ de Jérusalem. Il est impossible de peindre la joie qui nous transporta en le recevant; nous étions tellement saisis, que nos mains tremblantes d'émotion pouvaient à peine le tenir. Dans un moment où nous paraissions oubliés des hommes et perdus pour jamais, ces lettres nous causèrent une joie indiscible, et nous nous sentions dévorés du désir de revoir la Sainte-Cité et notre chère patrie. Des ruisseaux de larmes coulaient de nos yeux, et rafraîchissaient nos cœurs déséchés, qui étaient comme deux sources taries par les chaleurs excessives de l'été, car cette fois, c'étaient des larmes de joie et de douce espérance. Nous nous transportions en imagination dans le monde civilisé des hommes blancs, et nous nous voyions au milieu de nos pères et de nos frères, jouissant de leur conversation et recevant leurs consolations. L'imagination nous trompant un moment, nous nous croyions déjà éloignés à tout jamais de ces hommes noirauds et sauvages, dont l'aspect et plus encore le caractère et les mœurs nous avaient rendu insupportable le séjour du pays tout entier. Parmi ces lettres, s'en trouvait une de Mr. Arakel lui-même, dans laquelle il nous faisait savoir, qu'une requête à notre sujet avait été adressée par le Consul d'Angleterre au roi Teklé-Gorghis pour solliciter de lui notre retour, nous avertissant en même temps du consentement que le dit Consul avait obtenu du Prince de Thègri pour que nous puissions passer sur son territoire.

A ces nouvelles joyeuses, nous nous hatâmes d'écrire de notre côté une supplique à Teklé-Gorghis pour obtenir de lui notre congé. Cette lettre lui parvint quelques jours après qu'il eût reçu celle du Consul Anglais, qui nous concernait; il se vit donc obligé de nous congédier, et nous adressa sa réponse par écrit, qu'il confia à un messager, qui était chargé de nous faire des excuses de vive voix, pour les mauvais traitements et les tracas que nous avions eu à subir dans son royaume: il nous faisait également prier, par ce même messager, de nous porter comme médiateurs entre lui et le prince de Thègri, afin de dissiper la discorde qui existait entre eux. Sa lettre était conçue en ces termes:

"Teklé-Gorghis, roi d'Ethiopie, expédie cette lettre à „Abouna Isaac et à Abouna Dimothéos. Comment vous portez-vous? Etes-vous très bien? Les routes n'étant pas „sûres jousqu'ici, nous avons été obligés de vous faire at- „tendre. Je viens de recevoir une lettre de la part de votre „souverain (1), qui me demande votre congé: retournez „donc dans votre pays. Vous recevrez deux mulets pour „vous de Dédjadj-Eniné: prenez avec vous tout ce que „vous avez. Votre départ nous afflige et nous fondons „en larmes.„

Nous exposons ici la marque de son sceau qui se trouve dans l'original, autour duquel on lit ces mots: "TEKLÉ-GORGHIS, ROI D'ETHIOPIE.„

Quinze jours après la réception de cet ordre, le frère de Dédjadj-Eniné nous envoya les deux mulets en question, et le même jour, (Avril 16/28) nous fîmes les préparatifs de notre départ. Parmi nos effets, nous n'emportâmes avec nous que les habits et les vases ecclésiastiques; quant aux caisses dégarnies et aux autres bagages dont nous n'a-

---

(1) *Il parlait ainsi dans la croyance où il était que nous éti- ons sujets Anglais. Par le spécimen de cette lettre, on peut voir combien est simple chez ce peuple le style épistolaire.*

vions pas absolument besoin, comme une boîte à thé, par exemple, nous envoyâmes le tout au Roi, par un messager qui lui portait nos lettres d'adieux.

Le bruit de notre prochain départ avait rasssemblé autour de nous tous les habitants de la localité. Ceux-ci nous regardaient, dans les derniers temps, comme leurs pères spirituels et leurs bienfaiteurs; ils blâmaient hautement la démarche qu'on avait faite en demandant un Evêque Copte, et maudissaient le Roi, qui nous laissait partir. Tous ces gens, au nombre de plus de mille, avec le frère de Dédjadj-Eniné à la tête de quatre cents soldats, nous reconduisirent pompeusement pendant une journée de marche. Quoique le Roi eût donné ordre de nous faire passer par la route de Voguéra, qui était la plus commode et la plus courte, néanmoins comme ces contrées étaient révoltées, et que le peuple, qui nous accompagnait, refusait de prendre la voie indiquée, nous fûmes obligés, pour cela, de prendre la route d'Ago, qui était très difficile et très escarpée. Cet endroit est, comme il a déjà été dit, le pays natal de Teklé-Gorghis.

Au moment de notre départ, Teklé-Gorghis fixa la quantité d'aliments que les habitants de chaque village étaient tenus de nous fournir : c'était un mouton, un agneau, une cruche de beurre avec une autre pleine de miel, six plats de mets, quatre vingts pains, trois jarres de bière, et du foin pour nos deux mulets. Une telle quantité de provisions était aussi à charge aux paysans qu'à nous, car le nombre de notre caravane ne dépassait pas dix personnes en tout, de sorte que les provisions indiquées étaient beaucoup trop pour nous. Mais l'intention du Roi en donnant cet ordre était d'indiquer, à ses sujets, le respect qu'on doit aux voyageurs qui se rendent chez le souverain; de plus, connaissant parfaitement le caractère de son peuple, il savait très bien qu'avec lui il fallait exiger beaucoup pour avoir peu, et que nous serions très heureux, si l'on nous donnait seulement la moitié de ce qu'il avait fixé.

Je n'entrerai pas ici dans le détail des vexations et des tracas de toute sorte que nous eûmes à subir au retour de notre voyage, je me bornerai seulement à un aperçu général. Il faut savoir d'abord que le trajet de la route de Thègri, qui demande à peine dix jours, nous l'avons fait, nous, en quarante deux jours; à peine pouvions nous marcher chaque jour pendant trois heures ; et souvent nos guides se détournaient de la route, selon leur commodité, et nous confiaient à la garde des villageois, qui, ayant plein droit de se plaindre, puisqu'ils ne se trouvaient pas sur notre route, refusaient de nous accueillir. Aussi cheminant par des voies détournées, tantôt escaladant des montagnes escarpées, et tantôt descendant dans de profonds ravins, nous pouvons dire que nous errions plutôt que nous ne voyagions, semblables aux Israélites dans le désert: impossible de faire entendre raison à nos guides, qui se montraient sourds à toutes les remontrances que nous leur faisions.

Voici maintenant l'ordre que nous suivîmes à notre retour. En quittant Bélessa, le frère de Dédjadj-Eniné nous accompagna, comme nous l'avons dit, pendant tout un jour, après quoi il s'en retourna en nous laissant 200 soldats pour nous escorter. Mais nous vîmes bientôt que cette escorte était trop nombreuse, et pesait trop sur les villageois, qui se trouvaient sur notre route, et que notre voyage fait de la sorte, serait préjudiciable à eux et à nous, aussi résolûmes-nous après quelques jours de renvoyer tous les soldats, priant le Roi de nous recommander seulement aux *Alakas* (1) de chaque village. Ainsi,

---

(1) *On appelle* Alaka *celui qui a l'administration des affaire spirituelles dans chaque localité. Les* Alakas *sont élus par l'Evêque copte ou par le Tchéghï, et sont tous pris parmi les clercs, ou les lecteurs. Il y a chez eux plusieurs grades et diverses dignités, comme chez les Militaires et les Civils.*

par exemple, quand nous arrivions dans un hameau ou dans un village, guidés par un des hommes de l'*Alaka* du dernier endroit que nous venions de quitter, celui-ci proclamait à haute voix les ordres du Roi, en présence du nouvel *Alaka* et des habitants de la nouvelle localité; il énumérait aussi la quantité et les espèces d'aliments que les paysans étaient obligés de nous fournir. En s'acquittant de sa mission, il jurait par le nom du Roi de l' exactitude de ces ordres, après quoi il s'en retournait. C'est ainsi qu'agissaient tous les *Alakas* qui se trouvaient sur notre route, et qu'ils se communiquaient mutuellement les ordres du Grand-Prince. Mais nous nous estimions heureux, quand on exécutait seulement à notre égard, la moitié de ces ordres, sans trouble et sans dispute; et nous ne pourrions, sans renouveler les angoisses de nos cœurs, dépeindre ici les peines et les soucis de toutes sortes, que nous avions souvent à subir, pour avoir un morceau de pain. Bien des fois arrivant dans un village, nous ne pouvions y descendre sans nous quereller avec les habitants, restant souvent exposés à la chaleur du jour jusqu'au soir, et quelques fois abandonnés en plein air jusqu'à minuit, n'ayant rien pour nous nourrir ni pour nous coucher, tant les gens de ces contrées sont inhumains. Par fois on ne nous apportait pas même du pain en suffisance, et ils voulaient que nous nous contentassions de ce seul aliment. Nous refusions, par la raison que si nous l'avions accepté, sans mot dire, ils se seraient crus en droit de supprimer les autres provisions ordonnées par le Roi. Il est vrai, que si nous eussions consenti à passer jusqu'au lendemain sans manger, nous aurions eu le droit de porter nos plaintes au cheikh ou au prince le plus voisin de la localité, et les paysans, dans ce cas, auraient été condamnés à nous payer le double des provisions indiquées, en nourriture ou en argent comptant, mais n'ayant pas le temps d'attendre, nous étions souvent obligés d'accepter la seule partie qu'on nous donnait, et que nous distribuions à nos domestiques en guise de salaire.

En outre, les inquiétudes de la route n'étaient pas moins ennuyantes ni pénibles que le besoin de logement et de nourriture. Il est vrai que même en Turquie, les voyages ne sont pas très sûrs et sont loin d'avoir la commodité qu'on trouve en Europe, mais en Abyssinie c'est par trop fatigant et par trop insupportable, surtout pour les Européens et les sujets Turcs. Comme nous l'avons déjà dit, tout le parcours du trajet est montagneux: on y trouve partout des chaînes de montagnes, qu'ils faut traverser par des routes sinueuses, et il faut grimper par fois sur des hauteurs escarpées avec la plus grande précaution, car si le pied venait par hasard à glisser, on serait brisé en mille pièces en roulant dans des abîmes profonds. On y trouvait aussi quelques plateaux de place en place, mais ils étaient tout pierreux et remplis d'arbustes épineux. Ces arbustes sont de trois sortes: il y en a qui ont la forme courbée, d'autres qui sont droits, longs et courts; la troisième espèce est à trois tiges élancées, qui s'élèvent de terre, et sa bulbe renfermée sous terre, lui sert de graine: cette bulbe sert d'aliment aux indigènes pendant la famine. La marche à travers ces plateaux est toujours accompagnée de périls, car les mains et le visage des voyageurs sont sans cesse exposés à être déchirés et mis en lambeaux. C'est probablement pour cette terre que le Seigneur a dit: "La terre vous produi„ra des épines et des ronces.„ (1)

Pour comble de disgraces, notre retour s'effectuait dans le mois d'Avril, époque où règne une grande sécheresse dans toute la contrée. Les sources des villages où nous atteignions, étaient presque taries, et avec l'eau qui tombait goutte à goutte, on pouvait à peine remplir une cruche pendant la journée; dans ce besoin pressant, per-

(1) *Bible, III. 18.*

sonne n'avait pitié des pauvres voyageurs, et nul ne prenait souci de les désaltérer, au milieu de ces chaleurs brulantes du pays d'Ago. Le malheur nous entourait de toute part, et nos mulets altérés par la soif tombaient d'épuisement. Quelques gens des localités où nous descendions, et qui connaissaient notre qualité d'ecclésiastiques, venaient nous conjurer de prier le Seigneur pour qu'il fasse tomber de la pluie; bien qu'on ne fût pas alors dans la raison des pluies, et qu'il fût inouï, qu'il ait jamais plu au mois d'Avril, dans ces contrée, néanmoins touchés de leur malheur auquel nous participions, nous nous empressâmes de faire des prières, et de bénir l'eau avec la sainte Croix, en implorant la miséricorde divine. Soit l'effet de nos prières, soit plutôt que le Seigneur fût touché de la grande misère de ces peuples, il tomba à plusieurs reprises des pluies torrentielles qui firent déborder les rivières. Ce furent ces pluies qui nous sauvèrent la vie, car nous étions dans un danger imminent de mourir dévorés par la soif.

Le pays d'Ago nous paraissait être maudit de Dieu; comme si tous ces maux ne nous avaient pas suffi, une quantité innombrable de sauterelles avait dévasté les terres de toute part, et avaient dévoré tous les produits et tous les grains, à l'exception d'une espèce de millet, dont les semences étaient restées intactes à cause des pluies. Jamais on n'avait vu une telle dévastation dans ces contrées; la famine y régnait partout, et les habitants pour sauver leur vie, étaient obligés de se nourrir des tubercules dont j'ai fait mention plus haut, lesquels étant cachés sous terre, étaient par conséquent restés intacts.

Telle est la description succincte de notre voyage à travers le pays d'Ago, pays dont le parcours est regardé comme très difficultueux par les Abyssiniens eux-mêmes. Le 27 Mai (8 Juin N. S.), nous arrivâmes au village de Phinarva, sur la frontière du Thègri, dont le chef se trouvait alors auprès de Dédjadjmatch-Kassa; nous nous adressâmes à son lieutenant pour le prier de nous faire guider et escorter par ses gens, de la même manière qu'on en avait usé avec nous jusqu'alors, c'est-à-dire, que les habitants de chaque village, auxquels nous aurions à toucher, eussent à nous pourvoir de vivres jusqu'à notre arrivée à Adoua. Il accueillit notre demande avec bonté, et donna aussitôt les ordres nécessaires pour son exécution. C'est ainsi qu'après deux journées de marche nous arrivâmes à Adoua, d'où nous expédiâmes un messager à Dédjadjmatch-Kassa pour l'informer de notre arrivée. Celui-ci nous envoya immédiatement un *Balambaras* (1) pour nous servir de guide dans la ville, où nous nous installâmes dans une maison que l'on nous avait préparée.

Dédjadjmatch-Kassa se trouvait alors à Axoum, située à cinq heures de distance de la nouvelle Capitale, où il était allé pour faire nettoyer un puits: il s'était fait remplacer en son absence par son lieutenant Dédjà-Baria. Ce dernier, ayant eu connaissance de notre arrivée, s'empressa de venir nous faire visite, et nous fit présent pour notre usage d'un bœuf blanc, d'un vase plein d'hydromel avec un autre rempli de bière. Le lendemain nous envoyâmes avec son agrément, notre domestique à Axoum, auprès du Grand-Prince, pour lui exprimer en même temps le désir que nous avions de voir sa personne et de visiter aussi l'ancienne Église de cette ville. Il consentit très volontiers à notre désir, et ordonna à son lieutenant de nous amener chez lui, avec tous les égards dus à notre dignité.

Le *Balambaras* nous guida donc jusqu'à la ville d'

(1) Balambaras *signifie surveillant de bestiaux et d'animaux: c'est à lui que l'on remet toutes les montures et le betail offerts au Roi, et ceux que les peuples donnent en impôt. C'est le* Balambaras *qui en dispose. Cette place est très honorée et très recherchée parmi les Abyssiniens, et le* Balambaras *a toujours sous ses ordres une troupe de soldats comme les autres princes.*

Axoum, et arrivés là, nous nous dirigeâmes directement vers l'Eglise pour y faire nos prières et pour la voir en détail. Cette église, très célèbre dans toute l'Abyssinie, est formée d'une enceinte de pierres superposées les uns sur les autres sans ciment : elle est entourée par un cimetière. On monte à cette église par quatre ou cinq degrés en marbre, qui occupent toute la largeur de la façade, du côté occidental; la porte faite en bois, est assez haute et de construction imposante; la voute construites selon l'architecture grecque, est supportée par quatre gros piliers; le grand autel a également la forme grecque. Hors de l'enceinte on voit çà et là quelques monuments funéraires à forme pyramidale, sur lesquels se trouvent des inscriptions illisibles: la plupart sont en ruine ou enfoncés à moitié dans la terre.

Au sortir de l'Église, nous vîmes une cinquantaine de soldats rangés sur deux lignes, qui nous firent le salut militaire en nous présentant les armes: ils étaient commandés par le colonel Anglais Sir Kerkham. Nous fûmes conduits par eux, en cérémonie, vers la tente de Kassa, qui, nous apercevant de loin, se hâta de venir à notre rencontre, et s'inclinant par trois fois, selon l'usage du pays, il baisa respectueusement la croix, que Sa Grandeur l'Archévêque tenait en main pour le bénir. On nous emmena ensuite, toujours escortés par les soldats, sous la tente du prince, laquelle était faite d'étoffe rouge; et, après avoir échangés là quelques courts compliments, on nous conduisit par ordre de Kassa, pour nous faire reposer, dans une tente, qu'il avait fait dresser tout près de la sienne. Vers le soir, il nous envoya un bœuf, un mouton, de l'hydromel, du pain et tout ce qu'il fallait pour notre nourriture; et reconnaissants de ces attentions, nous lui dépêchâmes immédiatement quelqu'un de notre suite pour lui en faire nos remerciments.

On porte une très grande vénération en Abyssinie

à une certaine table en pierre, qu'on appelle la Table des dix Commandements, et que les gens du pays croient être celle même que le Seigneur a donnée au prophète Moïse, laquelle, selon eux, a été tronsportée là de Jérusalem pendant le règne de Minilik, premier roi d'Ethiopie. Du temps de Jésus-Christ, disent-ils, un certain individu nommé Ezéchiel, homme pieux et inspiré, apporta avec lui cette Table à Jérusalem, et se présentant à Jésus-Christ, lui dit: "Quel est votre avis au su-„jets des commandements divins écrits sur cette table? Faut-il les accepter ou non?„ Jésus alors sans ouvrir la bouche, prend dans ses mains la table, et écrit sur l' autre coté en caractère d'or. "Acceptez tout ce qui se „trouve écrit là.„ Dès lors cette table a été regardée comme ayant été écrite par Dieu-même. Les Abyssiniens affirment que cette légende se trouve consignée dans leurs anciens livres; mais comme elle est contraire aux Saintes Ecritures, dans lesquelles il est dit expressément que la dite table a été placée dans l'Arche d'Alliance (1) j'étais indigné et outré de voir une mensonge aussi révoltant, admis comme une vérité dans tout le royaume d'Abyssinie. Naturellement nous avions grande envie de voir cette pierre, afin de faire connaître au peuple, si c' était possible, un tel mensonge et une telle supercherie. On nous dit qu'elle était dans l'Église d'Axoum, placée dans un coffre précieux, et qu'on ne pouvait la voir ni la toucher sans être aussitôt frappé de châtiment. Le roi Théodore, disait-on, avait voulu la voir, mais Dieu ne l' en avait pas jugé digne. Quand nous fûmes trouvés dignes de visiter l'Église d'Axoum, nous demandâmes à Kassa d'ordonner aux prêtres de nous faire voir la prétendue pierre, pour que nous puissions la vénérer: "Car „votre présence en cette ville, ajoutâmes-nous, est une „bonne occasion pour nous de satisfaire à ce sujet notre

(1) III. Rois, VIII. 9.

„dévotion.„ Il accueillit encore cette demande de notre part avec bonté.

Le lendemain matin une trentaine de personnes du haut clergé, vinrent nous trouver; et, après les salutations d'usage, on traita la question de notre demande. "Une „tradition très ancienne, qui s'est transmise jusqu'à nous, „nous dirent-ils, défend à tous de toucher à cette table, „et pour être admis à la voir, il faut auparavant obtenir „la permission des grands Abounas. Le nouveau prélat „doit arriver dans peu, nous lui présenterons votre de- „mande; s'il l'accueille favorablement, votre désir sera „satisfait, et vous pourrez la voir, autrement cela vous „sera impossible. — Les traditions doivent être gardées „consciencieusement, leur répondis-je, à mon tour, mais „la vôtre a lieu de nous étonner; car nous ne comprenons „pas pourquoi elle nous empêche, à nous chrétiens, de „rendre nos respects et les honneurs qui sont dus à un „objet si sacré. Quoiqu'il en soit, ajoutai-je, nous ne pré- „tendons point la violer; mais dites-nous, nous vous en „prions, puisqu'il s'agit d'objets sacrés, cette Table des „lois divines est-elle plus respectable et plus vénérable, „que la Croix-même de N. S. Jésus-Christ, sur laquelle il „a versé son sang pour le salut des hommes?„ Avant de répondre à cette question, il se mirent à disputer quelque temps entre eux; quelques uns prétendaient que la Table des lois mosaïques était plus respectable et plus excellente, d'autres, au contraire, soutenaient que la Sainte-Croix avait droit à plus de respect; à la fin pourtant il s'accor- dèrent à dire que la S^te. Croix était l'objet sacré qui mé- ritait le plus de vénération. "S'il en est ainsi, ajoutai-je, „il n'éxiste dans l'Eglise aucune tradition qui autorise à „dérober la Sainte Croix aux regards des hommes, et „qui empêche les personnes pieuses de la vénérer et de „la baiser; au contraire, tous les chrétiens la respectent „et l'honorent, la gardant dans les Églises et dans les „maisons, et la portant même sur eux, comme un souve-

„nir glorieux de la Passion de Notre Seigneur: c'est ainsi
„que vous en voyez un morceau suspendu au cou de Mg^r.
„Isaac, lequel morceau est renfermé dans un étui fait en
„forme de croix, et attire la vénération de tout le monde.
„Pour quelle raison donc empêche-t-on, chez vous, de
„voir, de toucher et de respecter cette table, si elle est
„écrite, comme vous le dites, par la main de Dieu même.
„Il se peut très bien qu'il y ait parmi les gens du pays
„et même entre vous, quelques uns qui doutent de l'au-
„thenticité de cette Table, et pour eux cette sorte de dé-
„votion et de crainte dissimulée qui vous porte à la dé-
„rober aux regards du peuple, n'a d'autre effet que d'ex-
„citer leur défiance: il serait donc mieux que tout le
„monde fût libre de venir la vénérer publiquement, car
„alors la croyance à son authenticité serait mieux affer-
„mie, et elle attirerait un plus grand respect.„

Un profond silence règna quelque moment parmi les
assistants, et personne ne se hasardant de répliquer, je
continuai: "Puisque vous êtes prêtres, et que vous ap-
„partenez au haut clergé, à ce qui me semble, je vous fe-
„rai cette question: cette tradition, que vous tenez si
„consciencieusement, et que vous faites garder par les
„autres un peu malgré eux, est-elle plus importante et
„plus obligatoire que le Saint Evangiles, dont les parole
„donnent le salut aux âmes et la vie au monde? Nous
„voyons partout que les préceptes de la Sainte Ecriture
„n'ont aucune force ni aucune considération parmi les
„gens de ces contrées; car l'adultère, l'homicide, le men-
„songe et l'hypocrisie sont répandus dans tout ce pays,
„où l'on ne voit pas autre chose. Comme chrétiens ce-
„pendant, et surtout comme ecclésiastiques, votre devoir
„est de faire garder au peuple, tous les préceptes évangé-
„liques, qui sont les vraies traditions données par N. S.
„Jésus-Christ lui-même, traditions bien autrement impor-
„tantes que celle que vous gardez si scrupuleusement,
„et qui est contraire aux pieux sentiments des peuples.„

Convaincus par ces paroles, ils répondirent tous d'
une commune voix: "Nous allons tenir conseil, pour
„donner là-dessus notre dernière décision, et nous espé-
„rons que votre demande sera acceptée, chose qui, jus-
„qu'à présent, pourtant, n'a jamais eu lieu pour per-
„sonne."„

Aussitôt ils se rendent tous chez Dédjadjmatch-Kassa, pour lui rendre compte de tout ce que nous avions
dit. Le prince en l'entendant s'en réjouit et dit: "Vous
„le voyez bien, ne vous avais-je pas dit que vous seriez
„couverts de honte et de dérision; la table de Tabot de
„Moïse vient de perdre par là sa considération, et c'est
„un grand échec pour elle qui, jusqu'ici était regardée
„parmi nous comme un objet plus respectable que la S^te.
„Croix elle-même, et à laquelle, j'ose le dire, nous rendi-
„ons des honneurs que ne sont dus qu'à la Divinité; vous
„voyez maintenant qu'elle est sa valeur." Et en parlant
ainsi, il ne pouvait cacher la joie qu'il ressentait des
raisonnements que nous leur avions faits, car il était fâché contre le Clergé qui s'était refusé d'obéir à ses ordres. Il fut donc décidé dans le conseil de nous faire voir
la table en question, et étant revenus près de nous pour
nous faire connaître cette décision, ils nous invitèrent à
les suivre pour la voir. "Nous sommes chrétiens, leur ré-
„pondîmes-nous alors, la foi seule nous suffit pour satis-
„faire notre désir; nous n'avons pas besoin de la voir
„pour lui rendre nos respects. De plus, nous avons avec
„nous un morceau de la vraie Croix de N. S. Jésus-
„Christ, et nous croyons, nous, que c'est cette croix, qui
„mérite tout notre respect et notre vénération; les lois
„gravées sur votre Table, nous les portons déjà inscrites
„au fond de nos cœurs: ce sont elles qui sont nécessaires
„et non pas la Table elle-même."

A ce refus inattendu, les dignitaires ecclésiastiques s'
en retournèrent remplis de confusion: ce qu'ayant appris
Dédjadjmatch-Kassa, il s'empressa de venir immédiate-

ment nous trouver, et condamnant librement la grossie-
reté de son clergé, il nous dit sans détours: "Ce sont tous
„des ignorants, je vous prie de les excuser, et de vous
„rendre à l'Église pour voir le Tabot de Moïse.„

Nous ne pûmes résister cette fois aux instances du
Grand-Prince, qui nous accompagna avec tous les grands
de sa cour et de son clergé, nous faisant précéder par un
peloton de troupe régulière et par une troupe de musiciens. Arrivés à l'Église tous prirent place dans le vestibule, et nous fûmes seuls conduits par quelques uns du
clergé, dans la sacristie, qui est bâtie hors de l'Église à
gauche, à la suite d'une rangée d'autres chambres. Dans
l'intérieur de cette sacristie située au rez de chaussée, se
trouve une espèce de grenier construit en bois, où l'on
monte par un escalier mobile. Un des prêtres qui nous
accompagnait, y monta, et après y avoir pénétré, ôta deux
planches du plafond pour laisser passage à deux autres
prêtres qui l'y suivirent; alors un diacre, avec l'encensoir
en main, s'approcha d'une caisse qu'il encensa, et nous
présenta l'encensoir pour en faire autant. Cette caisse
était un coffre travaillé aux Indes; quand elle fut ouverte,
nous vîmes à découvert la Table des dix commandements.
Nous l'ôtâmes de sa place pour l'examiner plus attenti-
vement. La pierre était de marbre d'une couleur rou-
geâtre, de l'espèce qu'on trouve ordinairement en Egypte;
elle était de forme quadrangulaire, longue de 0^m, 24^c, sur
une largeur de 0^m, 22^c. et de 0^m, 03^c seulement en épaisseur. Elle était entourée sur les bords de fleurs gravées
ayant un demi pouce de largeur environ; au milieu se
voyait une seconde ligne quadrangulaire en forme de
chaîne fine et dont l'espace intérieur était vide, tandis
que l'espace compris entre les deux cadres contenait les
dix Commandements, dont cinq étaient d'un côté et cinq
de l'autre, écrits en biais à la façon des Turcs; au bas de
la Table, entre les deux cadres, figuraient trois lettres,
ainsi qu'il se voit dans la figure qui suit.

La première lettre à gauche est un chiffre qui n'existe pas dans l'alphabet Abyssinien, et qui indique le nombre dix, les deux autres sont des caractères expressifs, dont le premier a le son de notre letttre ፀ. (tsa), et l'autre de notre voyelle ፩, qui équivaut à l'E muet français; mais tous les deux n'indiquent aucun nombre, par conséquent il nous fut impossible de savoir au juste leur signification.

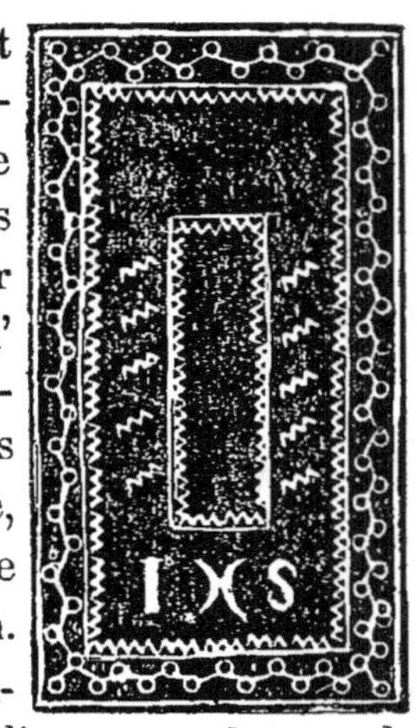

Toutefois il nous paraissait que l'ensemble de ces trois lettres devait indiquer une date quelconque, mais il n'y avait personne dans le Clergé Abyssinien qui fût capable de les déchiffrer, et nous donner là dessus une explication satisfaisante. Le dessous de cette pierre était orné d'une raînure de fleurs, mais de gravure différente, et ne portait aucun vestige de lettres. Cette pierre était presque entièrement intacte et n'avait aucun signe d'antiquité; tout au plus pouvait-elle remonter au treizième ou au quatorzième siècle de l'ère vulgaire. Ce monument qui est regardé comme le plus sacré de l'Abyssinie, fut ensuite remis à sa place dans le coffre, et après lui avoir de nouveau rendu nos hommages extérieurs, nous remerciâmes le prêtre qui nous l'avait présenté. Au sortir de la sacristie, nous retournâmes auprès de Dédjadjmatch-Kassa, qui nous attendait dans le vestibule, entouré, comme nous l'avons dit, de ses courtisans et de son clergé. “Comment l'avez-vous trouvée, nous „demanda alors un des religieux qui l'accompagnait? „Les lois anciennes n'étaient-elles pas inscrites des deux „côtés de la Table mosaïque, de la même sorte qu'elles le „sont sur la Table que vous venez de voir? —Oui, lui ré-„pondîmes-nous, elles sont inscrites sur les deux côtés.„ La conversation n'alla pas plus loin sur ce sujet, parce

que le Clergé appréhendait que la vérité ne vint à se
découvrir. Voyant que nous triomphions par notre réponse affirmative, le grand prince s'en réjouit et dit:
"Les soupçons qui avaient occupé les esprits de quel-
„ques uns sont maintenant dissipés; ceux-ci croyaient
„que les Dix Commandements étaient inscrits au mi-
„lieu, voilà maintenant que cette Table est regardée
„comme apocriphe par eux.„

Nous ne voulûmes point soutenir ouvertement en présence du grand prince et du clergé inquiet, que la pierre
qu'ils gardaient chez eux, en si grande vénération, n'é-
tait point le vrai original, mais ceux qui connaissent les
Saintes Ecritures n'ont besoin d'aucune preuve pour l'
admettre. En effet, les lois divines ont été inscrites sur
deux Tables (1), qui furent placées dans l'Arche d'Alliance et perdues pour jamais. De plus, l'original a été é-
crit en ancien Hébreu et non pas en Abyssinien. Outre
cela, il n'y avait point de date au dessus, car la Sainte
Ecriture n'en fait aucunement mention. Mais des gens
ignorants comme les Abyssiniens, en admettant à l'aveu-
gle cette pierre pour l'original, se font une gloire inutile
à la posséder. Egalement selon leur tradition, Jésus-
Christ lui-même aurait écrit, en caractères dorés, les
mots que nous avons rapportés plus haut, à savoir :
"acceptez ce qui est écrit ici.„ Ce passage seul peut prouver la falsification de cette pierre. Les prêtres indigènes
le savant très bien, car cela tombe sous le sens commun,
mais ils s'en servent pour en imposer à leurs peuples, et
pour que ceux-ci ne puissent découvrir cette supercherie, ils ont inventé la défense traditionnelle qui la rend
inaccessible aux laïques.

On nous fit voir ensuite les habits ecclésiastique et
les vases sacrés qui se trouvaient dans la sacristie; et
quoique ces objets fussent peu considérables, ils étaient

(1) *Exode, XXXVI. I.*

de beaucoup plus riches que ceux que nous avons vus
dans les autres Églises de ce pays. Je ne dois pas oublier de mentionner ici une espèce de trompette guerrière, d'une forme particulière, et plus longue que la trompette ordinaire, laquelle était revêtue d'argent gravé.
Maintenant nous allons retourner à notre sujet.

Le même jour nous quittâmes Axoum pour revenir
à Adoua, toujours en compagnie du Grand-Prince. Pré-
cédés par une troupe de musiciens, nous marchions montés sur des mulets, aux deux côtés du Prince, qui, pour
nous faire honneur se tenait deux pas en arrière de nous,
et nous étions suivis par un peloton de soldats que com-
mendaient plusieurs officiers, l'arme au bras. A notre
arrivée en ville, le Prince regagna son palais, et nous fit
conduire à une maison, qu'il avait fait disposer pour
nous; puis il donna ordre de tirer douze coups d'artillerie en notre honneur pour nous souhaiter la bienvenue.
Aussitôt de retour à Adoua, nous nous hâtâmes d'expédier comme c'était notre devoir, une lettre à Sa Béatitude notre Patriarche, pour l'informer de notre arrivée
en cette ville: nous l'envoyâmes par un messager exprès
à M^r. Arakel Djivéléghian, à Massawa. Nous en expédiâmes une seconde au Caire, en langue anglaise, au Consul-Général d'Angleterre, pour le prier d'être l'interprète
auprès de son gouvernement, des sentiments de gratitude
que nous ressentions de pouvoir effectuer sous ses aus-
pices notre retour dans notre patrie. Cette lettre était
conçue en ces termes.

Adoua le 13/1 Juin 1869

"Isaac, Archévêque de Jérusalem

"A Monsieur le Colonel Stanton, Consul-Général de
Sa Majesté Britannique au Caire (Egypte).

"Par le secours divin et la grâce de N. S. Jésus-Christ,
nous sommes arrivés sains et saufs à Adoua, où nous a-
vons été accueillis avec une très grande cordialité par

Son Altesse le Grand Prince Kassa.

"Nous remercions vivement Sa Glorieuse Majesté Victoria, Reine de la Grande Bretagne, qui a bien voulu s'intéresser à nous, pour faciliter notre retour. Aussi nous adressons au Ciel les prières les plus ardentes pour la prospérité du royaume de Sa Gracieuse Majesté.

"Daignez, nous vous en prions, Monsieur le Consul-Général, présenter nos profonds remerciments avec nos humbles salutations, à votre Auguste Souveraine.

"Dans l'espoir d'arriver bientôt et heureusement au Caire, je suis, en Notre Seigneur, Monsieur le Consul-Général.

Votre tout dévoué ami
Isaac Archévêque de Jérusalem.„

CHAPITRE XI.

Première visite de Kassa; présents qu'il nous fait. Prières que nous fîmes pour le repos de l'âme de sa femme; offrandes qu'il nous fit à ce sujet. Les hommes blancs. Le moine Mikaël et Garabet Vorké, Arménien de Constantinople, et ses fils. Les conférences de Kassa avec les Anglais par leur moyen. Visites que le prince de Thègri fait à Sir Robert Napier; revues des troupes. Grande sympathie que le Prince nous témoigne. Messager expédié par le prince de Choa. Seconde visite de Kassa, et conférences qui eurent lieu entre nous; ses présents. Voyage de retour; bénédiction donnée au Prince et à ses soldats. Bénédiction de la grande trompette en Bihiza. L'édit de Kassa.

DÉDJADJMATCH-KASSA, dans la première visite qu'il nous fit, nous exprima combien il avait été chagriné, de n'avoir pu nous faire sortir plus tôt de la province d'Amara. "Bien que j'eusse des partisans, nous dit-„il, jusque dans le pays des révoltés, et que je leur eusse „recommandé de faire en sorte de vous délivrer, néan-„moins ils n'ont pu agir à votre égard selon mon désir.„ „—Nous vous tenons compte de vos bonnes intentions, lui

146

„répondîmes-nous, et nous vous remercions d'avoir bien
„voulu concourir à notre délivrance, en nous accordant
„le passage sur votre territoire. Nous avons été extrê-
„mement étonnés, Prince, de voir quelques uns de vos
„chefs parmi les partisans de Vagchem-Govazi (1), et as-
„sez égarés pour vous trahir auprès de lui; ces malheu-
„reux ne savent pas, qu'à l'exception des grands de la
„suite de Vagchem, presque tous les peuples conçoivent
„de l'affection pour vous, et désirent vous faire leur sou-
„mission le plus tôt possible.„ (A ces mots les notables se
mirent à se regarder les uns les autres.) "Je me réserve
„de vous découvrir les désirs que Vagchem-Govazi nour-
„rissait dans son cœur, et qu'il nous a dévoilés au der-
„nier jour de notre départ, par l'entremise d'un de ses
„confidents, nous priant d'intervenir entre lui et vous
„pour rétablir la paix et la concorde (2). —S'il était bon
„chrétien, répondit-il sur le champ, je n'hésiterais pas à
„me soumettre à lui de bon gré; mais un homme qui
„mène une conduite indigne, plus vile même que celle
„des barbares, et qui, de plus, pratique la polygamie, com-
„ment voulez-vous que je le reconnaisse comme mon su-
„périeur, lui si criminel aux yeux du Seigneur. S'il plaît
„à Dieu de me donner un jour, le gouvernement des
„peuples, on verra, je l'espère, la justice fleurir en ce pays,
„si non, que la volonté divine soit bénie!„

En entendant ce langage, force nous fut de nous taire
et nous entamâmes un autre sujet. Le même jour, nous
lui fîmes don de quelques croix et images de saints, faites
en nacre, qui nous restaient encore, et qui se trouvaient
dans notre cassette avec nos vases sacrés et nos habits
sacerdotaux; parmi ces objets se trouvaient aussi la ma-

(1) *Il s'appelle toujours de son ancien nom, son royaume n'*
ayant pas été encore reconnu dans le Thègri.

(2) *Nous lui parlions de la sorte, afin de le faire parler, et de*
connaître par là ses intentions.

gnifique croix en améthyste, contenant des réliques de S^t. Etienne, et attachée avec un cordon d'argent doré, laquelle avait été donnée par Sa Béatitude notre Patriarche, pour étre offerte à quelque personne éminente; en présentant cette croix au grand prince Kassa, nous eûmes soin de lui dire: "Depuis deux ans que nous par„courons l'Abyssinie, nous n'avons encore rencontré „personne qui fût digne du don de cette croix, et Vàg„chem-Govazi ne l'a pas méritée non plus: c'est à Votre „Altesse que nous l'offrons aujourd'hui, comme à la per„sonne la plus digne, de la part de notre Vénérable Pat„riarche, en vous complimentant de l'honneur qu'il vous „fait.„ En disant ces mots, Mg^r. Isaac la mit au cou du Prince; et celui-ci, à son tour, donna à l'Archévêque, comme un signe d'affection et de gratitude, la petite croix en or qu'il portait lui-même, et qui fut acceptée par ce dernier avec égards et reconnaissance. Ensuite Dédjadjmatch-Kassa se livrant à la confiance avec nous, nous parla en ces termes: "J'avais l'intention, mon cher A„bouna, de faire dire la messe et de faire chanter un re„quiem pour le repos de l'âme de mon épouse, qui est „morte, et de donner à cette occasion, un banquet gé„néral à tout le peuple; mais pour cela j'attendais l'ar„rivée de l'Abouna (l'Évêque copte) afin d'exécuter mon „dessein. Maintenant que le Seigneur m'a envoyé en votre „personne, un Abouna digne de tous mes égards et de „mon affection, je désire mettre à exécution, par votre „entremise les vœux que j'ai formés: je vous prie donc „de célébrer demain la Sainte-Messe, et de chanter l'of„fice des Morts dans l'intention sus-dite.„ Nous consentîmes à la dernière chose, c'est-à-dire, à prier, selon son désir, pour l'âme de la princesse, sur le lieu même de son enterrement; quant à la première, nous lui promîmes de le faire à notre retour à Jérusalem sur le tombeau même de Notre Seigneur.

Le jour d'après, nous allâmes à l'Église de Médani-

Alem, où, après avoir fait nos prières, nous passâmes dans la Sacristie; là, Sa Grandeur l'Archévêque ayant revêtu ses habits pontificaux, et moi, ma chasuble, nous nous rendîmes au tombeau de la princesse défunte, qui se trouvait dans une maison voisine, et sur lequel nous récitâmes les prières pour les Morts, en présence de Dédjadjmatch-Kassa. La cérémonie achevée, celui-ci ne voulut pas que nous ôtions nos ornements ecclésiastiques, et nous fit monter sur nos mulets ainsi habillés. Mg^r. Isaac portait la mître sur sa tête et son bâton épiscopal était porté élevé en l'air par un individu qui le précédait. C'est de la sorte que nous fûmes conduits à l'endroit où l'on avait préparé le repas. C'était une vaste place en plein air, couverte de branches et de feuillage, ou l'on avait dressé des tables longues et basses, sur lesquelles ou voyait des pains ronds entassés de place en place: on y avait aussi préparé pour le Grand-Prince un lieu à part, d'où il pouvait contempler les convives, sans prendre part au repas. Là nous répétâmes nos prières pour le repos de l'âme de la princesse, après quoi nous fîmes la bénédiction de la table; puis Sa Grandeur prenant un des pains, il le bénit et le coupa en petits morceaux, dont il prit un pour lui, qu'il mangea; ensuite il présenta ce pain coupé au Prince et à sa suite, pour que chacun en prît un morceau. Dédjadjmatch-Kassa, en étendant la main pour en prendre un, dit à l'Archévêque: "J'accepte aujourd'hui ce pain de votre main, comme le Pain même de la vie éternelle." Après cette cérémonie, on nous fit remonter sur les mulets, et l'on nous conduisit à notre demeure, toujours dans la même tenue. A peine fûmes-nous arrivés, qu'on nous apporta de la part du Grand-Prince, cinq bœufs, cinq moutons, trois cents pains, du miel, du beurre, une cruche d'hydromel avec une autre pleine de bière, d'un capacité telle qu'il fallait cinq ou six personnes pour les porter chacune. Ces dons étaient censés notre part du repas qui était donné à tous les notables, et servaient aussi d'offrandes pour le repos de l'âme de la Princesse. Nous nous hâtâmes, comme c'est l'usage du pays, d'expédier quelqu'un auprès du Prince pour lui faire nos remerciments. Ensuite nous fîmes tuer et distribuer deux de nos bœufs aux pauvres; nous en envoyâmes un autre aux troupes regulières commandées, comme nous l'avons dit, par le Colonel Kerkham, avec un mouton pour ce dernier, et les deux bœufs qui nous restaient, nous servirent à régaler nos amis. Dédjadjmatch-Kassa l'ayant su, fut extrêmement satisfait de notre générosité, bien qu'à vrai dire, elle ne nous coutât rien.

Il se trouvait à Adoua lors de notre passage, un assez grand nombre d'Européens et de sujets Turcs, qui nous charmèrent par leur société et leur caractère affectueux: nous sympathisions de grand cœur avec eux, car notre confiance était mutuelle de part et d'autre, et leur compagnie nous rappelait à la pensée le souvenir de notre patrie. Leur société et les manières douces et obligeantes du Grand Prince nous obligèrent à rester quelques jours de plus dans cette ville. Nous eûmes le plaisir de retrouver là, un de nos anciens amis, le docteur Mikaël l'Abyssinien, qui a été élevé à notre couvent Arménien de S^t. Jacques, où il a joui autrefois des bienfaits et de l'amitié de plusieurs des membres de la même Congrégation. Mû par un noble sentiment de reconnaissance et de pitié, il nous procura des habits et du linge pour remplacer ceux que nous avions portés pendant notre vie errante à travers l'Abyssinie.

Il y avait aussi établi à Adoua un Arménien nommé Garabet-Vorké. Il était natif de Constantinople et exerçait le métier d'orfèvre. Il avait deux fils, dont l'un s'appelait en Abyssinien Gabro-Vorké, et l'autre Mirdja-Vorké, tous deux d'un caractère charmant, et remplis d'intelligencee et d'activité; ils connaissaient à fond la langue Anglaise qu'ils avaient apprise au Collége de Bombay, où ils avaient fait leurs études. Ces deux jeunes gens, ainsi que Mikaël l'Abyssinien, étaient devenus les favoris du Grand-Prince, depuis le moment où les Anglais étaient entrés en Abyssinie. Dédjadjmatch-Kassa, en apprenant leur arrivée s'était d'abord emporté contre eux, et après avoir tenu conseil avec les gens de sa cour, il était absolument décidé à leur déclarer la guerre, comme à des ennemis de la foi, et à ne pas les laisser s'avancer dans l'intérieur. Le Docteur Mikaël et les deux frères Arméniens, s'étaient alors rendus auprès du prince, dans un moment où celui-ci se trouvait seul, et s'efforçant de gagner sa confiance, ils l'avaient engagé à ne pas se laisser entraîner par les conseils de ses gens qui le poussaient à faire la guerre, lui conseillant au contraire de rechercher l'amitié des Anglais. "Leur gouvernement, lui „disaient-ils, n'agit jamais par violence; on voit, au con„traire, la douceur et la prudence dans tous ses actes; „jamais il ne persécute personne pour sa religion, ayant „pour principe de laisser à chacun la libre profession de „son culte, à quelque communauté qu'il appartienne, et „quelle que soit sa croyance. Si vous êtes absolument „décidé à leur faire la guerre, nous vous suivrons, comme „c'est notre devoir, l'épée à la main, pour combattre la „cause commune. Mais vous devez savoir pourtant, „Prince, que toutes les forces de notre armée ne peuvent „entrer en comparaison avec celles des Anglais: c'est, „pour le dire franchement, comme une goutte d'eau dans „la mer; quoique nous ne soyons pas partisans des An„glais, nous ne pouvons pas néanmoins oublier les bien„faits que nous avons reçu de cette nation.„ Par ces discours et d'autres de la sorte, ils avaient enfin fini par le persuader et à lui donner des Anglais une opinion plus favorable; ainsi fîmes-nous aussi avec lui, en exaltant la magnanimité de cette nation, pour l'engager à se fier en elle et à mettre sous sa sauve-garde sa nouvelle puissance. Les deux frères Arméniens avaient servi d'inter-

prètes et de conseillers pendant les conférences qui avaient eu lieu entre les Anglais et le prince Dédjadjmatch-
Kassa, et par leur esprit délié et adroit, ils avaient réussi à mettre d'accord les deux partis, et à établir entre eux
la concorde et l'union. Dédjadjmatch-Kassa, était dévoué
à Sir Robert Napier comme un fils à son père, et il avait
expédié au Général en chef de l'armée Britannique une
centaine de soldats pour lui servir de guides à travers les routes scabreuses et souvent impraticables du
pays: il avait donné l'ordre aussi à tous les villages par
où devaient passer les Anglais, de ne pas leur refuser de
leur vendre à prix d'argent des bœufs, des moutons, des
chèvres, du bois, du grain et toutes les choses dont ils auraient besoin.

Au retour de son expédition triomphale, Sir Robert
Napier avait invité le prince Abyssinien à venir le voir.
Les courtisans de ce dernier, remplis de soupçons frivoles
le détournaient de faire cette visite, mais Dédjadjmatch-
Kassa cédant aux bons conseils des deux frères Arméniens, et laissant de côté le soupçon et la crainte, s'était
rendu au camp des Anglais avec quelques uns seulement
de ses confidents. Sir Robert Napier qui l'attendait avec
une colonne de soldats rangés sur deux ligne, alla aussitôt à sa rencontre, l'accueillit avec une grande cordialité, et le conduisit à sa tente en le tenant par la main ; il
ordonna aussi en l'honneur du prince une revue générale de ses troupes, qu'il fit manœuvrer comme sur le
champ de bataille. Le bruit tonnant des canons et la détonation successive des fusils, causèrent le plus grand é-
tonnement au Prince et à sa suite, et ses soldats d'escorte
qui se tenaient de loin, étaient saisis de frayeur, comme
s'ils eussent assisté au jugement dernier. Après les exercices militaires, on servit un déjeuner au Prince, qui paraissait ravi d'un accueil aussi affectueux; il ôta alors de
son bras le bracelet en or qu'il portait et le mit à celui
de Napier, à qui il présenta en même temps son bouclier,

sa lance et toutes ses armes guerrières avec son propre mulet, se déclarant dès lors le fils adoptif du Général Anglais, et l'acceptant comme son père adoptif. Il le conduisit ensuite bras dessus bras dessous à son propre camp et le fit reposer sous sa tente, puis lui fit voir une représentation des jeux en usage parmi les guerriers d'Abyssinie, et lui fit également un festin à la mode du pays. Au moment de le quitter, Sir Robert Napier lui donna douze canons, 2000 armes à feu, avec une grande quantité de poudre, beaucoup de chevaux et de mulets et tous les bagages superflus de son camp.

Le retour de Dédjadjmatch-Kassa saisit d'étonnement tous les Chefs da son camp, qui, le voyant revenir, contre leur attente, sain et sauf, et comblé d'honneurs et de bienfaits, ne se laissaient pas d'admirer la générosité et la magnanimité de la nation Anglaise, et leur considération pour les hommes blancs s'en accrût d'autant. Les deux Arméniens et le docteur Abyssinien Mikaël, qui étaient la cause de ces relations amicales, gagnèrent dès lors de plus en plus l'intimité du Grand-Prince, qui leur accorda un libre accès auprès de sa personne, et les admit plusieurs fois à l'honneur de donner leurs avis dans son conseil, sur des choses de la plus haute importance.

Avant notre arrivé à Adoua, Dédjadjmatch-Kassa avait reçu de ces trois personnes des renseignements sur notre compte et sur le St. Siége Apostolique de St. Jacques. On lui avait fait connaître la grande différence qui existe entre la communauté Arménienne et Copte, entre les pouvoirs spirituels de l'une et de l'autre, au sujet de la juridiction, et de la preséance; on lui avait parlé de la juridiction de S. B. le Patriarche Arménien de Jérusalem, qui s'exerce sur les trois communautés des Coptes, des Abyssiniens et des Syriens, qui résident en Terre-Sainte; également on lui avait mentionné la nourriture quotidienne et les bons offices que la colonie Abyssinienne de Jérusalem reçoit du couvent Arménien. Le Grand-Prince ayant reçu tous ces détails, leur parla, dit-on, de la sorte: "Ce sont là les signes de la vraie religion „chrétienne. On m'avait déjà informé de tout ce que vous „venez de me raconter, surtout au sujèt de la nourriture, „que l'on donne de temps immémorial aux religieux A-„byssiniens de Jérusalem.„ Depuis ce jour, le prince Kassa eut pour nous les attentions les plus gracieuses, et nous rendit les plus grands honneurs. Un jour il nous dit pendant une de ses visites: "Je voudrais bien faire con-„naître à chacun de mes sujets, l'Abouna Arménien, afin „de jeter dans les cœurs le germe d'une considération „sympathique, ils verraient bientôt de leurs propres yeux „la grande différence qui existe entre vous et l'Évêque „copte, au sujet de la moralité et des manières, et com-„bien votre Église l'emporte en magnificence par son rite „et par ses offices.„

Dans les trois autres parties de l'Ethiopie, c'est-à-dire, dans les provinces d'Amara, de Choa et de Godjam, les peuples et leurs chefs nous accueillirent tous avec une certaine sympathie, lorsqu'ils apprirent ce que nous étions. Ainsi Minilik, prince de Choa, ayant été informé de notre départ pour le Thègri, expédia immédiatement après nous un messager pour nous prier de gouverner l'Église de son pays. "Nous sommes très char-„més de la piété et des bons procédés de votre Prince, „lui répondîmes-nous, et pour l'accueil bienveillant qu'il „désire nous faire; mais il doit premièrement en référer „à S. B. notre Patriarche, et reconnaître sa suprématie, „après quoi il lui sera facile d'obtenir un évêque Armé-„nien, comme chef et supérieur de son Église.„ Le messager promit au nom de son Prince d'envoyer à notre Patriarche à Jérusalem, des produits de leur pays, c'est-à dire, des peaux de lion et d'autres animaux sauvages, avec quelque autres présents, ensuite il nous quitta pour s'en retourner à Choa. Les marques de sympathie que

154

nous témoignaient les peuples de Choa, d'Amara et de
Godjam, étaient une attaque directe contre la vie déréglée et les mœurs indignes des Évêques coptes, qui leur
étaient devenus intolérables surtout à cause de leur ava-
rice; bien que ceux du Thègri nous aient témoigné la
même sympathie, cependant il s'y trouvait encore plusieurs partisans du Prélat copte, qui étaient soutenus par
les ennemis de Dédjadjmatch-Kassa: voilà pourquoi ce
prince n'eut pas le courage de faire ce changement de
prélats et de faire accepter à ses peuples, sans les y disposer d'avance, un Évêque d'une Église qui leur était
étrangère.

Après avoir demeuré huit jours à Adoua, le 4/16 Juin,
jour de notre départ, Dédjadjmatch-Kassa vint nous
faire sa visite d'adieu. Pendant cette visite, il nous découvrit les tracasseries qu'il éprouvait de la part des prêtres
de son pays. "C'est en vain, nous disait-il, que je porte in-
„térêt à ces gens-là, ils sont aussi ingrats que les peuples
„conduits par Moïse. Les religieux de la montagne Devré-
„Damo sont en ce moment soulevés contre moi, c'est
„pour cela que cette montagne se trouve assiégée par
„mes ordres. Quand l'Évêque copte arrivera ici sous peu,
„il sera conseillé secrètement par ces gens contre moi,
„et comme il n'est pas, j'en suis sûr, un homme aussi in-
„telligent et aussi capable que vous, il est plus que pro-
„bable qu'il se laissera entraîner par leurs mauvais a-
„vis. C'est moi qui ai fait la dépense pour le faire venir,
„et pourtant je m'attends qu'il s'enfuira un jour près de
„Vagchem-Govazi (Teklé-Gorghis) séduit par les paroles
„fallacieuses des religieux de Devré-Damo. Dans l'appré-
„hension d'une telle conduite de la part du nouveau Pré-
„lat, je lui ai écrit de ne pas arriver près de moi, sans con-
„férer auparavant avec vous sur la route, où il vous ren-
„contrera, et de n'amener avec lui, aucun des domestiques
„d'Abouna-Sélami, le prélat défunt, car ces gens sont la
„cause de tous nos embarras présents. Vous n'ignorez

„pas non plus les abus faits dans les saints mystères et
„dans l'accomplissement des actes religieux, à tel point
„que je puis dire que nous ne sommes chrétiens que de
„nom. Pour réparer tant de maux, je vous prie de tenir
„un conseil avec l'Abouna, qui arrive, suivi de son Cler-
„gé, à l'endroit même où vous le rencontrerez, et d'y ex-
„poser tous les abus religieux et moraux, dont vous avez
„été témoins oculaires, de leur proposer les moyens qui
„vous paraissent les meilleurs pour arriver plus sûre-
„ment à leur extirpation, afin que le nouveau Prélat ne
„marche pas sur les traces de son prédécesseur, mais qu'
„il prenne, au contraire, au sérieux, les devoirs auxquels
„l'intérêt et les progrès de notre Église l'appellent. Quant
„à vous, reprit-il, j'ai écrit à tous les Chefs des localités
„qui se trouvaient sur votre route, afin qu'on vous fasse
„là le même accueil que je vous ai fait ici. Vous trouverez
„partout, soyez tranquilles, sûreté et commodité.— Ces
„paroles, lui répondîmes-nous, nous font voir que vous
„êtes un bon chrétien, et nous ne vous cacherons pas de
„notre côté les réflexions que nous avons faites à votre
„sujet. Les habitants du Thègri portent presque tous des
„armes, mais ils ne savent pas s'en servir, parce qu'ils
„sont pusillanimes et lâches, comme nous l'avons vu
„bien des fois en voyageant à travers ce pays. Dès qu'ils
„entendront l'arrivée de Vagchem-Govazi, ils pâliront
„et seront saisis de terreur; vous ne pouvez faire aucun
„cas de leur force en temps de guerre; au contraire, faites
„cas de la bravoure de ces troupes régulières, que le Co-
„lonel Kerkham instruit dans l'exercice militaire; elles
„formeront votre principale force; vous ferez bien d'en
„augmenter le nombre, si vous incorporez dans ces
„troupes disciplinées, les prisonniers Gallas et Changal-
„las que vous avez faits, en les instruisant de la même
„manière, un bataillon de mille soldats et douze pièces
„de canons vous suffiront, je le crois, pour tenir tête aux
„troupes nombreuses de Govazi. N'ayez aucune défiance

156

„du Colonel Anglais; vous pouvez tirer grand parti des
„hommes blancs pour l'amélioration de votre pays; il ne
„vous en arrivera aucun préjudice, surtout de la part de
„cette nation magnanime et généreuse, dont vous avez
„déjà éprouvé les bienfaits, comme l'atteste sa conduite
„noble et désintéressée, et les sacrifices énormes qu'elle a
„faits sans aucun but de conquête ou d'intérêt quelcon-
„que. A notre rencontre avec l'Abouna copte, nous ti-
„endrons conseil ensemble selon votre désir, au sujet des
„choses dont vous venez de parler; nous lui donnerons
„les conseils que nous croirons les plus utiles, et nous
„sommes persuadés que tous vos bons désirs seront cou-
„ronnés de succès. Nous sommes également sûrs que si
„les conseils que nous donnons à Votre Altesse, sont mis
„à exécution, le Seigneur ne manquera pas un jour de
„vous accorder le trône royal.„ Après ces paroles, qu'il
écouta avec la plus grande attention, il s'inclina avec les
yeux fixés à terre pendant quelque temps, puis il nous répondit en ces termes: "J'accepte vos conseils de tout mon
„cœur, et je vais faire tout mon possible, pour augmen-
„ter le nombre de mes troupes disciplinées à la manière
„européenne, car l'éclat et la magnificence que j'ai re-
„marqués dans les troupes Anglaises, lorsqu'on en a fait la
„revue devant moi, m'ont vraiment charmé. Je me sou-
„mets à tout ce que le Seigneur voudra faire de moi; et
„si, par le secours de vos prières, il m'élève un jour au
„trône royal, sachez que je n'accepterai la couronne que
„de vos mains.„ Nous nous inclinâmes devant lui en
signe d'assentiment.

La veille de notre départ, le Grand-Prince nous envoya par son trésorier la somme de 1000 thalers pour
les frais de notre voyage, tout en s'excusant de ne pouvoir nous donner davantage; il joignit aussi à ce don deux
montures de parade avec deux mulets pour porter nos
bagages. Le lendemain, il vint nous trouver et nous réi-
téra ses témoignages de reconnaissance, ne cessant de

nous répéter que si son trésor n'avait pas été aussi épuis qu'en ce moment, il se serait mieux acquitté de ses devoirs envers la communauté Arménienne dont nous étions à ses yeux les représentants, et envers le Couvent de S^t. Jacques, dont les bons offices et les secours alimentaires quotidiens que celui-ci accordait aux Abyssiniens résidant dans la Ville Sainte, lui étaient parfaitement connus, chose pour laquelle il se regardait comme redevable vis-à-vis de notre nation tout entière et de Sa Béatitude notre Patriarche.

Ces adieux terminés, nous nous mîmes en route, escortés par le Grand-Prince suivi de ses troupes, qui nous accompagna pendant une demi-heure de marche. Après quoi nous descendîmes tous, et le moment de notre séparation arrivé, Sa Grandeur l'Archévêque adressa au Ciel une prière à haute voix, qu'il termina par la bénédiction à Son Altesse. Ensuite je pris la parole au nom de Sa Grandeur et m'adressant aux troupes et aux chefs militaires, je les bénis dans leur langue, les encourageant et exhortant à rester toujours fidèles au Grand-Prince, et à contribuer par leur zèle aux grands travaux que celui-ci avait entrepris pour accroître la gloire de leur nation; à employer leurs armes contre ses ennemis pour la défense de leur commune patrie; à respecter leur digne Chef comme leur père, et comme le seul Souverain que Dieu leur avait envoyé. "Prenez garde, ajoutai-je, de vi-„oler le serment de fidélité que vous lui avez prêté, et de „déserter sa cause pour celle d'un autre prince; loin de „vous toute pensée de révolte; songez qu'à l'exception de „Dédjadjmatch-Kassa, tous les autres princes ne sont que „des rebelles, et qu'ils auront tous la juste fin de Théo-„dore.„ A ces mots, tous les soldats et leurs chefs, qui m' avaient écouté dans une religieux silence, s'approchèrent de Mgr. Isaac, à qui ils baisèrent la main avec une respectueuse affection.

Dédjadjmatch-Kassa en nous quittant, nous laissa

158

pour Baldérava le Docteur Mikaël, qui devait prendre soin de nous accompagner jusqu'à la frontière. Outre cette personne de confiance, nous eûmes aussi l'escorte du lieutenant du Grand-Prince, qui nous accompagna jusqu'à son village nommée Bihiza, qui était distant de trois heures de marche. A notre arrivée dans cette localité, il nous envoya comme présent d'honneur, un bœuf et un mouton; le bœuf fut tué et distribué par nos ordres aux pauvres du village. Le lendemain nous fûmes priés de faire la bénédiction solennelle de la grande trompette de guerre: c'est une coutume qui existe chez eux. Cette cérémonie fut également l'occasion d'un festin . A l'heure désignée, nous nous rendîmes revêtus de nos habits ecclésiastique, à l'endroit où eut lieu la bénédiction de la trompette et le banquet solennel. La cérémonie achevée, les soldats et les villageois se mirent immédiatement à sonner de la nouvelle trompette, et à festoyer de mille manières.

Avant de quitter Bihiza, nous reçûmes une lettre du Grand-Prince Dédjadjmatch-Kassa, par laquelle il portait à notre connaissance la forme de son grand sceau, nous recommandant en mêmes temps de ne point accepter les Abyssiniens qui viendraient à Jérusalem sans être munis d'un passe-port portant son sceau. Voici quelle était la teneur de cette lettre: "Dédjadjmatch-Kassa, par „la grâce du Seigneur, prince de la ville d'Axoum(1). ad„resse la présente lettre à Abouna Isaac, Licapapas, (Pat„riarche) des Arméniens, ainsi qu'à Abouna Dimothéos, „Evêque de Jérusalem; que la salut du Seigneur soit avec „vous, pour vous protéger! Mon sceau est de la manière „que vous voyez dépeinte ici. Ceux qui se disent sujets „de Kassa et qui iront chez vous à Jérusalem, ne les re„cevez pas, s'ils ne vous présentent ce même sceau. (Cette

<hr>

(1) *La ville d'Axoum étant l'ancienne Capitale du Royaume Ethiopien, il est d'usage de dater les édits de cette ville.*

„lettre) a été écrite l'an de l'Evangile S^t. Mathieu (1), le
„12 du mois de Seini,
„1861 del'ère chrétienne
„(2) . „ L'empreinte du
sceau est marquée par
un lion, qui porte une
couronne sur la tête, au-
tour duquel se trouvent
écrits ces mots: "LE PLUS
HAUT DE TOUS LES PRINCES
D'ETHIOPIE , DÉDJADJMATCH-
KASSA. „

CHAPITRE XII.

Notre arrivée à Asmara. Le nouveau Prélat copte; nos conférences
avec lui. Conseil religieux. Départ d'Asmara. Notre domestique E-
lias reçoit le baptême pendant notre voyage.

NOUS quittâmes Bihiza pour nous rendre à Asmara, accompagnés du Docteur-Mikaël notre nouveau Baldérava, et de notre domestique Elias: la localité où nous
nous rendions, se trouve sur la frontière du Thègri. Nous

*(1) Les Abyssiniens font tous les quatre ans une nouvelle pé-
riode, à chaque année, de laquelle ils donnent le nom d'un des
quatre Evangiles.*

*(2) Les Abyssiniens ne font aucun usage des dates dans leurs
livres ni dans leurs lettres. Quoiqu'ils aient reçu dernièrement et
par contrainte, l'ère chrétienne des Prélats coptes, néanmoins il l'
emploient d'une manière confuse, et oublient souvent l'année exacte;
ainsi la date qu'ils emploient maintenant, est de huit ans en retard
sur la nôtre. Ils font, comme les anciens, tous leurs mois de 30 jours,
et ajoutent 5 jours à la fin de chaque année. Ainsi le 12 du mois
de Seini, correspond au 5 de notre mois de Juin.*

ne marchions que deux ou trois heures par jour, prolongeant à dessein le trajet, afin de pouvoir nous rencontrer avec le Prélat copte, à Asmara, et tenir là un conseil avec lui. On nous faisait le meilleur accueil dans tous les villages où nous passions, et nous reçûmes pendant tout notre voyage à chaque endroit, et d'après les ordres de Kassa, un bœuf, un mouton, une cruche de beurre avec une autre pleine de miel, divers mets préparés, cent pains, de la bière et du foin pour nos mulets. Si l'on refusait de nous payer en nature, nous étions en droit d'exiger l'équivalant en argent; mais notre conscience ne nous permettant pas de peser fortement sur les malheureux paysans, nous préférions souvent continuer notre route sans être à charge à personne. Nous mîmes sept jours pour arriver à la ville d'Asmara, ce qui veut dire que nous fîmes le trajet assez à notre aise. Le Prélat copte n'y était pas encore arrivé ; accablé par les difficultés de la route et découragé par les tracas de toute sorte qu'il avait eu à endurer, comme il nous l'a raconté ensuite, il s'était repenti d'avoir obtenu cette charge, et avait décidé un moment de s'en retourner. Le Gouverneur d'Asmara en ayant été informé, s'était porté en toute hâte à sa rencontre, et l'avait amené à la ville deux jours après notre arrivée. Nous l'accueillîmes avec affection et l'embrassâmes au cœur. Dans une première visite très courte, que nous lui fîmes, il nous rappela lui-même les ordres que le Grand-Prince lui avait donnés de tenir avec nous un conseil sur les affaires religieuses du pays. "C'est dans ce but-là même que nous vous attendions ici, lui répondîmes-nous.„ Après avoir pris un peu de repos, il nous fit appeler près de lui, et nous prîmes de là occasion de lui donner les renseignements dont il avait besoin. Nous l'entretinmes aussi avec plaisir de la piété et des sentiments religieux de Dédjadjmatch-Kassa, et des hommages qu'il rendait au Clergé. "Défiez-vous, re„prîmes-nous, des gensde ce pays, qui sont très adroits

„dans l'art de flatter, et qui chercheront par tous les mo-
„yens, à semer la division entre vous et le Grand-Prince;
„si par hasard, vous vous mettiez à les écouter, vous tom-
„beriez infailliblement dans le piége, et vous seriez pris
„comme dans un filet. Nous croyons qu'il est bon aussi
„de vous avertir, de ne prendre près de vous, à votre
„service, aucun des domestiques du Prélat défunt, car
„cela est tout-à-fait contraire aux intentions du Grand-
„Prince. Une seule chose m'a obligé de les recevoir, nous
„répondit-il, c'est qu'ils connaissent la langue Abyssi-
„nienne dont j'aurai toujours besoin. — Très bien, répli-
„quâmes-nous, mais il faut que vous sachiez que ces gens
„ont fait payer très cher, à Abouna-Sélami, les intrigues
„que ce dernier a faites contre le roi Théodore. Ils le ser-
„virent d'abord avec dévouement, puis peu à peu ils l'
„habituèrent à des usages, qui, quoiqu'ils ne soient pas
„des énormités, pouvaient néanmoins scandaliser ces
„peuples, qui, à cause de leur ignorance les considèrent
„souvent comme des crimes, comme par exemple de
„boire de l'eau de vie, de fumer du tabac, de ne pas jeu-
„ner ou de s'abstenir de faire maigre les jours indiqués
„par l'Église: ces gens l'y habituèrent insensiblement en
„lui disant que personne ne le verrait, et après l'avoir
„tenu ainsi dans leurs filets, ils lui attribuèrent des maux
„qu'il n'avait pas faits. Ce Prélat trompé par leur lan-
„gage insinuant et flatteur, commença à se livrer secrè-
„tement à l'usage des choses qui lui étaient défendues,
„et se trouva ainsi enchaîné à leurs caprices; pour ne
„pas compromettre son propre honneur, il fut obligé de se
„taire et de fermer les yeux sur leurs actions. Ainsi pris
„dans leurs filets, Abouna-Sélami avait extrêmement à
„souffrir, quand il ne voulait pas se rendre à leurs avis et
„refusait de suivre leurs conseils. Voilà pourquoi nous vou-
„lons vous prévenir, animés pour vous d'un amour frater-
„nel, des piéges qu'ils ont coutume de dresser aux nou-
„veaux-venus, afin de vous prémunir et de vous mettre en

„garde contre eux. Défiez-vous de leurs paroles et de leurs
„manières attrayantes, par lesquelles il s'efforcent de pren-
„dre l'air de serviteurs fidèles et dévoués, et ne leur re-
„mettez jamais entre les mains les rênes de votre pouvoir
„pour en disposer à leur gré. Dans la province du Thègri
„il y a un assez grand nombre de terrains et de possessions
„appartenant au grand Abouna, dont les revenus sont
„suffisants pour votre entretien. Contentez-vous en, et
„n'allez pas écouter ceux qui dans leur propre intérêt,
„iraient vous dire que dans la province d'Amara, prin-
„cipauté de Vagchem-Govazi, les terrains destinés à l'
„Abouna sont beaucoup plus vastes; ne vous laissez pas
„entraîner par cet appas pour vous enfuir chez Vagchem
„Govazi. Leur unique but, comme je viens de vous le dire
„n'est que leur intérêt personnel, car ils sont gagnés à
„prix d'argent par le même prince Govazi pour vous
„donner ce conseil. Dans toute la terre d'Abyssinie, le
„vrai Souverain n'est pas encore reconnu publiquement;
„il faut attendre que le S^t. Esprit fasse élection de quel-
„qu'un, et le fasse connaître au peuple. Parmi les princes
„du jour le plus excellent et le plus digne de la royauté,
„c'est Dédjadjmatch-Kassa. C'est, comme nous l'avons
„dit, un vrai chrétien, dévoué à la religion, plus que
„Vagchem-Govazi, dont la conduite ressemblera dans
„peu à celle de Théodore, si elle ne devient pas pire, et
„aboutira finalement à sa ruine.„ L'Abouna écouta avec
la plus grande attention ces conseils, qui touchaient au
plus haut point à ses intérêts, et nous fit de vifs remerciments de les lui avoir donnés.

Le Docteur-Mikaël qui nous accompagnait en qualité de Baldérava, ayant été desservi auprès de l'Evêque
copte, par des gens qui lui en voulaient, n'avait pu rendre ses hommages au Prélat; mais grâce à notre intervention et aux bons témoignages que nous rendîmes de
lui, il put enfin s'acquitter de ce devoir, et fut assez heureux pour gagner les bonnes grâces de l'Abouna.

Ensuite se tint le Conseil projeté, auquel assistèrent les religieux Abyssiniens qui accompagnaient le nouveau Prélat et qui étaient allés à sa rencontre, avec une quarantaine d'autres personnes appartenant à la classe des lecteurs. Le premier point sur lequel nous appelâmes l'attention du Conseil, fut l'ignorance des prêtres, que l'on ordonne dans ce pays en très grand nombre, et jusqu'à cinq cents à la fois, sans qu'on s'inquiète le moins du monde, de leur aptitude. La vérité de cette assertion fut reconnue par le Prélat lui-même, qui déclara que, pour son propre compte, il se garderait bien d'imposer les mains à quelqu'un pour l'ordonner prêtre, avant d'avoir pris le consentement et le bon témoignage de la communauté, à laquelle il appartenait. Le second point que nous exposâmes fut l'abandon des sept sacrements de l'Église, et les abus qui ont lieu dans leur administration; et à ce sujet nous fîmes le récit de plusieurs scandales dont nous avions été témoins oculaires, ou que nous avions entendu de nos propres oreilles. L'Abouna en l'entendant resta stupéfait et se refusa d'y croire, aussi se tournant vers les assistants il leur demanda si les abus dont nous venions de parler, existaient réellement. Ceux ci ne purent les nier, mais pour s'excuser, ils en rejetèrent la responsabilité sur les chefs de leur Église. "Ces „individus, disaient-ils, en parlant des Prélats coptes, „mettent trop de négligence, à instruire les peuples dans „la morale et dans la doctrine religieuse; comme leur „langue nous est inconnue et qu'ils ne comprennent pas „la nôtre, il s'en est suivi que nos rapports entre nous et „ces Prélats sont devenus très difficiles, et ont donné lieu „aux abus qui se sont introduits peu à peu dans l'Église, „se propageant de là, dans la vie privée et les mœurs des „peuples. De plus, reprirent-ils, quel avantage pouvait-„on espérer d'un seul Prélat pour toute l'Abyssinie? Com-„ment pourrait-il suffire à réglementer une aussi vaste „Église, et à introduire la disciplinie dans une société si

„nombreuse?„ Que ces reproches fussent exactes ou non, l'Aboúna ne répondit rien; mais quand on lui eut dit que dans les Églises d'Abyssinie, il ne s'allumait ni lampes ni cierges, alors il ne put se contenir et s'écria: "Qu'avez-„vous à répondre à cela? Sont-ce encore les Prélats qui „sont la cause de cette négligence?„ Se tournant ensuite vers nous, et vers tous les assistants, il dit d'un ton mo-déré: "J'aime à croire que toutes ces négligences et tous „ces abus disparaîtront, quand nous serons arrivées au „lieu de notre résidence, et dans un conseil exprès qui „se tiendra à cet effet on avisera aux moyens d'extirper „tous les maux qui affligent la morale et la religion dans „ce pays.„

L'assemblée étant dissoute, nous songeâmes à quitter Asmara et à faire nos derniers adieux à l'Abouna, qui nous témoigna à cette occasion les marques de la plus vive reconnaissance et de la plus sincère sympathie.

C'est ainsi que nous échappâmes de ce pays maudit, qui est le vrai type des enfers, remerciant la divine Pro-vidence, qui par un miséricorde infinie, a bien voulu nous sauver de ce gouffre, par l'entremise de Sa Très-Graci-euse Majesté la Reine de la Grande-Bretagne. Les signes de tristesse disparurent dès lors de nos visages, pour faire place à la joie, qui ne nous quitta plus quand nous eû-mes mis le pied sur les terres d'un monde éclairé, je veux parler des pays soumis à la domination Egyptienne, et de ceux que commande notre Auguste Souverain le Grand-Seigneur. Nous mîmes la plus grande hâte pour atteindre à Massawa; de même qu'un jeune oiseau tombé dans les mains débiles d'un enfant, prend tout à coup son élan pour regagner le nid maternel, de même nous nous mîmes à dévorer la route, nous élançant vers notre chère patrie, de sorte que nous arrivâmes à Massawa apres deux jours de marche, quoique ce trajet en de-mande ordinairèment trois.

Avant d'arriver à cette ville, et à peine arrivés à de-

mi route, Elias notre domestique Nazaréen, qui n'avait
pas encore reçu le baptême, et qui nous avait déjà confié
ses intentions secrètes d'embrasser le Christianisme, nous
pria d'exaucer enfin ses veux. Condescendant à ses pieux
désirs, nous descendîmes au milieu de la route, près d'un
ruisseau, et là Mg^r. Isaac lui administra le baptême: ce
fut son compagnon Gergis que lui servit de parrain. Ces
jeunes hommes nous suivirent jusqu'à Massawa, et comme
ils étaient décidés à ne pas retourner dans leur patrie,
nous les gratifiâmes chacun, en récompense de leurs services, d'une somme de 100 thalers, après quoi ils s'en allèrent à Adoua pour faire le trafic.

CHAPITRE XIII.

Notre indisposition. M^r. Arakel Djivéléghian. La nouvelle de notre
retour arrive en Egypte. L'ilôt de Massawa. Arrivée à Souakim et
à Djedda. Le D^r. Frangouli-Effendi Malézian. Arrivée au Caire et à
Alexandrie. Entrevue avec M^r. Stanlay, Cousul d'Angleterre. Lettre
du Lord Clarendon. M^r. Stanlay nous rend sa visite et nous fait présenter à Son Altesse Ismaïl-Pacha. Rentrée à Jaffa et à Jérusalem.
Envoi d'habits et d'argent pour notre usage par le Consul d'Angleterre, pendant que nous faisions notre voyage de retour. Première
lettre de M^r. Stanlay; il en écrit une seconde; réponse que nous lui
fîmes.

EN touchant le sol de Massawa, toutes nos inquiétudes et nos souffrances disparurent, et nous nous trouvâmes soulagés comme des individus qui touchent au port
après avoir eu à supporter d'affreuses tempêtes. Cependant épuisés de fatigue par un voyage aussi long et aussi
difficile, dont nous avions fait près de la moitié à pied,
nous fûmes atteints d'une maladie nerveuse, à laquelle
nous ne fûmes pas d'abord grande attention, tant que
nous fûmes en mouvement, mais qui se fit sentir très fort
et nous gêna beaucoup, lorsque nous fûmes en repos, se

déclarant par une enflure générale qui parut sur tout notre corps. L'air de Massawa étant très chaud et étouffant, nous eûmes extrêmement à souffrir de cette incommodité. Accablés comme nous étions par une maladie aussi dangereuse dans un pays qui nous était encore étranger, la divine Providence ne manqua pas de venir aussi cette fois à notre aide, en nous envoyant le secours dont nous avions le plus grand besoin, dans la personne d'un Arménien, M^r. Arakel Djivéléghian, homme d'une caractère très distingué et rempli de dévouement. Ce M^r. ayant appris notre arrivée, se hâta de venir nous trouver, et nous conduisit lui-même à un logement très commode qu'il avait fait tout exprès préparer pour nous; puis il amena près de nous le médecin de la milice, qui nous soigna de son mieux et nous mit bientôt hors de danger. Les bons soins et les soulagements qu'il nous procura, nous furent très sensibles, et méritent de notre part une éternelle reconnaissance, que nous regrettons pourtant de n'avoir pu lui témoigner pour sa gracieuse hospitalité et pour son bon accueil.

Nous trouvâmes là près de M^r. Djivéléghian la lettre que nous avions adressé à Sa Béatitude notre Patriarche: le vapeur qui devait la porter, ayant eu son timon brisé, n'avait pu continuer sa route, et avait été remorqué par un des paquebots qui touchent à Massawa tous les 15 jours. Ce fut la cause qui nous obligea de prolonger notre séjour là pendant un mois. Ce qui nous fâchait le plus, était moins d'avoir manqué l'occasion d'informer Sa Béatitude de notre heureuse arrivée. Fort heureusement pourtant, la lettre que nous avions expédiée par voie d' Aden, à M^r. le Colonel Stanton, Consul-Général d'Angleterre en Egypte, était arrivée à son adresse par l'entremise de M^r. Munzinger, agent Consulaire de la même Puissance à Massawa. Ce dernier, qui se trouvait alors à Aden pour une affaire importante, s'était chargé de cette lettre à son retour, et l'avait expédiée au Caire, où l'on connaissait déjà la nouvelle de notre prochain retour. Ce fonctionnaire doué des qualités les plus distinguées, avant de partir de Massawa pour Aden, avait fait attendre pendant quelques jours, le bateau à vapeur qui était venu exprès pour le conduire, dans le dessein de nous transporter à Aden, aussitôt que nous serions arrivés à Massawa, et de nous envoyer de là à Suez, ce trajet étant le plus court. Malheureusement pour nous, nous arrivâmes à Massawa deux jours après son départ.

Massawa est un ilôt situé à deux jets de pierre du continent; il occupe une surface plane et a une position très agréable; son climat est excessivement chaud, ce qui est dû à son terrain saligineux, et ce qui le rend pour cela, presque intolérable aux étrangers. Les indigènes de cette localité ne portent presque pas de vêtements, une espèce de linge les enveloppe aux reins, ou bien ils sont couverts d'une seule chemise. A notre entrée dans la ville, nous crûmes que c'était un établissement de bains chauds, en voyant ainsi les gens aller demi-nus, ou dans le costume primitif d'une seule chemise. Des orages éclataient soudainement de temps à autre, aussi impétueux que les sables du désert, lorsqu' ils s' élèvent au ciel en tourbillonnant couvrant les nues de sable et de poussière, et tombaient ensuite sur la ville en pluie torrentielle. Les maisons sont formées de chétives cabanes en jonc, qu'une seule étincelle suffit souvent à enflammer et à embraser, aussi est-il défendu aux habitants de faire du feu dans l'intérieur des cabanes. Depuis que cet ilôt a été cédé par le Gouvernement Ottoman à Son Altesse Ismaïl-Pacha, il est en voie de progrès et de prospérité, car on y trouve maintenant quelques maisons bâties en pierre et d'autres riches établissements. Les pères Franciscains y ont un couvent et une école pour les pauvres enfants indigènes qui reçoivent là l'éducation gratuite. Le Gouvernement Français est le seul qui y soit représenté par un Consul, lequel est

présentement M^r. Munzinger, dont j'ai parlé plus haut;
celui-ci est également chargé des affaires consulaires du
Gouvernement de la Grande-Bretagne. Le continent est
au Sud de Massawa, on y arrive en barque; l'endroit
devant lequel stationnent les bateaux, s'appelle Myn-Cul-
ly; c'est par là qu'on se met en route pour l'Abyssinie.
Tout le littoral jusqu'à trois jours de marche dans l'intérieur, c'est-à-dire jusqu'aux frontières d'Abyssinie, se
trouve sous la juridiction du Gouverneur de Massawa.

M^r. Munzinger retourna d'Aden pendant le temps
même que nous étions à attendre l'arrivée du bateau à
vapeur Hidjazi, qui appartient à la Compagnie Azizié.
Nous eûmes donc l'avantage de nous entretenir avec M^r.
le Consul de France, qui, j'aime à le dire ici, se montra
envers nous très obligeant et très affable; il nous rendit
une foule de services, et alla même jusqu'à payer les
frais de notre transport, au nom du Gouvernement Anglais, dont il était là le représentant. Ce Monsieur est
très connu dans l'Abyssinie pour ses qualités distinguées.
Le cinquième jour de Juin (17 Juin N. S.) fut pour nous
un jour plein de tristesse, car il nous fallut nous séparer
de deux personnes qui nous étaient très chères, c'étaient
en premier lieu M^r. le Consul lui-même, et notre ami
M^r. Arakel Djivéléghian, à qui nous serrâmes les mains
une dernière fois, après les avoir bénis; ensuite nous
nous embarquâmes sur l'Hydjazi, qui bientôt leva les
ancres et se mit à courir lentement au milieu des tourelles en pierre, qui sont baties là pour la précautiou des
voyageurs, afin de les mettre en garde contre les rochers d'alun qui laissent à peine un passage sinueux.
Quoiqu'on trouve aussi de ces rochers minéraux dans
les canaux de Djedda et de Souakim, ils sont moins
nombreux et moins périlleux que ceux de Massawa,
contre lesquels les bateaux semblent lutter avec grand
peine, afin de se faire un passage, au milieu de périls tellement imminents, que les pilotes sont con-

traints d'arrêter leur course pendant la nuit, pour ne pas être brisés par ces rochers à fleur d'eau. Il arrive aussi souvent pendant le jour qu'un orage éclate tout à coup, et que la poussière couvrant le ciel, l'obscurcit comme des nuages épais, alors le capitaine se trouve forcé de jeter l'ancre et d'attendre que le jour reparaisse. Ce fut la cause qui nous obligea à mettre six jours pour arriver jusqu'au port de Souakim, trajet qui n'en demande ordinairement que trois; de là à Djedda la distance n'est que de 26 heures.

Dans cette dernière ville, nous eûmes le bonheur de retrouver, après deux années d'absence, la personne chérie et l'homme excellent dont nous avions obtenu l'amitié lors de notre premier passage, et dont l'agréable souvenir nous avait accompagné durant tout notre voyage: je veux parler de M^r. le Docteur Frangouli Malézian, dont la vue nous causa la joie la plus vive; en le serrant dans nos bras, nos cœurs étaient tellement transportés, que nous nous croyions déjà dans notre patrie, en éprouvant de sa part tant d'affection. Il s'informa tout d'abord de notre santé, et lorsqu'il apprit que nous étions encore malades, car, comme nous venons de le dire plus haut, nous n'étions pas parfaitement guéris en quittant Massawa, il s'empressa de nous faire reposer dans sa propre maison, puis il nous fit apporter immédiatement les médicaments indispensables que notre état reclamait. Après quelques jours de repos et de soins assidus, nous fûmes entièrement rétablis. Nous ne pouvons passer sons silence les attentions bienveillantes dont nous fûmes l'objet de la part de cet homme distingué, au cœur si excellent; il nous entoura des soins les plus affectueux et nous témoigna de toute manière son dévouement; il alla même jusqu'à nous fournir d'habits, dont nous avions assez grand besoin; enfin après avoir reçu chez lui, la plus cordiale hospitalité, nous prîmes congé de lui bien à regret, pour nous embarquer sur un autre bateau à vapeur, qui nous conduisit à Suez en sept jours. Là, nous expédiâmes une dépêche télégraphique, au Caire, au Révérend Père Asdouadzadour, qui est chargé, là, d'administrer les domaines qui appartiennent au Couvent de St. Jacques. Ce soin rempli, nous prîmes le chemin de fer, le jour suivant, pour entrer en Egypte. Le Vice-Consul Anglais du Caire, ayant appris notre arrivée, se hâta de nous faire une visite d'après les ordres qu'il en avait reçus de son Gouvernement, et nous présenta aussi les compliments du consul Anglais d'Alexandrie, Mr. Stanlay, qui remplaçait alors le Colonel Stanton, Consul-Général en Egypte; il n'oublia pas non plus de nous communiquer l'arrivée d'une lettre à notre sujet émanant du Ministère des Affaires Etrangères. Notre entrevue avec le Consul fut longue et très sympathique, comme avaient été celles que nous eûmes avec les Consuls de Djedda, de Suez et des autres localités qui se trouvaient sur notre passage.

Le désir que nous avions de nous rendre au plus vite à Jérusalem, nous obligea de partir pour Alexandrie par voie de chemin de fer, et arrivé là, nous descendîmes chez Mr. Agop Achékian. Mr. Stanlay, Consul d'Angletrre, accueillit avec une grande bonté la visite que nous nous empressâmes de lui faire, et prit de là occasion de nous remettre la lettre ministérielle à notre adresse, dont nous venons de parler. Nos lecteurs se rappellent sans doutes celle que nous avions expédié d'Adoua à Mr. le Colonel Stanton, Consul-Général en Egypte. Celui-ci se trouvant alors à Londre, présenta notre lettre au Ministre Clarendon, qui la lut avec joie et se chargea de nous répondre lui-même. Voici la teneur de sa lettre:

"Département des Affaires Etrangères,
Londre 22 Juin 1869.

"Monseigneur l'Archévêque,

"Le Consul-Général et Agent de Sa Majesté la Reine
„en Egypte, le Colonel Stanton, qui par des ordres par-
„ticuliers s'est absenté de sa résidence, et se trouve pré-
„sentement ici, vient de nous informer qu'il a reçu une
„lettre de Votre Grandeur, datée du 13 du mois dernier,
„par laquelle vous lui annoncez votre arrivée à Adoua.
„Cette nouvelle sera pour la Reine et pour la nation An-
„glaise la cause d'une grande joie, car on appréciera
„comme on doit, le but qui vous a guidés en Abyssinie,
„comme on s'est montré déjà très intéressé par le récit
„des nouvelles qui vous concernent, et surtout au sujet des
„peines et vexations de toutes sortes que vous avez eu
„à subir.
„En joignant ici le témoignage de ma reconnaissance
personnelle, j'ai l'honneur d'être,
„De Votre Grandeur

Le très humble et très obé-
issant serviteur.
Clarendon.„

Le lendemain de cette démarche, M^r. Stanlay s'empressa de nous rendre sa visite dans la maison de M^r. A-
gop Achékian. Le même jour, et préjugeant de notre consentement, il nous présenta à Son Altesse Ismaïl-Pacha,
qui nous accueillit avec une grande cordialité, et nous
adressa diverses questions sur l'Abyssinie et sur son Gouvernement. Pendant les quelques jours que nous passâmes à Alexandrie, nous reçûmes la visite de plusieurs
personnages très distingués de l'endroit; toutefois comme
nous avions hâte de partir, nous ne nous laissâmes pas
retenir, et nous profitâmes de la première occasion pour
nous embarquer pour Jaffa. Deux jours nous suffirent
pour y arriver; là se trouvaient déjà le premier Drogman

du Couvent, avec quelques membres du Clergé qu'avait envoyé au devant de nous Sa Béatitude notre Patriarche. M^r. Siméon Murat, Agent Consulaire de Prusse et des Etats-Unis d'Amérique arbora en notre honneur les pavillons de ces deux Puissances, et vint nous saluer à bord avec une foule d'amis à la suite des envoyés de notre Patriarche. Egalement après être débarqués une multitude d'amis et de coréligionnaires, s'empressèrent de venir nous faire visite; à Ramleh nous trouvâmes les mêmes témoignages d'affection. A mesure que nous approchions de la ville sainte, le nombre des visiteurs allait toujours augmentant. A une heure de distance de Jérusalem, à un endroit nommé Colonia, nous trouvâmes les Révérends Evêques Garabet et Siméon, qui étaient venus à notre rencontre de la part de Sa Béatitude. Le Consul d'Angleterre, M^r. Noël Temple Moore, avait aussi envoyé là son Drogman et ses janissaires pour nous recevoir.

Je ne veux point décrire ici en détail, tous les honneurs ecclésiastiques que l'on nous rendit; cependant je ne puis passer sous silence l'allégresse que nous voyions éclater de toute part à l'occasion de notre arrivée, ni les sentiments mutuels d'émotion que nous ressentions en revoyant en bonne santé, nos Pères, nos Frères et S. B. notre Patriarche: je me bornerai à dire qu'en nous embrassant, de douces larmes de joie coulaient de nos yeux et que nous rendions au Ciel de vives actions de grâce pour nous avoir sauvés de tant de périls, que nous semblions presque ressuscités d'entre les morts,

Je ne puis non plus omettre ici un détail, qui est parvenu à notre connaissance à notre retour à Jérusalem. Nous avons parlé plus haut d'une lettre que nous avions expédiée au Caire pour donner de nos nouvelles à la communauté Arménienne de ce pays. Sa Béatitude notre Patriarche ayant été informé par cette lettre, de l'état misérable où nous nous trouvions en Bélessa, télégraphia immédiatement à Constantinople à S. B. Paul II. Patri-

arche Arménien de la Métropole, afin d'en informer par
son entremise Son Excellence Lord Lyons, Ambassadeur
de Sa Majesté la Reine Victoria, près de la Sublime Porte,
pour que celui fît les démarches nécessaires dans le sens
de faciliter notre retour au plus tôt. Ce dernier s'empressa effectivement de communiquer cette nouvelle au Gouvernement Anglais, pour lui demander ses ordres à cet
égard ; le Ministère avait alors expédié une dépêche télégraphique à son Consul-Général, au Caire, pour lui
donner l'ordre d'employer tous les moyens qui seraient
nécessaires en vue de faciliter notre retour. D'après ces
ordres, ce Consul s'était hâté de nous faire passer par
l'entremise du Père Asdouadzadour des habits pour nous
avec mille thalers, lesquels nous furent expédiés sur le
champ, avec une escorte de sûreté fournie par le Gouvernement Egyptien ; je ne dois pas oublier de dire, non
plus, qu'avec les lettres que nous envoya M^r. le Consul
par cette occasion, se trouvaient celles que Sa Béatitude
notre Patriarche adressait au Vice-Consul Général à
notre sujet, d'après le conseil même qu'en avait donné
M^r. Noël Temple Moore, consul d'Angleterre à Jérusalem.
Ces dépêches ainsi que les autres objets qu'on nous ex-
pédiait, nous étaient adressées à Méthemma (Gallabad.)

Nous étions déjà à Suez, quand cette nouvelle nous
arriva, et il y avait déjà quelques jours que le Gouverneur de cette localité avait mis en route les porteurs des
objets en question, ce ne fut qu'à Alexandrie, que nous
eûmes des renseignements détaillés à ce sujet, et aussitôt
arrivés dans cette ville nous nous empressâmes d'adresser nos remerciments à M^r. le Vice-Consul-Général (1),
pour la faveur aussi remarquable que pleine d'humanité,
dont le Gouvernement de Sa Majesté Britannique voulait

---

(1) *Le Colonel Stanton Consul-Général en Egypte, se trouvait
alors absent, et on avait mis pour le remplacer, le Consul d'Alexandrie, M^r. Stanlay.*

bien nous gratifier (1).

Voici la copie de la lettre que M^r. Stanton nous adressa en Abyssinie, et dont le duplicata fut espédié aussi, à Sa Béatitude notre Patriarche.

"Mon Très-Réverend Père,

"En vous présentant mes salutations respectueuses, j'ai l'honneur de vous avertir que S. B. le Patriarche Arménien de Jérusalem, a adressé une requête par l'entremise de S. E. l'Ambassadeur d'Angleterre, à Constantinople, au Gouvernement de Sa Majesté la Reine Victoria, pour demander de vous faire revenir du voyage que vous avez entrepris par des sentiments de charité chrétienne, en vue d'épargner au feu roi d'Abyssinie, Théodore et à tous ses peuples, les désastres de la guerre. J'ai reçu à ce sujet du Gouvernement de la Reine, les ordres d'employer tous les moyens possibles pour faciliter votre retour, afin d' obtempérer à la demande qu'en a faite S. B. votre Patriarche. Pour cet effet, nous adressons présentement une lettre de la part de Sa Majesté la Reine, à Son Altese le prince Govazi, pour le prier de faciliter votre retour, et de vous faire parvenir sans danger jusqu'à Méthemma, où Son Altesse le Vice-Roi a expédié des ordres, par honneur pour S. M. la Reine, et en considération de votre dignité sacrée, pour que vous soyez accueillis, là, avec les égards dus à votre rang, et pour que vous soyez envoyé au Caire sans aucun danger. C'est également par la faveur du Vice-Roi, que nous avons eu l'opportunité et la facilité de vous adresser cette lettre, ainsi que celles de S. B. votre Patriarche ci-incluses. Nous vous envo-

____

(1) *Ce fut seulement dans le mois de Mars, 1870 que les habits sont arrivés à Jérusalem, (excepté les mille thalers,) qui furent acceptés par les Révérends Pères, comme ayant été faits éxpressément pour eux.* (Note du traducteur.)

yons par le même moyen mille thalers avec des habillements, pour être employés par vous, selon votre bon
plaisir, à votre arrivée à Méthemma.

„Acceptez par avance nos félicitations pour votre
heureux retour, désirant que Dieu vous fasse revenir sains
et saufs, et vous préserve des dangers auxquels vous a-
vez été assujetis jusqu'ici.

„Dans l'espoir de vous voir prochainement, j'ai l'honneur d'être mon très-Révérend Père,

Votre tout dévoué serviteur
Stanlay. „

A notre retour de Bélessa, Vagchem Govazi, prince
d'Amara, ou, comme il se fait appeler, le roi Teklé-Gorghis, voulant mettre à profit la circonstance de notre retour pour obtenir quelque faveur du gouvernement Anglais, lui adressa une lettre pour lui annoncer notre départ, qu'il disait s'effectuer uniquement par son entremise
et en récompense des bons offices qu'il prétendait nous
avoir rendus à cet égard, il demandait qu'on lui envoyat
un tapis excellent, avec une paire de jumelles et divers
autres objets. A la réception de cette lettre, et avant de
s'occuper de l'exécution de la demande qui y était for-
mulée, le Gouvernement Anglais voulut savoir de nous,
si en effet le prince Vagchem-Govazi nous avait rendu
tous les services qu'il mentionnait, et s'il méritait réellement des récompenses. La lettre était adressé à M^r. Stanlay, Vice-Consul-Général en Egypte, qui s'empressa de
nous la communiquer avec une lettre de sa part, où il
nous demandait une réponse; nous nous hâtâmes de lui
donner à ce sujet les éclaircissements qu'il demandait,
en lui faisant nos abservations particulières sur l'accueil
que nous avions reçu de Vaghem-Govazi. Voici la copie
de la lettre de M^r. Stanlay:

"Alexandrie, 15 Septembre, 1869.

„Très Révérend Père,

„En vous demandant votre bénédiction, j'ai l'honneur de vous informer que le Gouvernement de S. M. la Reine a reçu une lettre de S. Exc. le gouverneur d'Aden, par laquelle il nous avise que le prince Govazi, en retour des bontés qu'il a eues pour vous, et des services particuliers qu'il vous a rendus à l'occasion de votre départ auprès du Prince-Kassa, a demandé une paire de jumelles, un tapis excellent et d'autres objets. Mais avant de lui envoyer ces cadeaux, le Gouvernement désirerait apprendre de vous quel est le vrai mérite du dit Prince. Je vous envoie par cette occasion la lettre officielle, qui m'a été expédiée à cet effet par mon Gouvernement, afin de vous en donner connaissance.

„Acceptez etc. Stanlay.„

Voici maintenant la teneur de notre réponse.

"Excellence,

„J'ai reçu avec un grand plaisir la lettre que V. E. a bien voulu m'adresser, dans laquelle se trouvait inclus la copie de la lettre officielle, expédiée de la part du Gouvernement de S. M. la Reine, lequel désirerait connaître d'une manière exacte les traitements du prince Govazi à notre égard. Je m'empresse, Exellence, de vous répondre à ce sujet, en toute bonne foi et simplicité. Nous avons été errants pendant une année entière dans le territoire du dit Prince, et bien que nous n'ayons pas eu à y subir de très grandes vexations, cependant il nous a paru que ce Prince prenait peu de souci de se faire aimer et respecter par les hommes blancs, c'est au moins ce que nous avons pu juger par ses sentiments et ses procédés à notre égard; et notre opinion à cet égard est d'accord avec celle de M^r. le Colonel Stanton, Consul-Général de cette localité.

„A vrai dire, nous avons reçu beaucoup plus de marques de bonté et de faveur de la part de Dédjadjmatch-Kassa, prince du Thègri, qui nous accueillit comme si nous avions été ses coréligionnaires, et qui nous a rendu toute sorte de bons offices, pour le spirituel comme pour le temporel.

„Je reste avec les sentiments d'amitié sincère, et en implorant les bénédictions divines sur vous.

Votre tout dévoué
Isaac Archévêque.„

TABLE DES CHAPITRES

DU PREMIER LIVRE.

I. But de notre voyage. Départ de Jérusalem. Visite au Consul-Général d'Angleterre en Egypte. Les ouvriers Arméniens au Canal de Suez, et le jour de Pâque. Bonté de M^r. Lyboul, Consul de France. Djedda, et le docteur Arménien Frangoul-Effendi. 1.

II. Interception de la route entre Massawa et l'Abyssinie. Le Consul-Anglais de Djedda. Le détroit de Souakim; la Quarantine. M^r. Pétraki, négociant Grec. Mumtas-Bey. L'orage. Kesséla. Havagâ-Panaïote. Convention de prix avec les chameliers et leur Cheikh. Voyage sur le fleuve d'Atbara. Gadarif; Gallabad. Youssouf et Djerdjis. Visite au Cheikh Djiumaï. Les Abyssiniens de Gallabad. L'impôt annuel du Cheikh. Entrée en Abyssinie. 9.

III. Dangers qui nous assaillirent après notre départ de Vohni. Notre arrivée à Djerna et à Caber-Mariam. Les gens qui vinrent nous visiter à Essar-Amba. La détresse que nous subîmes par le manque de pain. Le prodige. Le village de Béthania-Jésous. Peril de mort que nous courûmes dans le passage d'une rivière dangereuse. Le village de Voldaghé: peines dont nous y avons été accablés. Maladie et mort du jeune Ezéchiel. Le village d'Avissa, et notre arrivée à Essar-Amba. L'accueil qu'on nous a fait là. La visite du prince. Les deux jeunes hommes de Nazareth. 22.

IV. Description d'Essar-Amba: sa garnison et sa police. L'état des prisonniers et leur garde. Le scélérat. La veille et la fête de l'Exaltation de la S^te. Croix. Solennité du feu. Conseil des princes. Visite du prince d'Arba-Amba; distribution de cadeaux et de récompenses. 36.

V. Avis que nous fîmes passer pour la première fois à Théodore. Sa réponse. Dommages que nous causèrent les paysans. Notre deuxième avis au Roi, et la réponse qui tomba aux mains des princes. Arrivée de l'armée Anglaise, et fuite de Théodore à Magdala. Alemy fond sur Djelga; sa retraite; son territoire est pillé. Arrestation du rebelle Dembiote, et décapitation de son frère chez le roi Théodore. 45.

VI. Invasion de Terso-Govazi sur le territoire de Djelga. Conférence; échange des prisonniers. Retour de Terso-Govazi. Questions astucieuses de Thessemma. Nouvel assaut dirigé sur Essar-Amba; investigation de nos caisses. L'adresse et les moyens qu'employèrent Thessemma et les autres princes pour nous dépouiller. Leur fuite. Prisonniers déchaînés par nous. 55.

VII. Terso-Govazi envoie des hommes à l'Amba pour nous garder. Son arrivée. Notre entrevue. L'Archévêqce Isaac se présente à la foule revêtu de ses ornements épiscopaux. Terso-Govazi nous donne un gardien après avoir reçu notre soumission. Notre arrivée à Bosa et à Tchong avec l'armée. Mon entrevue avec le prince pour lui faire connaître notre situation alarmante. Malignité de notre gardien. Enquête sur notre foi, et faveur qu'elle nous procura. Arrivée à Tchardoka, et fuite du prince vers Bélessa. Son combat avec Vagchem-Govazi, et sa mort. Haïlo-Mariam le rebelle. Lettre que nous envoyâmes à Vagchem-Govazi pour lui faire notre soumission. 70.

VIII. Notre réception au camp de Vagchem-Govazi. Intrigues du Vice-Prélat. Nos entretiens avec le prince. Bruit de la mort de Théodore. Joie de Vagchem-Govazi. Séjour dans le village de Dokka-Kidane-Méret. Départ de Vagchem pour le pays d' Ambadjora et accroissement de sa puissance. Ougali-Desdan prince de Godjam. Vagchem-Govazi se fait déclarer Roi. Il se défie de Sir Robert Napier, commandant en chef de l'armée Anglaise. Présents qu'en a reçus Kassa, prince du Thègri. Conduite de Blatta-Brou, notre Balderava; il nous poursuit à coup de pierres; nous l'appelons en justice devant le Roi. Baglot, manière de jurer. Condamnation du Baldérava. Notre séjour au village de Thekléem-Anot en Bélessa. 89.

IX. Dédjadj-Oubi et ses fils. Excursions de Theklé-Gorghis. Rébellions. Les conseils des notables. Révolte de Ras-Voldé-Mariam. Animadversion de Theklé-Gorghis contre les prêtres du pays; intrigues et fausses prédictions de ces derniers. Soumission de Ras-Voldé-Mariam. On nous envoie de nouveau chez le Roi. Ali-Pharis. Esseïte-Mostaïte se soulève par deux fois; Vorkiti, princesse Mahométanne. Nous essayons de faire de la médecine pour vivre; nous manquons d'habits. Difficultés que nous avons pour expédier nos lettres; nous servons pour cela de l'Abyssinien Mikaël. 112.

X. Gabro-Médani-Alem. Meschescha fils de Théodore; sa mort. Ougali-Desda: atrocités des Gallas en temps de guerre: Excursion de Gabro-Médani-Alem en Bélessa. Lettre qui nous arriva de Jérusalem par l'entremise de Mr. Arakel Djivéléghian. Requête adressé à Theklé-Gorghis pour demander notre congé. Sa réponse. Notre retour; détails sur les difficultés de notre voyage. Le pays d'Ago: sécheresse. Arrivée à Adoua et à Axoum. Table en pierre des dix commandements. Lettre adressée au Consul-Général d'Angleterre à Alexandrie. 125.

XI.   Première visite deKassa; présents qu'il nous fait. Prières que nous fîmes pour le repos de l'âme de sa femme; offrandes qu'il nous fit à ce sujet. Les hommes blancs. Le moine Mikaël et Garabet Vorké, Arménien de Constantinople, et ses fils. Les conférences de Kassa avec les Anglais par leur moyen. Visites que le prince de Thègri fait à Sir Robert Napier; revues des troupes. Grande sympathie que le Prince nous témoigne. Messager expédié par le prince de Choa. Seconde visite de Kassa, et conférences qui eurent lieu entre nous; ses présents. Voyage de retour; bénédiction donnée au Prince et à ses soldats. Bénédiction de la grande trompette en Bihiza. L'édit de Kassa. 145.

XII.   Notre arrivée à Asmara. Le nouveau Prélat Copte; nos conférences avec lui. Conseil religieux. Départ d'Asmara. Notre domestique Elias reçoit le baptême pendant notre voyage. 139.

XIII.   Notre indisposition. Mr. Arakel Djivéléghian. La nouvelle de notre retour arrive en Egypte. L'ilôt de Massawa. Arrivée à Souakim et à Djedda. Le Dr. Frangoul-Effendi Malézian. Arrivée au Caire et à Alexandrie. Entrevue avec Mr. Stanlay, Consul d'Angleterre. Lettre du Lord Clarendon. Mr. Stanlay nous rend sa visite et nous fait présenter à Son Altesse Ismaïl-Pacha. Rentrée à Jaffa et à Jérusalem. Envoi d'habits et d'argent pour notre usage par le Consul d'Angleterre, pendant que nous faisions notre voyage de retour. Première lettre de Mr. Stanlay; il en écrit une seconde; réponse que nous lui fimes. 125.

DEUX ANS

DE SÉJOUR

EN

ABYSSINIE

DEUX ANS

DE SÉJOUR

EN

ABYSSINIE

OU

VIE MORALE, POLITIQUE ET RELIGIEUSE
DES ABYSSINIENS

PAR

LE R. P. DIMOTHÉOS

LÉGAT DE SA BÉATITUDE LE PATRIARCHE ARMÉNIEN AUPRÈS

DE THÉODORE ROI D'ABYSSINIE.

TRADUIT PAR ORDRE DE SA BÉATITUDE MONSEIGNEUR

ISAÏE

PATRIARCHE ARMÉNIEN DE JÉRUSALEM.

LIVRE DEUXIÈME

JÉRUSALEM

TYPOGRAPHIE ARMÉNIENNE DU COUVENT DE
SAINT—JACQUES.

1871

DEUX ANS DE SÉJOUR

EN ABYSSINIE

PREMIÈRE PARTIE.

DESCRIPTION DES MŒURS DES ABYSSINIENS

CHAPITRE I.

Manque de Pitié chez les Abyssiniens.

LA Pitié chez l'homme est le portrait extérieur
de sa conscience; dans l'homme civilisé c'est comme une
qualité innée, qualité pourtant qui n'a jamais eu de place
dans le cœur de l'Abyssinien, et dont le manque dénote
l'absence des sentiments moraux. Nous voyons même,
parmi les bêtes, plusieurs d'entre elles, qui, après avoir
reçu quelques bienfaits de la main des hommes, dépouillent tout sentiment de cruauté envers leurs bienfaiteurs,
et leur témoignent au contraire toute sorte d'égards et
de pitié: le chien, le lion et d'autres animaux sont de
cette catégorie. C'est tout le contraire, cependant, qu'on
voit chez cette nation à demi sauvage, car les Abyssiniens n'ont aucun sentiment d'humanité vis-à-vis des é-
trangers, ni même envers leurs proches parents. Les
prières et les instances les plus touchantes de l'infortuné
qui languit dans l'extrême misère, ne produisent aucun

effet sur leur cœur; ils évitent même les malheureux afin de ne pas entendre leurs cris émouvants, comme quelqu'un qui, pour se garder d'un vent pernicieux, se tapit dans un coin de sa masure. Si l'on compare ces soi-disants chrétiens (1) avec les Arabes barbares, on trouvera chez ces derniers plus d'obligeance et plus de sentiments de pitié à légard des étrangers, comme nous l'avons éprouvé plusieurs fois nous-mêmes pendant notre voyage. Quand aux premiers, nous les avons trouvés en général, entièrement privés des Vertus religieuses, et plus encore de celles qui sont innées dans l'homme. S'il leur arrive par fois de céder aux instances de quelque malheureux de leur nation, ils se contentent de lui donner un tout petit morceau de pain, et croient, après cela, avoir accompli un grand acte d'humanité, comme s'ils avaient infiniment obligé leur prochain, ou comme s'ils l'avaient sauvé d'un danger imminent de mort. Leur inhumanité, certainement, est l'unique cause pourquoi les pauvres, chez eux, sont si ennuyants et si exigeants, car, dans l'espoir de se procurer un morceau de pain, on voit ces derniers employer mille sortes de ruses et d'expédients, ainsi que nous en parlerons ensuite. Si quelqu'un vient à mourir de faim, pour calmer leur conscience, si jamais ils en ont une, ils se contentent de proférer ces paroles: "C'était la volonté de Dieu.„ Attribuant ainsi à Dieu le crime d'avoir laissé mourir un homme dont ils auraient pu sauver la vie: c'est ainsi qu'ils n'hésitent pas à jeter le crime sur Dieu afin de se justifier eux-mêmes.

Quand, par hasard, un étranger arrive dans un village, où il ne se vend, comme dans les autres pays, ni pain ni aucun des aliments nécessaires à la vie, personne parmi les gens de l'endroit, ne prend pitié de lui, et n'a

---

(1) *Tout ce qui est dit dans ce livre, a trait aux Abyssiniens chrétiens, quant aux autres Abyssiniens non chrétiens, nous en dirons quelques mots plus tard.*

assez de compassion pour lui donner un morceau de pain,
quoique le malheureux en reclame avec les plus vives ins-
-tances, et aille jusqu'à se prosterner à leurs pieds pour
leur en demander. Leur cœur est tellement endurci, que
loin de donner au suppliant ce dont il a un si pressant
besoin, ils vont jusqu'à le tourner en dérision et à l'accabler de sarcasmes. Nous-mêmes avons souffert plusieurs
fois les tourments de la faim dans leur pays, et il nous
est arrivé de passer plusieurs jours sans rien manger;
dans ces occasions, laissant de côté la honte et toutes les
autres considérations, nous prenions le parti de mendier
pour ne pas mourir de faim, mais, mêmes alors, nous ne
trouvions pas un cœur pitoyable ni une main secourable
pour nous offrir du pain (1). Au-delà de Vohni, dans le
village de Caber-Mariam, qui est situé sur une montagne,
nous eûmes également à endurer la faim; et, nous eûmes
occasion de reconnaître là la sagesse de ce que dit S^t.
Grégoire de Naregh, dans son livre de prières: "La Mi-
„séricorde divine n'éclate jamais plus miraculeusement
„que là où les secours humains viennent à manquer.„
Au moment même, où il nous était refusé jusqu'à une
bouchée de pain par les gens de l'endroit, la Clémence
divine se fit sentir à nous d'une manière inattendue,
comme nous l'avons déjà rapporté dans le Premier Livre.
Une fois que nous fûmes accoutumés à leur caractère,
nous n'eûmes plus recours à leur humanité, et nous ne
prîmes plus la peine de leur rappeler leurs devoirs d'
hommes et de chrétiens, sans prendre aucun souci de frapper à la porte de leur conscience, que nous n'avons ja-

---

(1) *Il se fait en Abyssinie plusieurs sortes de pains; une entre
autres avec le Dagousa, espèce de semence qui ressemble au senevé,
et qui est de la qualité la plus inférieure. Ce pain a une forme
plate et ressemble à de la boue, il est sans goût et indigeste. Avec
la même semence on fait aussi une espèce de bière, qui est assez
forte.*

mais trouvée accessible, mais nous nous décidâmes à employer la force avec eux, et à triompher, de leur mauvais vouloir par la violence: c'est ainsi que nous parvenions à nous procurer le pain de chaque jour, et nous devons avouer que la crainte faisait plus chez eux que la pitié. Dans la crainte d'être punis par leur prince, ils ne voulaient pas même nous fournir des aliments à prix d'argent. Ils sont d'une adresse merveilleuse et inventent mille sortes de mensonges pour excuser leurs refus près des étrangers qui leur demandent du pain à prix d'argent.

CHAPITRE II.

Leur hospitalité factice.

LES Abyssiniens s'efforcent d'avoir l'air hospitaliers aux yeux des étrangers qui arrivent des pays lointains, mais leur hospitalité ne consiste en réalité qu'en paroles et en simulacres, sans aucun résultat effectif. Ils ont coutume de leur faire visite chaque matin et leur témoignent des marques d'affection aussi sympathique, que s'ils étaient de leur ancienne connaissance ou des amis d'un dévouement à toute épreuve. Ils mangent et boivent avec eux et feignent d'être leurs amis sincères, mais ils ne font que rire en leurs cœurs, et se moquent de la crédulité des étrangers, surtout quand ces derniers sont de race blanche parce qu'ils deviennent plus facilement dupes de leur fourberie; après avoir mangé et bu avec ces gens, ils se retirent invariablement en s'inclinant devant eux, en signe de profond respect. Mais, si par hasard, l'un de ces malheureux étrangers avait besoin d'un verre d'eau, il ne le recevrait certainement pas, comme nous l'avons éprouvé par nous-mêmes.

. . Ils se conduisent généralement avec leurs hôtes d'une manière dissimulée, et en vue de s'en faire aimer; et pour captiver leur cœur, il n'est pas d'allures et de maintiens qu'ils ne prennent, afin de s'insinuer près d'eux. Ils ne se fâchent ni ne s'impatientent jamais, quoique puissent leur dire les étrangers; si blessantes que soient les injures de ces derniers, ils les supportent et leur donnent raison jusqu'au moment où les ayant amorcé, ils assouvissent leur désir, en dépouillant ces malheureux de tous leurs biens. Si ces premiers expédients ne réussissent pas, ils emploient avec eux d'autres moyens plus efficaces et plus séduisants.

Ils commencent par louer leur religion, qu'ils finissent même par embrasser, en affectant tous les dehors des sentiments religieux. Ils leurs rappellent ensuite les devoirs de l'amitié et de l'attachement fraternel, c'est-à-dire, la compassion et l'assistance. "Les vrais amis, disent-ils, doivent s'entr'aider dans le besoin, et lorsqu'ils se trouvent dans la gêne;„ et peu à peu, ils leur font entendre tout bonnement le besoin qu'ils ont de quelques thalers, et ils l'insinuent par des manières si dissimulées et si ingénieuses, qu'ils parviennent à leur enlever tout ce qu'ils convoitent d'eux. Quelques uns d'entre eux leur montrent leurs haillons, dans le dessein de leur demander des habits pour se couvrir.

Ceux qui parviennent à obtenir un objet quelconque, reviennent bientôt chez l'étranger, accompagné d'un autre de leurs connaissances, qu'ils lui présentent, et lui font connaître, comme pour augmenter le nombre de ses amis, signe caractéristique de sa bonté, quoiqu'en réalité leur but ne soit autre que de dépouiller par là l'étranger de tout ce qu'il a. Si celui-ci se montre trop complaisant et affable, il aura bientôt affaire à une foule d'importuns et de gens exigeants, dont il ne pourra plus se débarrasser. Il y a plus, ils ne croient point l'étranger, quand celui-ci n'a plus de quoi satisfaire leur rapa-

cité; ils le réputent menteur comme eux; s'il donne quelque chose, on se moque de lui, s'il ne donne rien, on le
calomnie et l'on déblatère sur son compte. Chose é-
trange! Il ne peut parvenir à contenter aucun des nombreux amis qui l'entourent; quand ceux-ci reçoivent quelque objet de lui, ils n'en font aucun cas; ils cessent de le
visiter pendant quelques jours, puis retournent de nouveau pour demander autre chose, et cela sans rougir,
et sans éprouver la moindre honte; s'ils sont refusés, ils
s'étendent en longs reproches, et se retirent en se plai-
gnant de leur mauvaise fortune.

Dépourvus de tous sentiments de reconnaissance, les
bienfaits qu'ils reçoivent, ne les empêchent pas de rendre
le mal pour le bien, toutes les fois qu'ils en trouvent l'
occasion. Et ce fait, nous l'avons éprouvé par nous-
mêmes dans la montagne d'Essar-Amba. Les princes de
cette forteresse, ainsi que ceux d'Arba-Amba, qui nous
avaient témoigné à notre arrivée tant d'attachement et
d'affection, qui s'étaient montrés disposés à affronter tous
les dangers pour nous, et qui avaient été gratifiés par
nous d'habits et de cadeaux divers, selon leur rang, ne
laissèrent pas néanmoins de nous abandonner au moment de leur fuite, comme nous l'avons déjà dit dans
notre Premier Livre, et de montrer à notre égard une
conduite toute autre. Chez les Abyssiniens, amitié et inimitié, sont des mots de même valeur. Au temps de la
prospérité et de la fortune ils simulent les dehors de l'a-
mitié, et, au temps de l'infortune, loin de venir en aide à
l'ami disgracié, ils le traitent plus qu'en ennemi. C'est
l'espoir seul du gain, qui leur fait témoigner de l'amitié
à l'égard des étrangers, et une fois leur but atteint, ils
remplacent celle-ci par la haîne, afin de leur inspirer de
la crainte. Comme ils sont très habiles dans l'art de dissimuler, ils savent très bien conformer leurs manières a-
vec celles des étrangers soit laïques soit ecclésiastiques.
—— Du temps d'Abouna-Sélami, prédécesseur du grand Pré-

lat actuel de l'Abyssinie, un Évêque latin nommé Jacques (Abouna Yacoub), vint à passer en Amara. Il se trouva bientôt entouré d'une foule de visiteurs; on feignit de vouloir embrasser sa religion et on lui témoigna toute sorte d'amitié et d'empressement; ces gens exaltèrent de toutes manières ses qualités personnelles et la religion qu'il professait, et firent tant qu'ils parvinrent à tirer de lui tout ce qu'ils voulaient, après quoi, ils l'abandonnèrent pour retourner au parti d'Abouna-Sélami, c'est-à-dire, pour revenir à leur première Église, disant partout que professer une seule nature en Jésus-Christ, était la seule orthodoxie, et se mirent les premiers à persécuter le malheureux Évêque latin, qui professait deux natures, et à s'approprier tous ses biens, tellement que celui-ci fut obligé de s'enfuir de nuit pour échapper à leurs mauvais traitements, après avoir été dépouillé de tout ce qu'il possédait. Ils n'ont aucune considération pour les étrangers, qu'ils soient laïques religieux ou membres du Clergé séculier: ils les traitent sans aucun égard ni respect, car ces mots sont de nulle valeur chez les Abyssiniens. On les voit s'acharner parfois, comme des démons, contre une personne, qu'ils honoraient une heure auparavant à l'égal du Messie; et l'on peut dire d'eux, selon la parole de St. Paul, que leur unique Dieu, c'est leur ventre.

Les riches voyageurs Européens, se laissant prendre aux semblants d'hospitalité, qu'ils reçoivent à force d'argent et de cadeaux, n'ont pu jusqu'ici se faire une idée exacte de leur caractère et de leur vrai naturel, c'est donc à tort que les Abyssiniens sont appelés peuples hospitaliers et pleins d'humanité (1). Car c'est un fait incontestable, que les Européens qui voyagent et parfois même les Missionnaires réussissent plus par les largesses

(1) *Voir la description géographique du P. Stéphan, Tome X. page, 531.*

que par tout autre moyens; c'est l'argent et les promesses
qui en général captivent les cœurs et qui font tout. Mais
jamais, malgré cela, un pareil succès n'a eu lieu parmi
les Abyssiniens, qui se sont toujours montrés bien plus
habiles à les tromper, qu'à se laisser gagner par eux.
Aussi ces mêmes voyageurs, si enclins à les juger favorablement en les appelant hospitaliers, et qui se laissent
prendre si facilement à leur extérieur trompeur, sont ils
regardés par eux comme des gens insensés, qui dépensent leur argent sans discernement. L'unique qualité qui
distinguent les Abyssiniens des autres peuples, c'est qu'ils
ne changent jamais d'opinion ni de conviction inté-
rieure, bien qu'ils simulent avec les étrangers les vertus hos-
pitalières et les manières sympathiques; c'est uniquement
grâce à cette tendance de rester stationnaires qu'ils ont
gardé, jusqu'à ce jour, l'intégrité de leur ancienne Église,
dans les formes qu'elle a depuis des siècles; autrement
nul doute que l'appât du gain et l'intérêt personnel n'y
eussent fait une brèche quelconque; car une fois leur intérêt assouvi, ils ne manquent jamais de revenir à leur
premier état. Ces peuples, en un mot, sont les singes du
genre humain, tout en conservant les qualités physiques
des autres hommes.

CHAPITRE III.

BIEN qu'on trouve partout, et chez toutes les nations, des hommes adonnés au mensonge, on n'en voit
cependant pas qui le pratiquent dans toutes les circonstances et à chaque occasion. Mais en Abyssinie, le mensonge forme le fond même du caractère de la nation, et
domine chez toutes les classes. Dans les autres pays, les

menteurs ne jouissent d'aucune considération, mais ici, au contraire, celui qui est le plus adroit et le plus habile à mentir, jouit du plus grand crédit dans la société. Ce sont les notables principalement, qui font le plus grand cas des menteurs: ils les tiennent pour gens habiles et capables, et se font gloire de leur génie et de leur adresse à tromper. A vrai dire, il n'y a là aucune honte pour les menteurs, attendu qu'on n'y trouve pas un homme véridique, qui puisse les confondre et les faire rougir. Ce vice est tellement enraciné et général chez ce peuple, que quand même il le voudrait, il ne pourrait pas dire la vérité, tellement il est accoutumé à mentir. Leur bouche est sans cesse en désaccord avec leur cœur, et leur cœur avec leur bouche. Tout le monde chez eux grands ou petits, séculiers ou religieux, sont tous infestés de ce vice détestable, surtout les hommes qui se trouvent placés dans les hauts emplois: toute leur diplomatie consiste dans le mensonge. Comme c'est le mensonge qui donne naissance à toute espèce de tromperie, il arrive que, chez eux, le plus grand menteur est le plus adroit et le plus habile en toute chose. Si les Abyssiniens avaient quelque connaissance de la politique et de la diplomatie européennes, je suis sûr que pas une puissance ne pourrait lutter avec cette nation: les Européens seraient forcés de leur céder le pas, malgré tout leur génie et la finesse dont ils se glorifient. Heureusement, qu'on me passe ce mot, qu'ils sont privés de toute sorte de science: ils ont l'esprit si fin et si délié, et leur intelligence est si grande, qu'en comparaison des nations civilisées et instruites, on peut les considérer comme des borgnes, mais non comme des aveugles, qui deviendraient bientôt aptes à surpasser ces dernières, s'ils cultivaient leur génie et leur esprit; mais par malheur, adonnés comme ils sont à la débauche et aux excès dès leur plus tendre enfance, la force de leur intelligence s'affaiblit bientôt pour faire place en eux à la sensualité.

CHAPITRE IV.

Le Vol.

CE vice aussi vil que préjudiciable à la société humaine, est considéré par les Abyssiniens comme une marque de bravoure, et ils l'exercent sans vergogne comme un métier ordinaire. Tous, chez eux, s'adonnent généralement à ce vice, excepté ceux qui ne sont pas assez adroits pour le mettre en pratique. Car, pour voler, il faut de la bravoure, du génie et de l'adresse, et ceux d'entre eux qui sont dotés de ces qualités, ne manquent pas d'en faire usage à cette fin, les autres ne sont que leurs complices, et se contentent d'avoir les mains crochues.

Le vol est une crime prohibé par les lois divines et humaines comme ils l'avouent eux-mêmes, cependant son usage est devenu tellement fréquent parmi eux, qu'il leur est presque naturel, au point qu'ils ne peuvent, sans grand peine, s'en abstenir et y renoncer, tant l'habitude a donné de force à ce penchant en eux. Ils ne font aucun cas du chrétien ni de l'hétérodoxe, de l'ami ni de l'ennemi, du frère ni de l'étranger; ils n'ont aucune considération pour le Clergé, quand bien même ils appartiendraient eux-mêmes au corps ecclésiastique: ils ne prennent souci que d'une seule chose, c'est de faire leur fortune par la rapine en dépouillant le premier qu'ils rencontrent, chrétien ou non chrétien, prêtre ou séculier, car l'Église même n'est pas à l'abri de leurs attentats. Ils n'ont d'autres lois que leur conscience erronée, dont les remords sont facilement étouffés dans l'homme, qui, dès son bas âge, est habitué au vol, de sorte que les lois n'existant pas pour le voleur, ils ont cessé de regarder ce vice comme un crime.

Les voleurs les plus adroits et les plus renommés, se trouvent, nous a-t-on dit, dans le pays de Bégameder, Bélessa, Lasda et Colla-Voguéra.

CHAPITRE V.

Le Meurtre ou l'Homicide.

L'HOMICIDE, disent-ils, est excusable et légal, selon le lieu et les circonstances où se trouve le meurtrier. Mais il n'est pas étonnant que le menteur soit aussi homicide, ces deux crimes ayant entre eux un rapport mutuel et intime. Chez les autres peuples, quand quelqu'un a tué son ennemi ou la personne à qui il en voulait, sa vengeance se trouve apaisée, et la haîne cède dans son cœur à la voix de l'humanité; aussi d'ordinaire, ne regarde-t-il plus le cadavre de son ennemi avec le même œil de haîne. Mais chez les Abyssiniens, au contraire, la haîne n'est point apaisée après le meurtre d'un ennemi; le meurtrier cherche encore à décharger sa colère sur le cadavre de sa victime, en l'exposant en plein air pour qu'il devienne la proie des bêtes féroces, au lieu de lui donner la sépulture. On traite aussi de la sorte les corps de ceux qui succombent sur le champ de bataille.

Souvent on a recours au meurtre pour ne pas faire découvrir les vols que l'on commet; et maintes fois il arrive aussi, qu'on se tue pour des femmes débauchées, quand deux individus se rencontrent chez elles en même temps, ou qu'ils les ont salariées d'un commun accord(1). Quand on parvient à saisir le meurtrier, on lui tranche la tête, d'après les lois du pays, à moins que les proches

(1) *Il arrive souvent qu'on plaide des causes semblables en présence même du Roi.*

parents du mort ne consentent à recevoir le prix du sang (1). Si, au contraire, il vient à s'évader, on se saisit de son fils, s'il en a un, et on le met aux fers; s'il n'en a pas, on emprisonne à sa place un de ses proches parents, lequel est obligé de révéler le lieu de son refuge, et de le livrer à l'autorité; et en cas qu'ils s'y refuse ou qu'il ne puisse le faire, il subit lui-même la peine de mort à la place du meurtrier. Partout où ce dernier échappe à l'autorité, c'est le plus proche parent qui doit subir la peine méritée par le coupable. Quand quelqu'un porte accusation contre un autre, et embrasse ensuite le parti d'un prince rebelle, l'accusé est délivré de son emprisonnement, et le premier n'a plus droit de plaider contre lui.

CHAPITRE VI.

L'Adultère et les Débauches de toute sorte.

ON voit par ce que nous venons de dire des Abyssiniens, combien il sont dépourvus de moralité et de bonne mœurs, et à quels vices sauvages ils s'adonnent généralement. Or, un vice quelconque, cela va sans dire, est toujours suivi par un autre, et celui-ci par un troisième, de sorte que tous les vices s'enchaînent entre eux, là où la vertu n'a pas un temple à elle ni aucun adorateur. C' est ainsi que l'adultère se trouve dans la série générale des vices de ce peuple, chez qui le mariage légal et légitime n'a aucune signification. Si l'on veut s'imaginer l' état corrompu des mœurs des hommes avant le déluge, et en faire le portrait, on n'a qu'à aller en Abyssinie, où

---

(1) *Il est à remarquer que les Abyssiniens n'ont pas l'usage de faire confesser le meurtrier, ni de le préparer à la mort, qu'il soit chrétien ou infidèle.*

le Christianisme n'existe que de nom, et fait injure à l'E-
vangile.

L'adultère et la fornication sont généralement répandues dans ce pays, où l'on n'entend jamais les mots
de honte et de retenue. Les hommes et les femmes sans
aucune exception sont dépourvus là de toute pudeur; on
peut dire même qu'ils ne diffèrent point des animaux,
car pour avoir entre eux des rapports intimes, il leur
suffit d'être à peine séparés de la foule. De ces vices a
pris naissance la maladie vénérienne qui va dévastant
tout le pays, consumant les forces vitales de ces malheureux, et qui défigure en eux l'emblême de l'humanité; la
plupart succombent aux plus affreuses douleurs, couverts
d'ulcères qui leur dévorent tout le corps, surtout le visage, les pieds, les mains et les parties honteuses. Quelques uns d'entre eux, pour la même cause, sont atteints
d'anévrismes qui leur font endurer les plus cruelles tortures. Ces maladies sont surtout répandues. Il est vraiment étonnant qu'ils refusent de se rendre à la raison et
de se corriger, en présence d'un abîme de maux aussi
horrible, qui précipite l'espèce humaine vers sa ruine, et
menace d'en anéantir le type primitif; à l'heure qu'il est,
la honte et la pudeur ont déjà disparu chez eux.

C'est une loi indispensable chez les Abyssiniens, de
ne pas passer un seul jour sans payer ses devoirs à la
nature: les femmes surtout sont très exactes à y satisfaire.

Un jeune homme ne peut se marier publiquement
chez eux avant d'avoir atteint sa 25ᵉᵐᵉ ou 30ᵉᵐᵉ année,
afin de ressembler disent-ils au premier père du genre
humaine, qui n'a eu de commerce avec sa femme, que
dans sa trente troisième année, cependant, avant cet
âge, ils sont bien loin d'observer les lois de la virginité
telle qu'elle a été gardée dans le Paradis. Combien de
fois ne s'adonnent-ils pas au libertinage, et que de fréquentes relations secrètes avec les femmes les jeunes gens
n'ont-ils pas, avant d'avoir atteint l'âge indiqué! Ce qu'

il y a de plus fâcheux, c'est qu'après avoir épousé une femme, ils en prennent encore d'autres, qu'ils quittent selon leurs caprices.

La plus grande partie d'entre eux passent leur vie dans la débauche, au mépris de tous les devoirs que la religion chrétienne leur impose. Il n'y en a qu'un très petit nombre parmi eux, qui, en avançant en âge, suivent les conseils de la raison et renoncent à la vie déréglée; ils se décident alors à ne prendre qu'une seule femme et commencent à fréquenter l'Église et à communier: ils forment la classe des Goravis, c'est-à-dire des communiants.

C'est une chose honteuse chez les Abyssiniens de coucher seul pendant la nuit, soit-on jeune ou âgé. Chacun est obligé d'avoir un compagnon de lit du même âge qu'il soit de sa connaissance ou étranger, c'est égal. Ainsi, par exemple, les princes et les notables peuvent avoir à leur disposition, autant de femmes qu'ils veulent, dans les villages, par où ils sont obligés de passer pour rendre leurs visites, et qu'ils parcourent de temps à autre. Les hommes de condition moyenne ont soin, lorsqu'ils se mettent en voyage, d'emmener avec eux leurs femmes ou quelques uns de leurs servantes: ce sont elles qui ont la garde des vivres, lesquelles consistent principalement en farine et en une espèce de pâte massive, formée de divers assaisonnements avec du piment rouge. Ces femmes sont chargées de faire leur cuisine, de cuire le pain, et surtout de leur tenir compagnie la nuit. Quand les voyageurs sont de condition plus inférieure, ils vont trouver les femmes publiques dans les endroits où ils s'arrêtent, et ils en trouvent partout; s'ils doivent séjourner quelque temps dans le même lieu, ils salarient l'une de ces femmes, chez qui ils habitent, on les nourrit, on les sert comme s'ils étaient les maîtres du logis, et en échange ils lui donnent en partant sa provision annuelle de vivres avec une chemise longue ou bien deux thalers. Quant aux pauvres, ils trouvent aussi des femmes qui n'ont pas de maris permanents, et c'est le maître même de la maison où ils sont logés, qui leur en indique une: cet emploi est regardé comme honorable dans le pays. Enfin, il est enjoint à tous de ne pas coucher seul, dans quelque lieu qu'il se trouve. Un jeune homme peut épouser les deux sœurs utérines, mais pas consanguines, quand ce seraient même les filles d'un prêtre. Ils connaissent à peine les trois degrés les plus proches de la parenté; ils ignorent entièrement même s'il existe des empêchement pour épouser trois sœurs nées de la même mère.

Les enfants nés d'un mariage illégitime, quand ils ont atteint l'âge de raison, et qu'ils peuvent faire constater par des témoins et par un serment de la mère, qu' ils sont les fils de tel ou tel individu, se font recónnaître par leurs pères comme fils légitimes, mais ils attendent toutefois pour faire cette démarche, que ces derniers soient parvenus à faire leur fortune. C'est ce qui est arrivé une fois, au roi Théodore lui-même; du temps qu'il était simple soldat, il avait eu des relations avec une femme inconnue, et lors de son élévation au trône, on lui fit adopter le fils qui était né de ce commerce, après constatation faite en règle (1).

Des servantes mêmes (2) servent de femmes dans ce pays, mais les enfants qui naissent de leur union sont considérés comme enfants naturels et fils de concubine, et n'ont pas les mêmes droits de leurs frères, qui sont nés d'un mariage légitime. A considérer les choses exactement, tous les enfants, en Abyssinie, sont des en-

(1) *Quand une femme a eu commerce intime avec un homme, le jour d'après elle est autorisée à le raconter et à le publier chez toutes ses voisines, et à le dire même à tous les individus qu'elle rencontre, pour les avoir ensuite comme témoins en cas de besoin.*

(2) *Les servantes prisonnières ne recouvrent jamais leur liberté, même après avoir embrassé le christianisme.*

fants naturels et des fils de concubines, puisque le mariage légitime et sanctionné par l'Église leur manque absolument.

CHAPITRE VII.

Diverses qualités et habitudes morales et physiques des Abyssiniens.

I. LES Abyssiniens ont généralement le tempérament faible; ils sont timides, soupçonneux et paresseux,
qualités qui peuvent être attribuées à leur intempérance
et à leur vie déréglée. Les femmes surtout subissent l'influence du climat dévorant qui règne dans le pays, car
on les voit partout plus passionnées et plus inclinées à
à la volupté. La dépravation des mœurs de ces peuples
et la corruption de sa morale, sont en raison du peu de
culture de son esprit et de son manque absolu d'éducation.

Le corps des savants se compose de quelques lecteurs
laïques et de quelque chantres, hommes vraiment étranges qui passent leur vie à disputer sur des questions
inutiles, et dont la science ne va pas au-delà de quelques connaissances dogmatiques. Ils dépensent ordinairement toute la vigueur de leur esprit dans l'astuce et
dans la finesse, comme nous avons eu déjà l'occasion de
le remarquer dans plus d'un endroit, et comme il se voit
clairement dans le cours de cet ouvrage.

II. Pour ce qui est des secrets où leurs intérêts sont
engagés, ils sont envers tous excessivement réservés. La
trahison, qui est très fréquente entre eux, enlève à leurs
rapports toute confiance et toute sincérité: les frères
mêmes se défient le plus souvent les uns des autres. Dans
toutes leurs relations mutuelles ils apportent de la défiance et des arrière-pensées. Pour les habitants d'Ago, il

y a un dicton du pays qui dit, qu'ils ont neuf cœurs dans la poitrine. Si quelqu'un de leurs amis les plus dévoués les sollicite à lui confier quelques secrets qu'il promet de garder, c'est-à-peine s'ils consentent à lui révéler même superficiellement la plus petite partie de l'un d'eux. Ils ont neuf cœurs, comme nous venons de le dire des habitants d'Ago: ils se servent d'un seul dans leurs relations ordinaires, et gardent les huit autres pour eux-mêmes. Ils veulent dire par là, que leurs cœurs ont comme neuf enveloppes, dont ils ne découvrent qu'une seule à leurs amis, et les autres, c'est-à-dire, les secrets qui se trouvent dans les huit plis, ils les réservent pour les circonstances favorables à leurs intérêts. Lors même qu'ils voudraient dévoiler tous leurs secrets à leurs prétendus confidents, ils ne le pourraient pas, à cause de la difficulté qu'ils y trouveraient. Ils aiment mieux les révéler par des faits, quand l'occasion s'en présente pour eux.

III. Jamais ils ne communiquent aux autres des nouvelles exactes; chacun donne aux nouvelles qui ont cours le but et la forme qui lui plaît le plus, suivant son intérêt particulier, sans prendre nul souci de satisfaire la curiosité du public et de calmer son esprit excité; s'ils sont obligés parfois de donner des nouvelles exactes, elles sont toujours mêlées à quelques mensonges. Il y en à aussi, qui ne veulent point rapporter les bruits qui pourraient compromettre leurs intérêts, et lorsqu'ils viennent à les entendre de la bouche des autres, ils feignent de ne pas les connaître, ou font semblant de ne pas entendre, afin de ne pas être obligé de répondre.

IV. Ils sont très patients dans les disgrâces qui leur arrivent, et ils s'efforcent, dans leurs malheurs, de ne point faire paraître leur tristesse et leur chagrin, bien que dans la solitude ils ne songent à autre chose, qu'à s'y soustraire. Quand, après avoir bien réfléchi, ils ont trouvé les moyens de s'en débarrasser, ils ne perdent pas un moment à les mettre à exécution.

18

V. La mauvaise habitude, qu'ils ont de mentir, a fait
aussi d'eux de grands jureurs. Ils jurent par la tête les
uns des autres, par les noms du Roi et des notables et
par leurs familles. Ils ont aussi une manière de jurer par
action; lorsqu'on veut dissiper les soupçons et les doutes
de quelque personne, et qu'on veut la rassurer, on jure
en lui suçant trois fois le gros doigt, après quoi les deux
individus deviennent comme frères de lait. Cette manière de jurer est considérée comme la plus sûre, et comme
celle qui mérite le plus de confiance, toutefois il arrive,
quoique rarement il est vrai, que ces serments sont aussi violés.

VI. Tous les Abyssiniens, sans exception, sont ambitieux, et ont un penchant invincible vers la grandeur et
les emplois publics; ils ne songent qu'à obtenir une place
quelconque, qui leur permette de vivre sans travailler,
et il n'est pas de peine qu'ils ne prennent pour y atteindre.
Aussi les voit-on employer, sans scrupule, la trahison et
les embûches mortelles, contre ceux qui leur font con-
currence.

VII. Les domestiques attachés aux grands personnages,
dans l'espoir de se faire bien venir de leurs patrons, et de
captiver leurs cœurs, ne laissent pas échapper une occasion de leur donner des marques du plus profond dévouement, et de la plus parfaite obéissance, et ils emploient
à cela mille ruses et mille détours. Malgré cela, il ne
laissent pas d'observer minutieusement leurs patrons, à
leur insu, et d'épier leurs allures, leurs secrets, et toutes
les démarches qu'ils font, ayant soin toutefois de ne pas
se trahir près d'eux, et, après les avoir servi quelque
temps consciencieusement et de bon gré, s'ils voient que
ces derniers les récompensent par quelque place et quelque faveur qu'ils attendaient, ils les prennent en grande
considération et les respectent. Quand ils voient, au
contraire échouer leur attente, ils les abandonnent et
s'échappent de chez eux, après leur avoir dérobé tous

les objets qu'ils peuvent emporter de leurs maisons, où bien ils les citent en justice en reclamant d'eux de très forts gages. Quant aux domestiques qui redoutent l'influence et le pouvoir de leurs maîtres, ils se séparent d'eux à l'amiable, et ensuite ils font contre eux mille déclamations, tâchant de les rendre la fable du monde, en publiant tous les secrets qu'ils peuvent avoir surpris d'eux, en vue de les déshonorer.

VIII. Si les médisances qui se débitent au sujet de quelqu'un procèdent de personnes notables, la communauté est autorisée à les répéter en pleine liberté. Celui qui est en bute à de pareilles détractions, a le droit de saisir le premier venu qui parle contre son honneur, et s'il est sûr de son innocence, peut le citer en justice; alors il plaide contre lui, le fait mettre à l'amende, et l'expose aux regards de tous. Mais si ce dernier peut prouver le contraire par des témoins, il a le droit de décrier publiquement son adversaire.

Il est d'ailleurs dangereux chez les Abyssiniens de détracter personne publiquement, cela tourne toujours au désavantage de celui qui le fait, s'il n'a pas de témoin; souvent aussi il arrive qu'on se nuit par là matériellement et moralement, auprès des personnes de qui on médit.

IX. Les Abyssiniens ne sont pas modérés non plus dans le boire et dans le manger, et toutes les fois qu'ils trouvent à se rassasier sans payer, ils mangent et boivent à gorge que veux-tu. Ils ne gardent également aucune mesure dans tous les actes de leur conduite. S'ils se mettent à s'asseoir, ils ne pensent pas à se lever; s'ils ouvrent la bouche, ils ne savent pas la fermer; ils dorment sans vouloir se réveiller, et de même ne se fatiguent point à marcher, et font de longs voyages sans prendre haleine. Ils aiment à prendre des liqueurs fortes, et sont grands buveurs, mais quand ils sont ivres, ils se retirent chez eux par honte; si alors quelqu'un vient à les demander, ils ne se font point voir, alléguant, par exemple, d'être indisposés ou d'avoir pris du Cousso, et donnent congé ainsi visiteur.

CHAPITRE VIII.

DIVERSES COUTUMES NATIONALES

1° L'hospitalité.

NOUS avons déjà décrit la manière dont un étranger est accueilli chez les Abyssiniens. L'accueil qui est fait à un étranger ou à un indigène envoyé en mission par le Roi ou par quelque prince, a quelque chose de tout particulier: les paysans sont obligés alors de le recevoir et de les traiter avec égard et respect, et de leur fournir du pain et des mets, en quantité double de leur nombre, et chaque paysan doit s'acquitter de ce devoir à son tour sur l'avertissement de l'Alaka (1). Après de longs débats de part et d'autre, au sujet de la quantité et de la qualité des pains et des mets, l'hôte accepte, si cela lui plaît, tout ce qu'on lui apporte, ou refuse le tout à son choix, sans rien goûter. Quand les hôtes ne sont pas des employés du Gouvernement, mais de simples voyageurs seulement, il n'est pas d'usage de leur fournir à manger; ceux-ci alors sont obligés d'apporter avec eux leurs provisions de bouche; et dans ce dernier cas, si le voyageur est un étranger, il ne trouvera pas même un endroit pour coucher, car il est craint de tous comme un voleur.

2°. Le repas et la manière de le servir.

Les Abyssiniens ont coutume de manger deux fois par jour; ils déjeunent de bon matin et dînent vers le soir; ils jeûnent les jours maigres, et ils rompent leur jeûne trois heures avant le coucher du soleil: ces jours-

(1) *Voir la Notice dans le 1ᵉʳ, Livre, Pag, 132.*

là ils ont coutume de souper deux fois.

Le mets le plus exquis qui s'apprête chez les grands personnages, dans les grands jours, est simplement de la viande rôtie au beurre et coupé en menus morceaux, qu'on assaisonne de piment en grande quantité: c'est ce qu'ils appellent dans leur langue *Maléphia*, qui veut dire *mets excellent*. On entasse les pains qui sont de forme aplatie, dans un panier fait de jonc, l'on met sur le dernier pain le mets en question, sous un couvercle, et on l' apporte ainsi devant le maître de la maison, placé au milieu de ses invités, lesquels, après avoir lavé leurs mains, se tiennent tous assis par terre. Le maître, alors, ôte le couvercle, et donne suivant l'usage un petit morceau de viande avec du pain, au porteur du panier (1) d'abord, puis, il distribue à chacun de ses hôtes, un morceau de pain avec un peu de viande, répétant cela deux ou trois fois dans le cours du repas. Quand le repas est achevé, on distribue de l'hydromel ou de la bière, servis par un individu exprès, dans des cornes de bœuf, lesquelles font d'autant plus d'honneur au maître de la maison, qu'elles contienent plus de liquide. On voit de ces cornes qui peuvent contenir jusqu'à trois litres. Tout à la fin, on sert comme dessert du bœuf tout cru, ou de la tripe non nettoyée et non lavée. Alors tous les convives se tiennent prêts, ayant chacun à la main un couteau qu'on leur a donné d'avance, et on leur présente, tour à tour, de la tripe, dont chacun coupe un morceau, après que le maître y a goûté (2) lui-même; ensuite ils la portent à

(1) *L'usagede servir d'abord au porteur une bouchée du mets, paraît provenir de leur méfiance.*

(2) *L'hôte ou celui qui fait l'invitation, ne se met pas à table, s'il le veut, mais pourtant il doit assister au repas, par honneur pour ses convives. Le Roi, par exemple, n'a pas l'usage de s'asseoir à table quand il donne un banquet, mais il l'honore toujours par sa présence.*

la bouche, la mordent avec les dents, et la coupent en morceaux qu'ils avalent avec la plus grande friandise, en saisissant par le bout de leur couteau un peu de piment rouge comme assaisonnement.

La nourriture des hommes de condition moyenne, n'est, dans les jours solennels, que de viande ou de volaille; et les jours ordinaires, leur repas consiste en lait, lait caillé et légumes: ces derniers s'apprêtent d'ordinaire, après qu'on les a moulus, avec un peu de beurre, et une grande quantité de piment rouge; on les fait cuire et réduire en bouillie, et cela forme le *Schéro*, dont il a été déjà parlé. Quand à l'alimentation de la basse classe et des domestiques, elle ne se compose ordinairement que de mets très mal apprêtés et fades, et encore aux jours ordinaires ils ne mangent que du pain sec, fait de *Dagousa* ou de millet, avec un peu de piment, s'ils en trouvent.

Les dignitaires, les chefs et les notables toutes les fois qu'ils se mettent à table, soit seuls, soit en compagnie de leurs amis, ont toujours des femmes de service, qui leur mettent les mets dans la bouche: cet usage est considéré chez les Abyssiniens comme un acte d'honneur.

Les Abyssiniens ne font pas usage de poisson, quoiqu'il s'en trouve beaucoup dans les rivières de leur pays, apparemment parce qu'ils sont très paresseux, et qu'ils ne veulent pas se donner la peine de le pêcher. Quand parfois l'on apporte, pendant le carème, des poissons secs, aux notables et aux princes, ceux-ci ont soin de se cacher pour le manger.

S'il arrive qu'ils soient obligées de prendre leur repas en plein champ, ils s'enveloppent dans leurs manteaux blancs, et font asseoir leurs domestiques contre la table, afin de n'être pas vus en mangeant, et aussi afin de ne pas être obligés à rien donner aux pauvres. Les restes du repas sont pour les domestiques favoris, qui ont seul le droit de partager le manger de leur maître, si toutefois ce dernier y consent. Il est aussi d'usage

de donner à chacun des domestiques qui font senti-
nelles autour de la table, une bouchée des mets avant le
repas, afin qu'ils n'aient pas les yeux continuellement sur
la table; quant à la nourriture des autres domestiques,
elle est comme nous venons de le dire, toute différente.

CHAPITRE IX.

L'habillement du Roi et du peuple.

LES habits de couleur ou blancs, comme la chemise de dessous, la veste, la tunique courte ou longue,
étant des habillements d'honneur destinés aux Rois, le
peuple n'a pas le droit de les porter, c'est une ancienne
loi qui le lui défend, de même que le port des armes. C'
est le Roi qui accorde le privilége de porter ces sortes d'
habits, de couleur ou non, aux personnes qu'il veut distinguer, et cela d'après le rang et la place qu'elles occupent; et lorsqu'elles apparaissent ainsi revêtus dans un
endroit quelconque, on fait sonner devant elles le Néga-
rith (le grand tambour) afin de le faire connaître au public. Aux employés secondaires et aux viellards qui ont
acquis quelque vénération, il est permis de porter une
chemise blanche et une tunique. Les princes ont également le privilége d'accorder à leurs employés des habits
d'honneur.

Les gens du peuple portent ordinairement des culottes
longues ou courtes faites de toile blanche, qu'ils ne mettent toutefois le plus souvent que pour sortir. Ils s'enveloppent aussi d'un manteau blanc en toile de coton, lequel est bordé de rouge, et qui s'appelle *Djano* dans l'i-
diôme Abyssinien: ils est regardé comme très distingué
et coûte de 4 à 8 thalers; il y en a aussi de 2 thalers,
mais qui ne portent pas de bordure rouge. Les gens de

cette classe se servent encore de ceinture de toile blanche
quand ils voyagent. Les hommes riches portent ces trois
espèces d'habillements suivant leur rang, tandisque le
bas peuple et les pauvres ne portent le plus souvent que
des habits usés et des guenilles, ou bien seulement des
lambeaux de peau de bœuf autour des reins, ayant à nu
tout le reste du corps.

Les femmes, en général, ne portent point de caleçons
comme les femmes Arabes, elles ne se couvrent, pour
tout vêtement, que d'une chemise longue, ordinairement
sale et déchirée et encore cela est-il leur habit de luxe;
dans les jours ouvrables, elles n'ont autour d'elles qu'une
peau de bœuf, qui laisse leurs corps à demi-nu. Les
femmes de la haute classe s'habillent avec plus de modestie, et portent même à leurs pieds des sandales poin-
tues et crochuès, lorsqu'elles se mettent en voyage; mais
quand elles montent à cheval, elles ôtent leurs sandales,
pour passer les deux doigts de leurs pieds dans les étriers, usage qui existe aussi chez les hommes et chez tous
les cavaliers, par la raison que les routes étant escarpées
et pleines d'arbustes épineux, on a ainsi plus de facilité
pour se débarrasser des étriers, lorsqu'on vient à courir
quelque danger: c'est aussi la raison pourquoi l'on fait,
dans ce pays-la, les étriers si étroits.

Chez les Abyssiniens, les gens de tout âge et de tout
sexe, riches ou pauvres, tous vont nu-tête et pieds-nus: le
Roi seul porte sur la tête, les jours solennels, un diadème
en forme de casque, qui est soutenu ordinairement par
trois personnes. C'est le matin surtout qu'il le porte
lorsque les dignitaires et les hommes de sa cour viennent
pour lui présenter leurs hommages. Quand il est dans
son intérieur ou bien dans sa tente, il porte quelquefois
une espèce de bonnet, et le plus souvent reste tête nue.
Parmi les gens du peuple, on en trouve quelques uns qui
portent à leurs pieds des sandales en cuir, mais ceux là
ont la goutte aux pieds, et d'autres, qui font usage pen-

dant l'été de parasols faits de paille, ainsique des mouchoirs blancs ou de couleur.

Lorsque les Abyssiniens se présentent à quelque personne de distinction, ils ont une manière particulière de s'envelopper de leurs manteaux, et ils le drapent d'une manière différente quand ils vont se présenter au tribunal.

CHAPITRE X.

Leur manière de juger.

LES Abyssiniens n'ont pas de maisons de justice ni de juges proprement dits. Ils plaident et entendent les procès dans l'endroit qui leur plaît, et en présence des gens qui se trouvent là. Les procès roulent le plus souvent sur des mésintelligences élevées entre des époux, qui se présentent eux-mêmes devant le Roi, pour plaider sur des sujets que la modestie et la pudeur ne nous permettent pas de nommer. On porte parfois une affaire par devant même un jeune garçon, qui est élu pour juge par les deux parties, afin de leur servir de *Dagna* (1) et de témoin, si besoin est. Si le jeune juge parvient à leur faire droit, tout va bien et l'on s'en tient là, autrement, la cause est portée devant un autre individu, et le jeune garçon qui a servi de premier juge, est appelé à rendre témoignage de ce qu'il a vu et entendu.

Quand ils se fait un procès, tout le monde est libre d'y assister et d'écouter à sa guise, aussi y a-t-il toujours foule autour du *Dagna*. Les assistants écoutent les deux parties et les questionnent même si bon leur semble, mais c'est le *Dagna* qui décide entre l'une et l'autre, après avoir recueilli toutefois les opinions de la foule présente.

Dans le cours du procès, qui débute par une simple

(1) *Le mot* Dagna *signifie Juge.*

discussion, les adversaires se laissent emporter à de tels accès de colère, que l'on croirait qu'ils vont s'entre-déchirer sur l'heure; puis tout-à-coup on les voit se calmer et reprendre en un instant leur mine joyeuse, ne songeant qu'à rentrer en bonne intelligence. Malgré les démonstrations qui accompagnent tout procès, on ne va pourtant point jusqu'aux injures ni aux outrages, et encore moins les voit-on en venir aux coups. Quelques fois pourtant il arrive, quand les deux parties sont assez fort, qu'on recourt aux armes des deux côtés, pour vider la querelle en braves, dédaignant les insultes et les mots outrageants qu'ils considèrent comme étant l'apanage des femmes. Ces sortes de procès qui se font communément dans les villages, ne sont soumis à aucuns frais; cependant il arrive selon les circonstances, qu'on est parfois obligé de payer des frais au Roi, au Prélat copte, ou au Tchéghi (1), ou aux grands chefs dans les pays desquels les procès ont lieu.

Quand on ne peut parvenir à mettre d'accord les deux parties, ou que la matière du procès dépasse la compétence des juges, on a recours alors au grand Conseil de l'état, où les affaires prennent une marche plus régulière. L'accusé ainsi que l'accusateur se présentent au tribunal, ayant l'un de leurs bras lié (2) par le Cheikh du village. Ils sont suivis aussi du *Dagna*, qu'ils avaient élu dans l'assemblée du village, et dont la mission est de rendre témoignage de tout ce dont il a été question dans

(1) *Voir le 1ᵉʳ. Livre, pag. 90.*
(2) *Si la faute est légère, on les lie avec une simple corde; au contraire, si elle est grave, on les enchaîne pour les empêcher de s'enfuir. On trouve chez plusieurs personnes des petites chaînes de ce genre, qu'elles gardent toutes prêtes en cas de besoin, ce qui les dispense de payer la taxe journalière de la chaîne, si elles ont un procès, et ce qui diminue d'autant pour elles les frais de tribunaux.*

le cours du procès. Dans les grands tribunaux, les frais coûtent très cher à celui qui perd sa cause.

Pour porter une accusation et démentir celle qui est portée, ou pour mieux dire, pour dénoncer le coupable, on emploie un acte conventionnel, qui a la force de serment, et que l'on appelle dans le pays *Baglo.* Voici en quoi cela consiste: l'accusateur fait un nœud, au bout du manteau de quelque individu, en donnant à ce nœud le nom de quelque objet, soit argent, soit mulet, soit bœuf ou sel en bloc, suivant le plus ou moins d'importance qu' il donne à son procès; si l'accusé est sûr de gagner et d' obtenir justice en sa faveur, il défait le nœud, et fait affirmer son innocence par les témoins, alors l'accusateur est aussitôt condamné à payer l'amende conventionnelle et les frais du tribunal. Mais si, au contraire, l'accusé n' étant pas sûr de ses droits, hésite à défaire le nœud, c' est lui qui est condamné à payer l'amende en question le jour même; s'il ne peut la payer sur le champ, on lui passe au bras une chaîne de la part du Gouvernement, de manière que l'un des bouts de cette chaîne est attaché au bras d'un soldat, qui conduit le condamné à travers la ville, afin qu'il puisse acquitter son amende : ce dernier est, de plus, obligé de payer le droit de chaîne, tout le temps qu'il la porte à son bras.

Si, faute de témoins, le jugement ne peut se terminer par le *Baglo,* alors on oblige l'accusé à prêter serment au nom de Dieu, et le procès est terminé. Toutefois, si après ce serment, il arrive que l'accusateur peut trouver des témoins, il a le droit de poursuivre de nouveau le procès, et s'il le gagne, les frais et les droits que l'accusé devait payer, sont augmentés du double, à cause du faux serment que ce dernier a fait au nom de Dieu.

On trouve aussi en Abyssinie des gens experts et très entendus dans les affaires judiciaires, qui font l'office d' avocats. Mais tout leur art et toute leur habileté ne consiste qu'à calomnier, à improviser des mensonges analogues aux sujets que l'on traite, et par lesquels ils réussissent souvent à gagner leur cause. Bien que maintes fois l'on connaisse leur astuce et leurs machinations, néanmoins on ne peut les accuser ni les faire passer en jugement. Les procès s'ajournent quelquefois, quand ils sont douteux, afin qu'on puisse les examiner dans le silence, avec plus d'attention. Mais il faut reconnaître aussi que les dons corrupteurs ont beaucoup d'influence sur eux.

CHAPITRE XI.

La maladie vermiculaire et les remèdes qu'on emploie pour la guérir.

DANS toute l'Abyssinie, outre les fièvres périodiques et la maladie vénérienne, dont les indigènes ignorent absolument les remèdes, il y a encore la maladie vermiculaire, qui est très générale, et qui règne dans tout le pays, et à laquelle tous ses habitants sont sujets; de même qu'en Arménie, il y a des endroits et des villes, comme Arabkir, Diarbékir, Alep etc, où les habitants sont sujets à une espèce d'ulcère, dont la nature est de se manifester particulièrement sur le visage: ce genre d'affection s'appelle *ulcère local.*

La maladie dont je parle, et qui domine dans toute l'Abyssinie, provient des vers, qui se forment dans l'estomac tous les deux mois, et dont les symptômes sont la faiblesse des genoux, l'affaiblissement de la vue, et un mal de tête très léger. Les naturels du pays connaissent le remède qu'ils emploient aussitôt que ces symptômes se manifestent, mais la vertu de ce remède ne dure pas plus de deux mois, et il ne peut guérir la maladie radicalement; si l'on ne s'empresse pas de s'en servir, les vers augmentent en telle quantité, qu'ils s'évacuent dans les déjections alvines, et par la bouche même des malades, et il est très probable que cette maladie aboutirait à la mort, si on ne se soignait pas.

Le remède en question n'est autre chose que le Cousso: c'est une fleur jaune à corolles minces, que les habitants savent distinguer et dont ils se servent en guise de séné. Qnand ceux-ci veulent s'en servir, ils en prennent deux poignées qu'ils sèchent, qu'ils pulvérisent, et qu'ils font macérer ensuite dans un vase, avec un peu d'eau fraîche, pour prendre de bon matin. Cette fleur a une odeur très forte, et on ne la prend qu'avec dégout à cause de sa saveur nauséabonde qui soulève le cœur. Je crois pourtant, qu'il serait très facile de prendre ce remède, si l'on mettait le Cousso dans l'eau bouillante, et si l'on passait ensuite à la chausse; cette manière, toutefois, n'est pas admise par les indigènes, étant regardée par eux comme peu profitable, mais le fait est qu'on ne l'a pas encore essayée. Ce remède purge sans exciter la bile en procurant au malade deux ou trois selles, dans lesquelles les vers réunis, en groupe, s'évacuent au dehors sans douleur; mais leur germe reste toujours dans l'estomac, se développant et s' agrandissant dans les deux mois subséquents. Après cette purgation, l'appétit se réveille, soulagé qu'on est par les décharges de ventre, surtout si l'on prend de la bière. Les selles cessent aussitôt qu'on mange du pain ou d'autres aliments.

On emploie encore, pour la guérison de cette maladie, une autre espèce de fleur nommé *sangla*, qui se trouve ordinairement dans le pays de Lasda, et dont la vertu, dit-on, ne dure que six mois. Nous l'avons vue nousmêmes dans le pays, mais sans toutefois en avoir éprouvé la vertu.

Les historiens géographiques d'occident, et après eux le P. Stéphan Acontz (1), admettent, comme unique

(1) *Histoire géographique, Tom, X. pag. 529, imprimée chez les Méchitaristes de Venise.*

cause de cette maladie, l'usage général où sont les Abyssiniens de manger de la chair crue; mais c'est là une hypothèse sans fondement, comme nous pouvons l'attester personnellement. Instruits que nous étions déjà de cette opinion des auteurs européens, nous nous sommes faits une loi, à notre entrée en Abyssinie, de ne faire jamais, dans aucun cas, usage de chair crue, usage, il faut le dire, qui nous répugnait assez, de sorte que nous gardâmes exactement notre engagement, jusqu'au jour de notre départ; et malgré cela, nous ne fûmes pas exempts de cette maladie détestable. Après juste une année de séjour dans le pays, les symptômes de ce mal étrange se manifestèrent en nous, et nous nous hatâmes de prendre immédiatement le Cousso, et nous continuâmes à nous en servir tous les deux mois. Si après une observation aussi scrupuleuse, nous ne fûmes pas exempts de cette maladie endémique, nous dûmes naturellement conclure que la cause du mal n'était point la chair crue, mais qu'il fallait la chercher ailleurs; et, selon nous, il est très probable que c'est à la température du climat qu'il faut l' attribuer. Car, si cela provenait necessairement et toujours de l'usage de la chair crue, les enfants devraient être également sujets à cette maladie, dont ils sont tous pourtant exempts jusqu'à l'âge de dix ans: et la même chose il faut dire des vieillards, quoique ni les uns ni les autres ne s'abstiennent de manger de chair crue. Egalement, si les Abyssiniens s'éloignent de leur patrie et commencent à vivre sous un ciel étranger, comme l'Asie ou la Palestine, par exemple, ils se trouvent débarrassés des vers, quoiqu'ils continuent à faire usage de chair crue. Cette maladie est répandue dans toute l'Abyssinie, excepté dans les provinces qui avoisinent la mer Rouge, lesquelles en sont exemptes, comme nous le croyons, attendu que nous n'en avons entendu rien dire à Massawa.

CHAPITRE XII.

IL y a en Abyssinie une espèce d'arbre, d'une certaine hauteur, dont la semence, qui s'appelle *Endote*, sert à nettoyer les habits et les étoffes en coton et laine, les rendant plus propres, que ne pourrait le faire le savon ordinaire; toutefois cette semence n'a aucune prise sur les habits en soie. Quand on veut l'employer, on en prend la quantité qu'on veut, qu'on fait sécher et qu'on met dans l'eau après l'avoir pulvérisée, de manière à ce qu'elle forme une sorte de pâte, laquelle on laisse sécher également; puis on étend une peau de bœuf sur le bord d'une rivière; on met dessus les linges sales mouillés, après quoi on prend de cette *Endote* que l'on broie, et on la répand sur les linges, qui viennet d'être foulés avec les pieds. On répète trois fois cette opération, après quoi le linge devient blanc comme la neige.

Ce sont ordinairement les hommes qui sont chargés de cette besogne, laquelle chez les femmes est considérée comme ignominieuse; en revanche, ce sont elles qui sont chargées de tous les soins du ménage, dont elles s'occupent exclusivement; se sont elles aussi qui doivent porter le bois et l'eau, moudre la farine pour faire le pain(1), le cuire, et faire toutes les emplettes au bazar.

(1) *Le pain dont ils se servent ordinairement, est fait de millet d'une espèce de semence nommé tef, laquelle on expose au soleil ou au coin du feu, après l'avoir fait infuser dans l'eau froide; on la laisse ainsi jusqu'au soir, alors elle commence à fermenter et à sentir très mauvais. Ensuite on en met une certaine quantité dans un pot vernissé et bien chauffé, que l'on couvre et qu'on laisse*

CHAPITRE XIII.

LES Abyssiniens ont cinq manières de saluer, suivant les cinq heures canoniales, à savoir : le matin, à neuf heures, à midi, à trois heures et le soir. Les formules de salutations consistent dans les mêmes phases répétées par des mots différents, de sorte que l'on s'adresse toute une longue série de questions pour s'informer seulement de l'état de la santé. Lorsque deux amis ou deux personnes de connaissance se rencontrent dans la rue, ils se touchent d'abord avec leurs lèvres, qu'ils se sucent et embrassent réciproquement, puis ils s' adressent l'un l'autre des questions sur l'état de leurs familles, sur leurs cultures et sur leurs bestiaux, sur leurs ménages, leurs emplettes et leurs marchés, sur ce qui s'est passé dans leur pays ou village, et sur ce qu'ils ont entendu dire de nouveau, etc; tous détails qui servent d' ordinaire de sujet de conversation entre deux amis.

Quand deux voyageurs se rencontrent en route, après s'être salués l'un l'autre, ils se demandent avant tout l'endroit où ils vont, le but de leur voyage, et le pays d'où ils viennent, etc.

Ce serait une honte de passer sans saluer et sans faire les compliments d'usage, on ferait par là suspecter sa conduite, et l'on donnerait une mauvaise idée de ses intentions.

Celui qui rencontre quelqu'un plus âgé que lui, et d'

sur le feu doux, et quand cette pâte commence à former des bulles et des pores, on la retire. Les galettes qu'on en fait, sont sans saveur, et d'un goût désagréable pour quiconque n'y est pas accoutumé.

un rang plus élevé, l'embrasse d'abord sur les genoux ou
sur les pieds, et quand il lui est demandé de ses nouvelles
il s'incline au lieu de répondre. On fait de même quand
on se présente devant le Roi.

CHAPITRE XIV.

Les mendiants et leurs manières d'agir.

JE ne crois pas me tromper en disant, comme il est
cru aussi généralement, que c'est en Abyssinie qu'on
trouve le plus de pauvres et de gens misérables, qui men-
dient pour gagner leur pain; dans ce pays-là, c'est un
métier, dont voici les diverses classes.

1°. Les premiers sont ceux qui jouent de la lyre, et
qui sont censés les Troubadours des anciens Français.
Ils parcourent, notamment les jours de grande fête, les
habitations des grands personnages, et les lieux où se
donnent des banquets pour le repos des âmes des défunts,
et là ils jouent de leur instrument, en chantant les louanges du maître de la maison, et ils ne s'éloignent pas
sans avoir obtenu le cadeau ou l'offre qui répond à leur
attente. Le maître de la maison leur faisant à plusieurs
reprises, l'aveu de son peu de richesse, les prie de se
contenter de ce qu'il leur offre, et c'est à grand peine qu'
il peut les renvoyer; mais quand ces derniers ne sont
pas satisfaits de l'offrande, ils ne veulent rien écouter, et
ne quittent pas le seuil de la porte; et, à mesure que se
prolonge le temps de leur attente, ils élèvent aussi leurs
prétentions sur la quantité du cadeau. Dans ce dernier
cas, ils se mettent à jouer de la lyre, non plus pour chanter des éloges, mais pour accabler d'affronts et d'injures
le maître de la maison, qui est obligé, bon gré malgré
de les contenter. Les mendiants de cette classe étant mis

au rang des femmes, sont laissés libres, dans leur métier de chanter des chansons pleines d'injures contre n'importe qui, sans qu'on tire d'eux aucune vengeance, et recevant même parfois pour cela des récompenses.

2°. Les mendiants de la seconde classe ne jouent pas de la lyre, mais ils se font suivre par deux femmes, qui se mettent dès le point du jour à parcourir les maisons des riches. Leur industrie consiste à chanter quelques strophes des Saintes Ecritures, rimées par eux-mêmes, qu'ils appliquent toujours à la louange du maître de la maison. Les femmes qui les accompagnent, ne font que répéter le dernier mot de chaque strophe. Ceux-ci ne contentent jamais du peu qu'on offre aux premiers, aussi le maître de la maison fait-il tout pour les satisfaire et les renvoyer contents.

3°. La troisième classe est composée par les mendiants respectables. Ce sont des gens qui, honteux de mendier publiquement et de parcourir les routes, envoient chez les notables un objet quelconque, propre soit à le vêtir, soit à quelque autre usage: c'est ce qu'on appelle *Béréketh*, qui veut dire bénédiction. Celui qui l'accepte, est obligé de rendre en échange un cadeau du double de la valeur.

4°. Les pauvres qui appartiennent à la quatrième classe, sont ceux qui parcourent la ville et les bourgs en mendiant et en demandant l'aumône au nom du Saint, dont on célèbre la fête le jour même, ou bien en invoquant les saints notables et leurs patrons, et ils finissent leur invocation en souhaitant que les saints dont ils implorent l'assistance, étendent leur protection sur leurs bienfaiteurs. Ils ne s'éloignent jamais d'une porte avant d'avoir reçu un morceau de pain bis, ou une poignée de pois-chiches, ou bien avant d'être congédié religieusement, au nom de la *Providence* divine.

CHAPITRE XV.

I. TOUS les habitants du pays de l'un ou de l'autre sexe ont l'habitude de tresser leurs cheveux, bien qu'ils soient courts et frisés, et de les oindre ensuite avec du beurre : cet usage est très respecté par les Abyssiniens, qui citent pour en attester l'ancienneté, quelques passages de la Sainte Ecriture. Quand ils vont, ainsi pommadés, se promener au soleil, le beurre se fond aussitôt et ne tarde pas à couler sur toute la surface de leur corp, qu'ils essuient avec le manteau qu'ils portent, c'est pour quoi ils sentent très mauvais, et sont toujours malpropres.

On rase la tête des petits enfants en y laissant différents signes et diverses formes, en guise d'ornement. Il s'en trouve aussi parmi les hommes qui ont la tête entièrement rasée, et qui prétendent garder par là les préceptes de S¹. Paul : tout fiers de cette observance, ils insultent aux autres chrétiens qui laissent croître leurs cheveux, et les considèrent comme transgresseurs de l'Evangile.

II. Leur malpropreté et la forte odeur de beurre qui les entoure, engendrent une grande quantité de vermines sur leur tête et partout leur corps ; mais cela est considéré par eux comme une chose toute naturelle, aussi n'ont-ils aucune honte de s'épouiller dans tous les endroits où ils arrivent, et ils ont coutume de jeter les poux sans les détruire. Les femmes surtout, chez eux, se distinguent par leur malpropreté, quoiqu'elles recherchent davantage les pommades et les parfums que les hommes ; comme ces choses sont rares dans leur pays, elle se font grand honneur quand elles parviennent à en obtenir de quelque étranger.

III. Lorsqu'ils vont faire une visite chez quelqu'un de leurs amis, ils ne passent pas le seuil de leur porte sans les prévenir de leur arrivée, et sans leur demander la permission d'entrer. Entre amis intimes, il arrive parfois qu'on passe par dessus cette règle, mais elle n'en existe pas moins généralement. Je ne serais pas loin d'admettre que cet usage de politesse leur est venu des Portuguais, du temps que ces derniers avaient une colonie en Abyssinie. Si quelque ami intime entre sans s'annoncer dans la chambre de son ami, et qu'il le trouve à table, il se retire de suite, ou, s'il veut, l'attend à la porte jusqu'à la fin du repas.

IV. Ils n'ont pas l'habitude de faire de longues conversations, ni d'entretenir de fréquents rapports d'intimité entre eux, et cela à cause de leur manque absolu de confiance; car il leur arrive plusieurs fois de se calomnier les uns les autres dans les entretiens qu'ils ont avec leurs amis; parfois même ils se querellent avec leurs visiteurs et font tourner la conversation à leur préjudice. Car, ainsi que je l'ai dit, maintes fois déjà, ils n'ont jamais goûté la douceur d'une amitié sincère et fidèle, et méconnaissent entièrement les avantages des relations intimes fondées sur une estime et une bienveillance réciproques.

V. Les manières libres, et les discours très licencieux et pleins d'impudence qu'ils emploient communément dans leurs conversations, font que chez eux les enfants n'ont aucune honte et que les viellards perdent tout respect. Il en est de même des femmes et des filles adultes, lesquelles sont entièrement dépouillées de la modestie qui conviennent à leur sexe; les unes et les autres tiennent des propos libres, aussi bien avec les inconnus qu'avec leurs amis.

VI. Le matin, quand ils s'éveillent, ils n'ont pas la

coutume de se laver les mains ni le visage, ils se moquent même de ceux qui le font, et les traitent de Mahométans pour qui l'ablution est un devoir. Mais avant de se mettre à table, ils ne manquent jamais de se laver les mains; comme aussi au retour d'un voyage, ils sont également ponctuels à se laver les pieds avec de l'eau chaude.

VII. Tous les Abyssiniens, sans exception d'âge ni de sexe, se servent de tabac à priser (1). Il y en a aussi quelques uns plus avancés en âge qui font usage de Narghilé en bois. Cependant on n'en voit point parmi eux qui fassent usage de tabac à fumer, lequel leur est entièrement inconnu: il leur arrive même quelque fois de blâmer hautement les étrangers qu'ils voient s'en servir.

VIII. Les notables et les gens riches ont coutume de prendre à leur service un grand nombre de domestiques, dont chacun est destiné à un service spécial pour lequel il reçoit un salaire proportionné. Si l'on propose à l'un d'eux de faire quelque chose qui n'est pas dans ses attributions, on est sûr d'être catégoriquement refusé. Les domestiques se divisent en deux classes, les internes et les externes: les premiers sont les plus honorés. Les gages des domestiques adultes sont de quatre à huit thalers par an; ceux des enfants sont de deux à quatre thalers. Les servantes reçoivent ordinairement trois ou quatre thalers. Ceux ou celles qui servent chez les gens de guerre, reçoivent leur salaire d'une façon différente: on leur fournit l'habillement et la nourriture pendant tout le temps de leur service, et de plus, on leur donne une part, selon leur mérite, dans tout le butin qu'on enlève

(1) *En Abyssinie le tabac à priser se fait en pulvérisant le tabac proprement dit avec le Thembéki, en ajoutant au mélange un tiers de cendre, ce qui le rend très fort et d'autant plus estimé des amateurs. Souvent on voit ces derniers tenir entre leurs doigts ou dans la paume de leurs mains une prise toute prête, qu'ils offrent à leurs amis.*

aux ennemis. Ici il est bon de remarquer que les femmes sont plus nombreuses que les hommes, dans ce pays, par la raison que les fréquents combats diminuent chaque jour le nombre de ces derniers.

IX. Lorsque les maîtres veulent cracher, les serviteurs s'empressent de leur présenter le bout de leur manteau, pour satisfaire ce besoin, s'y prenant dans ce cas d'une façon toute particulière, afin que personne des assistants ne le voie. S'ils veulent lâcher de l'eau en plein air, les domestiques les couvrant de leur manteau en vue de les dérober à la vue passants. Quand aux gens du bas peuple, ils satisfont ces besoins sans prendre aucun souci de personne, et dans tous les endroits où ils se trouvent, en s'entretenant avec des hommes ou des femmes de tout âge, et pendant ce temps même qu'ils saluent les passants, avec qui ils entrent souvent dans des détails minutieux. Les femmes et les filles, en Abyssinie, agissent tellement contre toutes les lois de la nature et de l'honnêteté, que je m intérdis de traiter ce sujet plus longtemps, pour ne pas souiller l imagination de mes lecteurs.

X. Les Chrétiens ont en horreur de manger les mets de viande préparés par les Mahométans, horreur que partagent ces derniers, à un égal degré, pour tous les mets préparés par les Chrétiens. La cause de cette aversion réciproque, c'est que tous les bestiaux dans ce pays sont tués au nom de Jésus-Christ, ou au nom de Mahomet. Toutefois ces observances n ont point lieu par rapport aux autres plats, qui ne sont pas apprêtés avec de la viande.

XI. Les Abyssiniens sont très habiles et très circonspects à traiter les affaires politiques dans lesquelles le mensonge et la dissimulation jouent le plus grand rôle. Dans les rapports ordinaires de la vie, ils n'ont aucune confiance les uns dans les autres. Souvent ils ne s'accordent pas sur le prix des objets, avant d'en avoir vu la valeur dans les mains de celui qui veut les acheter. Il est très probable que c'est là l'unique cause, pourquoi le commerce fleurit si peu en Abyssinie, le crédit et la confiance mutuelle étant partout, comme chacun sait, l'âme et la vie des transactions.

XII. Les maisons qu'ils habitent ne sont que de simples cabannes faites en bois ou en cannes de roseaux en forme de tentes, et recouvertes par dessus de branches d'arbres. Celles des riches, au lieu d'être en bois, ont le pourtour construit en pierres, unies ensemble avec du ciment, au lieu de chaux de laquelle on ne fait aucun usage en Abyssinie. On trouve aussi quelques habitations d'un genre à part, auxquelles les Abyssiniens donnent emphatiquement le nom de maisons; ce sont des constructions grossières divisées en divers appartements très mals faits et recouvertes de toile par en haut. Ces soi-disant-maisons se trouvent ordinairement dans les villes de Gonder et d'Adoua, et sont regardées par les habitants comme étant semblables à celle des Egyptiens, bien qu'en réalité, les premières n'égalent pas même en beauté le local de leurs écuries. On voit aussi, dans quelques endroits, certains bâtiments en pierre, construits par l' ancienne colonie Portuguaise, et ces bâtiments frappent encore d'étonnement les gens du pays, toutes les fois qu ils les voient, et qui en attribuent la construction aux Anges, comme si cela dépassait les forces humaines. Ils se servent, en guise de lit, d'une espèce de bancs, d' une certaine hauteur et de forme quadrangulaire, dont le milieu est entrelacé avec des courroies. On étend sur ces sortes de bancs, une peau de bœuf, qui leur sert de matelat; ils font leur oreiller d'une pierre, et prennent pour couverture leur *éhram*, dont ils s'enveloppent après avoir dépouillé tous leurs autres vêtements.

XIII. A proprement parler, on ne trouve point de cités en Abyssinie, à l'exception de quelques unes, ni même de villages dans le vrai sens du mot. On appelle là villages un assemblage de cinq ou dix cabannes; et la réu-

40

nion de quelques hameaux qui se trouvent épars et for-
mant comme un groupe d'îles, est ce qu'ils appellent
ville ou cité. Ainsi la ville de Conder, par exemple, qui
est regardée comme la plus importante de toute l'Abyssinie, ne doit sa célébrité qu'au point de vue de son
centre commercial, et aussi parce qu'elle est la capitale du royaume; autrement de quelque côté qu'on l'en-
visage, on n'y trouve rien qui mérite l'observation du
voyageur. On ne peut pas même la mettre en comparaison avec l'un des villages orientaux, qui la surpassent
tous sous divers rapports.

XIV. Les Abyssiniens chrétiens se divisent généralement en trois classes, à savoir: le clergé, les bourgeois et
les paysans. Ceux qui appartiennent à la classe du clergé,
sont indolents et très paresseux: ils sont très nombreux,
et très influents. Après eux viennent ceux de la classe
moyenne ou les bourgeois: c'est par eux que sont exer-
cés le commerce et toutes les autres diverses industries:
ils sont encore de beaucoup plus nombreux que les premiers. Enfin les membres de la troisième classe ou les
paysans forment, à eux seuls, la presque totalité de la population: c'est d'elle en grande partie que se tire le re-
crutement de l'armée.

DEUXIÈME PARTIE

DE LA RELIGION ET DES COUTUMES RELIGIEUSES DES ABYSSINIENS.

CHAPITRE I.

L'Église.

APRÈS avoir donné, dans la première partie, un aperçu général des mœurs et des usages des Abyssiniens, mon devoir est d'esquisser maintenant les principaux traits de leur culte, ce qui a rapport à leur religion, au rite et aux offices de leur Église.

Je commencerai d'abord à parler, ici, de la forme matérielle que l'on donne à toute Église éthiopienne. Cette forme est circulaire et toute différente, par conséquent, de celle qu'emploient les autres communautés chrétiennes; tout autour de l'Église sont des pilastres, dont les interstices servent à donner entrée au peuple. Le sanctuaire est construit, en forme quadrangulaire, au milieu des pilastres, parmi lesquels s'ouvrent trois portes, une à l'Occident, une autre au Septentrion et la dernière au Sud. Au centre du Sanctuaire, se voit le maître autel qui a la forme d'une table en bois, et qui est faite, au dire des Abyssiniens, selon le modèle même de l'Arche d'Alliance: c'est sur cette table, qu'on met le Thaboth, qui tient lieu de pierre sacrée. Dans la nef, pas plus que dans le sanctuaire, qui est considéré pourtant comme le pierre carrée, sur le quel on peut célébrer les saintes Saint des saints, on ne voit ni images (1), ni croix, ni chandeliers, ni lampes. On peut voir par tous ces détailsque chaque Église, en Abyssinie, a la forme d'une tente, comme l'ancien temple; le sanctuaire a cellé de l' Arche d' Alliance, et la pierre sacrée tient lieu de la table des Dix Commandements. Sur le Thaboth se trouve écrit le nom de l'Église, et c'est sur lui qu'on dépose le pain sacré dans un plateau. Si cette pierre vient à être volée, ou que les soldats, en temps de guerre, entrant dans l'Église pour la dépouiller, la touchent de leurs mains sacrilèges, elle est alors regardée comme profanée, et l'on ne peut plus célébrer les saintes Mystères dessus; dans ce dernier cas, on la porte à l'évêque, à qui l'on offre quatre au cinq morceaux de sel, et celuici faisant seulement de loin le signe de la croix pour la bénir, elle devient sacrée comme auparavant. Du temp du roi Théodore, les Thaboths de maintes églises ayant été volés ou profanés, on avait cessé d'y célébrer la messe, car les églises qui se trouvent dans ce cas, ne jouissent plus d'aucune vénération: c'est pour un fait semblable, que l'église de Gonder avait perdu son éclat et sa dignité.

Le toit des églises est en général fait de bois ou de cannes de roseaux, sur lesquels on étend du foin que l'on adurci d'une certaine manière: le parvis intérieur, ainsi que celui qui se trouve entre les pilastres et autour du sanctuaire, est de terre et recouvert de poussière fine. On ne consacre pas l'église nouvellement bâtie, et l'on n'y fait aucune lecture ni prière pour la bénir. Tout individu peut en construire une à ses frais, sans autorisation ni permission du prélat. L'église n'est vénérée que pour le Thaboth, c'est-à-dire, à cause de ce morceau de

(1) *Excepté dans quelques Églises, où nous en avons vues de tiès mal peints.*

Mystères, partout où il se tronve; ainsi pendant la guerre on place la grande trompette sous une tente, et l'on met dessus le Thaboth pour y célébrer la Messe. Les Abyssiniens n'ont pas de baptistère fixe comme chez nous; on baptise chez eux dans tous les endroits où l'on se trouve; ils ne font aucun cas non plus de l'eau qui a servi a baptiser l'enfant, et qu'ils jettent dans l' endroit même: il en est de même de l'eau, dans laquelle le prêtre a lavé ses mains, après avoir dit la messe.

Tout près de chaque église, et dans son enceinte extérieure, se trouvent ordinairement deux maisons, dont l'une sert de sacristie pour conserver quelques vases chétifs avec quelques habits ecclésiastiques tout usés, et l'on prépare dans l'autre le pain qui doit servir à la Messe. L'espace de l'enceinte extérieure et tout le tour d'église sert de cimetière; là habitent aussi quelques pauvres gens qui sont préposés à la garde de l'église, et qui veillent jour et nuit pour empêcher les vols.

Les églises bâties d'après cette forme hébraïque, sont considérées comme les seules dignes de vénération. Les autres sanctuaires ordinaires, qui ne sont pas compris dans notre description, sont construits généralement en bois et en roseaux; l'intérieur en est obscur et sent très mauvais; ils sont remplis de toiles d'araignée et de poussière, et ressemblent plutôt à des caveaux abandonnés qu'à des sanctuaires. Ces sanctuaires sont ordinairement bâtis sur les montagnes élevées et solitaires, et les vases, ainsi que les habillements qui servent à leur service, sont gardés par les prêtres mêmes, afin de les garantir contre les voleurs chrétiens, quoique chez les prêtres eux-mêmes ces objets ne soient pas toujours très en sûreté.

On trouve encore quelques anciennes églises en pierre et en ciment, construites par les Portuguais, dont la magnificence remplit d'étonnement les Abyssiniens de nos jours, qui les regardent comme les merveilles de l' Univers.

Les principaux ouvriers employés à la construction des églises, sont Juifs et Mahométans: les chrétiens travaillent seulement à porter la terre et les pierres.

CHAPITRE II.

Les matines, l'office divin, les airs et les accompagnements du chant.

LES matines ne sont que des lectures de l'Ecriture-Sainte et des dissertations faites par les premiers Pères de l'Eglise, et à la fin de chaque lecture on chante une hymne. La plupart de ces lectures, surtout les psaumes, se chantent par cœur. Pour arriver à bien chanter les airs des jours ordinaires, ainsi que ceux des jours de fête, il leur faut de longues années. Ils sont si difficiles sur ce point, qu'à peine trouve-t-on, chez eux, quelques personnes qui les savent bien chanter. C'est chose même assez remarquable, quand on peut trouver, dans une église, une chantre qui soit capable de bien diriger le chœur.

Les jours de fête, le chœur se compose des chanteurs et de leurs chefs, qui se rangent en cercle, tenant chacun dans la main droite un instrument sonore, et dans la gauche un long randin, comme il s'en trouve dans les grandes églises, à défaut duquel ils se servent aussi de leur bâton. Ainsi rangés, tous les chantres observent avec attention les gestes que leur chef fait avec les mains et ils frappent en cadence sur leurs instruments en jouant avec les bâtons qu'ils ont aux mains, et en secouant aussi la tête à la façon des Juifs; ils sautillent, pirouettent sur eux-mêmes, frappent tantôt des mains et tantôt se livrent à la danse, en chantant pendant tout le temps sans aucune harmonie ni cadence. Le corneur ayant la grande trompette pendue à son cou, la sonne de temps à autre, et chante en se promenant au milieu du chœur, dont l'aspect ressemble aux orgies et aux hurlements des sauvages. Dans leurs lectures et dans leurs chants, aussi bizarres que discordants, ils ont l'usage de faire des pauses, pendant lesquels ils s'assoient par terre se livrant à divers entretiens et se faisant des félicitations. Il est très probable que c'est des anciens Hebreux qu'ils ont emprunté cette coutume de faire des pauses.

Après avoir fini ces étranges matines(1), les chantres et le peuple se retirent; car ceux qui ne sont pas Goravis (communiant) comme nous en parlerons plus tard, ne peuvent pas assister à la célébration de la messe: aussi n'y voit-on que quelques viellards et des vielles femmes entièrement retirés du monde, avec quelques enfants qui ne le connaissent pas encore.

Avant de commencer la Messe, on prépare cinq pains pesant chacun un peu moins d'un kilo (750 grammes), lesquels pains portent empreints le signe de la croix, comme ceux dont se servent les Grecs. On les porte à l'église au son d'une petite clochette, et le prêtre officiant sort pour les recevoir par la porte du Midi, nu-pieds, nu-tête, n'ayant d'autre vêtement que son *éhram*, par dessus lequel il porte une vieille chasuble ordinairement fort sale. Celui qui porte les pains, s'arrête à la porte sus-dite, et le prêtre prenant l'un d'eux, qui sont encore tout chauds, le lave avec de l'eau, et le porte au sanctuaire où il le dépose dans le plateau, qui est sur le Thaboth. Ceux qui servent à l'office; sont ordinairement des diacres sans vêtement de dessous, ou pour mieux dire, demi-nus, qui, au commencement de la Messe

(1) Les Abyssiniens se moquent de l'office et des chants des autres communautés chrétiennes, qui selon eux, loin d'être imposants, sont en contradiction avec les chants et les usages décrits dans les Saintes-Ecritures.

se dépouillent même de leur *éhram*, qu'ils laissent tomber jusqu'aux reins, et quelquefois au dessous, et, se tenant ainsi debout dans cette position immodeste, ils hurlent, à qui mieux mieux, les chants les plus discordants. L'un des diacres porte à la main une croix de fer de médiocre grandeur, tandis que deux autres tenant d'une main un grand livre et de l'autre une bougie, se tiennent près du prêtre officiant pour le servir. L'un d'eux lit à voix basse un passage des épîtres de S^t. Paul, tout prêt et en dehors de la porte occidentale, tandisque l'officiant, placé au côté gauche de la même porte, fait lecture à haute voix de l'Evangile tirée du Chapitre IX de S^t. Jean, où il est fait mention des femmes, qui apportèrent des essences pour oindre le corps de J. C. Ensuite le célébrant fait le tour de l'église avec l'encensoire en main et donne à baiser au peuple la croix de fer, qu'il tient à la main gauche, après quoi, il entre dans le sanctuaire.

Lorsque la messe est terminée, le prêtre enfonce son pouce dans le calice (1), et humecte avec le pain en forme de croix; ensuite il en coupe un morceau qu'il mange, et le prêtre assistant qui le sert à l'autel, lui donne à boire, avec une cuillère, du vin consacré qu'il prend dans le calice; on met en réserve une partie du pain consacré pour le premier diacre, et le reste est distribué en gros morceaux à tous les servants de l'autel, aux quels le prêtre qui tient le calice, donne en même temps à boir avec une cuillère.

On officie à la manière grecque avec les portes de l'autel fermées, et le devant de l'autel également couvert avec un rideau. Au moment où les portes s'ouvrent, deux diacres portant dans leurs mains un plateau où

---

(1) *A défaut de vin pour dire la Messe, les prêtres Abyssiniens prennent 12 grains de raisain sec, qu'ils délaient dans de l'eau et dont ils se servent ensuite en guise de vin. Le calice dont ils se servent est fait de cuivre fondu, et il est est souvent oxidé.*

sont les restes du pain consacré, sortent de la sacristie suivis du prêtre officiant, qui tient ses deux mains étendues sur le même plat couvert d'un voile, et qui divisant le pain avec ses doigts, le distribue aux viellards et aux enfants qui sont là, jusqu'à ce qu'il ne reste plus rien dans le plat ni dans le calice, après quoi chacun prend un verre d'eau froide. Le prêtre officiant lave ensuite ses mains qu'il essuie aux vêtements qu'il porte, puis après avoir jetté l'eau à terre, il se met manger furtivement les quatre autres pains. Ces pains, il est vrai, sont destinés pour le peuple, mais les prêtres du pays se les attribuent pour eux-mêmes à défaut du peuple.

Les Abyssiniens ont douze sortes de missels, et cette coutume étrange les fait se tromper maintes fois pendant leurs offices. Ils ne connaissent pas l'usage de chanter en chœur; chez eux le nombre de ceux qui servent à l' autel doit être pour le moins de trois, à défaut de quoi on ne peut célébrer la Messe, surtout lorsqu'il n'y a pas de prêtre parmi les diacres.

Les vêpres sont tombées en désuetude à cause de l' insouciance du clergé; quand nous leur fîmes observer l'importance de ces prières fondées sur les préceptes de la Sainte Ecriture où il est dit: "Je te louerai sept fois „par jour pour tes droits et pour ta justise (1), „ ils nous ont répondu tout bonnement que ce commandement était accompli par eux par la récitation de sept Pater tous les matins.

(1) *Psaume CXVIII.*

CHAPITRE III.

Les sept Sacréments de l'Église.

QUOIQUE l'Eglise Abyssinienne ait adopté les sept Sacrements, c'est à peine, si de fait, elle a conservé la pratique de quelques uns, les autres se trouvent abolis ou altérés par l'incurie du clergé ou par d'autres motifs.

1. Le Baptême. 2. La Confirmation.

1. On ne baptise les enfants mâles qu'au bout de quarante jours, et les filles, qu'au bout de quatre vingts: cet usage paraît fondé sur l'intervalle de temps que l'on suppose qu'il faut au fœtus pour s'animer dans le sein maternel. On apporte de l'eau avec l'enfant au prêtre, et celui-ci après avoir accompli sur l'eau la bénédiction du Sacrement, la fait couler sur la tête de l'enfant, et le baptême est fini. Car les Abyssiniens n'ont point de baptistères: ils baptisent partout sans distinction de lieu, et ils jettent l'eau où cela se trouve sans en faire aucun cas.

En Abyssinie on fait aussi répéter le baptème. Ils est d'usage dans ce pays, de se faire baptiser trois fois, à diverses époques déterminées, cérémonie qu'ils accomplissent dans l'enceinte de leurs cimetières et quelques fois aussi dans leurs églises, et qui se fait, au dire de leurs savants, en commémoration du baptême primitif; mais le peuple ignorant la tient pour une vrai baptème, à l'approche du temps marqué, on apporte des jarres pleines d'eau à l'église, et après avoir fait dessus des lectures et des bénédictions, tous hommes, femmes et enfants de tout âge se mettent à se baigner.

La veille de l'Epiphanie (6/18 Janvier) on porte le Taboth en procession au bord d'une rivière, et on le dépose sous une tente. Après les Matines, on célèbre la fête sur la rivière même, dans laquelle le peuple a fait ses ablutions, ensuite on chante la Messe sur la grande trompette.

2. Les Abyssiniens n'ont pas l'usage de la confirmation, et ils n'oignent pas non plus lors du baptême, le front ni les autres parties du corps, d'après les préceptes de l'Eglise; et les savants parmi eux allèguent pour cause, le manque de saint Chrème ou de l'Huile Sainte. Par conséquent les prêtres et le clergé ignorant de ce pays ignorent entièrement l'existence de ce sacrement, dont ils ne connaissent ni l'emploi ni la manière de s'en servir. Ceux d'entre eux qui en ont connaissance, achettent de l'huile des marchands Mahométans, qui viennent de Massawa, et s'en servent pour oindre les cinq sens des enfants baptisés.

Ils circoncisent les enfants, comme les Turcs, le huitième jour de leur naissance: cet usage est tenu par eux comme un sacrement indispensable de l'Église, qu'ils gardent, disent-ils, pour imiter la circoncision de J. C.; et bien que leurs savants avouent ouvertement l'inutilité d'une telle coutume, ils ne laissent pas néanmoins de la conserver comme chose innocente toute superflue qu' elle est.

3. Confession. 4. Pénitence.

3. Egalement le sacrement de Pénitence a cessé entièrement d'être en usage dans l'Eglise abyssinienne, bien que son importance soit connue par les prêtres et par les laïques eux-mêmes. Les prêtres célèbrent sans se confesser avant cette action, et de même le peuple va communier sans faire de confession auparavant. L'abolition de ce sacrement a pour cause leur profonde ignorance, et d'autres motifs encore, dont je parlerai tout à l'heure; du reste, il n'est point étonnant de voir tomber en déca-

50

dence une Église, dont les prêtres reçoivent l'ordination
du prélat, moyennant deux morceaux de sel gemme,
(d'une valeur d'un peu plus d'un Franc), et cela sans le
consentement ni l'assentiment du peuple.

La confession existait autrefois, chez eux, comme il
est attesté par eux-mêmes, mais les prêtres abusant des
règles et des obligations qu'elle exige, ne se faisaient aucun scrupule de publier les péchés et les méfaits de leurs
pénitents, ne pensant pas, dans leur ignorance, qu'ils en-
couraient par là les censures rigoureuses des Canons.
Voilà la raison, à mon avis, pourquoi ce Sacrement a été
aboli dans l'Église d'Abyssinie, bien que son souvenir se
soit conservé dans une des lois du Gouvernement, qui
oblige ses condamnés à faire leur confession avant de
mourir.

Si l'on voulait faire comprendre à un prêtre Abyssinien que publier les péchés commis par quelque individu, c'est se comdamner soi-même, il serait lui-même très
étonné; car il est persuadé que la divulgation d'un péché quelconque loin d'être une chose blâmable, est au
contraire très louable, puisque cela sert à faire connaître
la vérité; ce qui serait transgression, à leurs yeux, et par
conséquent péché contre la vérité, ce serait de publier
plus ou moins de ce qui a été déclaré en confession, car
dans ce dernier cas seulement, à leur dire, il y aurait
déshonneur pour leurs pénitents. Un de nos domestiques
tomba un jour malade, et comme il était très souffrant,
nous envoyâmes avertir un prêtre et le prier de se rendre
chez le malade pour le confesser; ce prêtre refusa d'abord,
mais cédant enfin à nos instances, il vint chez notre malade (1) et lui dit, sans toutefois s'approcher de lui: "Ton
„maître m'a envoyé près de toi, pour entendre ta con-

____

(1) _Les prêtre en Abyssinie n'ont pas coutume de visiter les
malades, et quand ils sont forcés d'aller les voir et de les assister,
ils ne s'approchent jamais de leur lit._

„fession, dis-moi les péchés que tu as commis.„ Le malade lui confessa alors les relations coupables qu'il avait eues avec une Mahométane (1). Pour être absous de ce crime, ce misérable fut obligé de donner en cadeau au prêtre le manteau qu'il portait, après quoi ce dernier lui donna l'absolution et s'enfuit le plus tôt qu'il pût de chez lui, sans le communier (2). Après la mort du malade, le prêtre en question nous fit connaître la promesse que ce dernier lui avait faite, au sujet du manteau qu'il vint nous réclamer, afin que le malheureux décédé, nous dit-il, soit purifié de ses péchés et délivré de la damnation. Nous crûmes d'abord que c'était à nous seuls qu'il avait fait la déclaration des péchés de notre domestique, mais nous fûmes étrangement surpris, lorsque nous en entendimes parler par tous les habitants de la localité; qui du reste le considéraient comme très heureux, car il est mort, disaient-ils, sans aucun péché sur la conscience, aussi fut-il jugé digne pour cela d'être enterré dans la cour de l'église de Thekléem-Anot. Nous eûmes la curiosité de demander au prêtre, si la divulgation des péchés n'était pas un crime? Je ne les ai pas publiés, nous répondit-il, en vue d'inimitié ou de haine pour le défunt, chose qui aurait été un crime, comme vous dites, je n'ai fait que raconter tout simplement aux autres et avec exactitude, l'adultère commis par le malade, et tous ceux à qui j'en ai parlé, l'ont estimé très heureux de s'être confessé, et d'avoir pu par là être purifié de ses péchés.

---

(1) *Il n'est pas de crime plus grand chez les Abyssiniens que d'avoir des relations criminelles avec une Mahométane. Celles qu' on a, au contraire, avec une chrétienne, loin d'être un péché, sont considérées par eux comme un devoir.*

(2) *Si le malade n'est pas Goravi (communiant), l'Église ne lui permet pas, d'après une ancienne tradition, de recevoir la communion, à son lit de mort.*

52

4. La pénitence également, qui est le complément nécessaire et indispensable du Sacrement, n'existe pas non plus dans l'Église abyssinienne, et cela est tout naturel, car où il n'y a pas de confession, il ne saurait y avoir de pénitence. Personne en Abyssinie, si ce n'est peut-être un très petit nombre, ne reconnait la pénitence comme complément d'un Sacrement de l'Église.

5. La Communion.

5. C'est le seul Sacrement, à vrai dire, que les Abyssiniens aient conservé, et qui soit encore observé par eux avec tous les rites nécessaires, bien que pourtant il y ait encore bien des défauts à signaler, car ils se comportent dans l'Église comme s'ils étaient dans leurs propres maisons : en réalité ils festoient plutôt qu'ils ne communient comme dit S^t. Paul (1). (voir le Chapitre II.) Pour ma part, je suis très persuadé que les prêtres abyssiniens n'ont gardé si fidèlement jusqu'ici, le sacrement de l'Eucharistie, que pour satisfaire leur gloutonnerie, car nous allons voir, ainsi que nous avons déjà vu plus haut, que parmi le peuple il y en a à peine un ou deux sur cent qui communient; on peut donc voir par là que cette cérémonie ne s'accomplit pas pour la communauté en général, mais que ce sont les prêtres seuls et le clergé qui l'exercent pour leur gourmandise.

Voilà pourquoi on ne garde pas de calice ni de pain consacré pour les cas de besoin, comme cela se fait chez nous. En outre, les Églises des Abyssiniens ne sont pas des endroits assez sûrs pour garder des vases sacrés, car, il arrive souvent que ces derniers viennent à être dérobés, par les rebelles qui les vendent à d'autres églises, ou s'en servent pour leur usage particulier. Lors qu'un Goravi est près de mourir, et qu'il veut recevoir la commu-

(1) II. Corinth, XI. 20,

nion, il est obligé de prévenir la veille, le prêtre et le sacristain, pour qu'on célèbre pour lui l'office divin, dont il est obligé aussi de faire les dépenses. Après avoir achevé la Messe, l'officiant se rend chez le malade, suivi du clergé et du prêtre assistant, avec le calice dans ses mains, et l'on communie le malade, sans le faire confesser auparavant.

Les gens à qui il est défendu de recevoir la communion, sont ceux qui s'adonnent publiquement à l'adultère et à la fornication, lesquels sont regardés comme pécheurs par les Goravis ou communiants. Les prêtres ne les communient jamais, bien qu'ils soient au dernier moment de leur vie, et qu'ils demandent avec instance à se confesser et à communier. Le tiers de la communauté abyssinienne est condamné à cet état triste et fâcheux : pas un prêtre, pas plus que le Prélat copte ne s'en soucie le moins du monde. Mais le malade n'est pas plus tôt décédé que tout le clergé s'empresse de venir chez lui, pour lui rendre les derniers honneurs, et l'enterrer comme un chrétien; alors ils font des prières et récitent le requiem, et ne manquent pas de se faire payer selon l'usage.

LES GORAVIS.

On compte parmi les Abyssiniens chrétiens trois classes de communiants, qui s'appellent dans leur langues *Goravi*, et qui forment, besoin n'est de le dire, la plus petite partie du peuple.

Première classe. Les individus qui composent la première classe, sont égoïstes et hypocrites comme les Pharisiens, dont il est fait mention dans les Saints Evangils, et prétendent être les seuls vrais chrétiens et les seuls observateurs de la loi chrétienne. Ces individus attendent pour renoncer au monde qu'ils aient atteint à un âge avancé, et alors ils se déclarent Goravis, et comme tels ils juissent d'une grande réputation auprès des gens qui ne communient pas, et devant les tribunaux, à l'exemple des santons chez les Mahométans. Ces Goravis, comme nous l'avons déjà dit plusieurs fois, après s'être adonnés dans leur enfance et dans leur jeunesse à toutes sortes de débauche et de libertinage, et avoir pris nombre de femmes au mois et à la semaine, commencent à devenir plus sages quand ils se trouvent avancés en âge, et qu'ils sont blasés sur tous les plaisirs; et alors ils contractent mariage avec une femme qui laur plaît, jurant réciproquement sur la Sainte Eucharistie, de ne se séparer jamais; ils s'obligent aussi à assister toujours à l'office divin et d'y communier, faisant tout cela sans s'être confessés, et voilà de quelle manière ils deviennent Goravis.

Leur repentir n'a nullement pour principe la crainte de Dieu ou les menaces du jugement dernier, mais seulement le désir d'avoir un fils légitime ou quelques fois une espèce de honte; cependant il ne laissent pas de continuer leur vie déréglée, sous le manteau de l'hypocrisie et de fourberies de toutes sortes, au moyen desquels ils conservent l'estime parmi le peuple.

Lorsque les femmes de ces Goravis viennent à mourir, ceux-ci entrent par obligation au rang des religieux, car il leur est défendu d'épouser une seconde femme; dans ce cas, ceux qui veulent malgré cela avoir commerce avec des femmes publiques, cessent alors de communier ou bien, tout en se faisant religieux, conservent leurs relations secrètes avec les femmes.

Un des principaux motifs qui les poussent à communier fréquemment, c'est d'inspirer de la confiance à leurs femmes légitimes. A fin d'être respectés du peuple, ils feignent de se montrer véridiques et justes à l'égard de leur prochain, mais lorsqu'il ne s'agit que de leurs propres intérêts, il n'est pas de supercheries qu'ils n'emploient pour arriver à leurs fins. Quand on vient à leur

reprocher leur conduite fausse et dissimulée, ils cherchent mille détours pour se justifier, alléguant pour principale excuse leur goravisme, et finissent par les charger
de tant d'injures et d'outrages, que la foule qui s'assemble
pour les écouter et les voir, se laissent surprendre à la
véhémence de leur langage et reste convaincue que
leurs accusateurs sont coupables. Les anciens Pharisiens sont de vrais justes en comparaison d'eux. Lorsqu'
ils se présentent au tribunal pour plaider, ils ont soin de
porter une croix ou un chapelet à leur cou, et de se faire
connaitre à haute voix comme Goravi, pour que les juges
leur fassent justice comme à des gens incapables de mensonge. Ainsi notre domestique goravi, Blatdabrou, que
nous regardions comme notre fils adoptif, employa tous
ces manéges et toutes ces ruses, lorsque nous plaîdâmes
contre lui (1).

Deuxième classe. Ceux qui appartiennent à cette classe
après s'être adonnés, comme les premiers, à toutes sortes
de vices et de dissolutions, fréquentent la communion,
comme étant censés ayant renoncé au monde, et à ses
plaisirs; mais en réalité, ce n'est que pour cacher aux
yeux du public, la vie scandaleuse, qui leur reste à passer,
et à cet effet, ils commencent à dissimuler et à mener
une vie misérable, comme celle des anachorètes. Ils font
partie de cette classe, lorsqu'ils deviennent vieux ou
pauvres, et ils se font passer alors parmi le peuple, pour
des Antoines, des Macaires, et d'autres saints de la Thé-
baïde. Les hommes prennent le nom de *Abba* (père), et
les femmes s'appellent *Ammaho* (mère des femmes). C'est
à cette classe qu'appartiennent les religieux Abyssiniens
de Jérusalem, qui portent sans cesse une croix au cou et
un chapelet à la main, mènent une vie fainéante et va-
gabonde, vivant aux frais du Couvent Arménien, et par-
courant de temps à autre les localités voisines, dans le

(1) *Voir Livre I. pag. 97.*

but d'exploiter la piété des pélerins chrétiens. Instruits dès leur enfance dans l'art de dissimuler, et de mener les mœurs pharisaïques, ils savent parfaitement se plier à tous les genres de vie, afin d'atteindre leur but. Lors qu'ils aperçoivent quelqu'un sur la route, ils ont aussitôt l'air de prier à haute voix; ils répètent des centaines de fois le Pater, et tournent sans cesse leur chapelet, afin d'attirer l'attention de la personne et d'émouvoir sa compassion. S'ils ne réussissent pas, ils ne perdent pas courage pour cela, mais ils continuent de prier, jusqu'à ce qu'ils aient rassuré la personne sur leur ingénuité. Quand ils voient dans leurs prières un objet quelconque auprès d'eux, ils s'ingénient, tout en priant, afin de le dérober. A ce sujet, je vais raconter ici ce qui nous est arrivé de la part d'un de nos domestiques, lequel était considéré par nous comme un vrai ermite. Cet individu, qui s'éveillait chaque matin avant nous, avait coutume de se promener dans la chambre où nous étions couchés, en récitant force prières, portant d'une main un chapelet, tandis qu'avançant l'autre vers nos sacs de grain, il remplissait furtivement les pans de son vêtement; et, tout en priant, il sortait de la chambre, et se tournant vers l'orient il élevait sa voix suppliante, de manière à se faire entendre de sa femme, qui entendant ce signal, s'empressait alors de venir et d'emporter avec elle le grain que le bon ermite avait caché dans son manteau. Ces Abbas ont fréquemment de secrets commerces avec les Ammahos, à qui ils enseignent les Psaumes pendant le jour, et à qui aussi ils tiennent compagnie pendant la nuit.

Troisième classe. Cette classe est composée d'enfants en bas âge, tant garçons que filles, et qui sont, pour ainsi dire, presque encore à la mamelle, lesquels vont communier par les ordres et la contrainte de leurs parents; quoiqu'ils soient sans péché, selon les Abyssiniens, ils ne font que suivre l'usage général, et ces petites créatures courent joyeuses vers le prêtre officiant comme si elles allaient se mettre à table. Cependant les parents pensent tout autrement touchant la communion de ces petits enfants; car, disent-ils, lorsqu'ils auront atteint l'âge de raison, ils devront, selon les mœurs du pays, s'adonner naturellement à la débauche et aux vices de toutes sortes, et à cause de cela, ils ne pourront pas communier pendant toute leur vie, et dans le cours de leurs péchés, ils pourront être surpris par la mort, alors la communion qu'ils auront faite dans leur enfance, leur servira pour expier les débordements de leur jeunesse. Quelle absurdité!

C'est ainsi que les petits enfants communient avant de pécher, tandisque les Goravis avancés en âge communient après avoir péché. Un jeune garçon chez eux, malgré qu'il ait gardé son innocence et qu'il l'affirme par serment, n'est jamais admis à communier malgré ses plus chaudes instances.

6. Les Saints Ordres.

De même que dans les Sacrements précités, l'Église Abyssinienne ne s'est pas conformé non plus aux autres Églises pour les Ordinations. Elle ne reconnait que trois ou, pour mieux dire, deux degrés seulement des neuf Ordres ecclésiastiques, à savoir: le Sacerdoce et l'ordre de Lecteur. Il est vrai qu'elle admet aussi l'ordre du Diaconat, mais la forme de consécration est la même pour ces deux ordres, comme nous le verrons dans la suite.

Le fils d'un prêtre est obligé de se faire prêtre, ainsi que les enfants obtenus par des vœux, voilà pourquoi chez les Abyssiniens le nombre des prêtres est si considérable; il en est aussi d'autres qui se font prêtres ou par appat de la gloire ou plutôt pour se procurer des moyens d'existence.

Ceux qui sont destinés à être ordonnés prêtres, diacres ou lecteurs, s'entre-avertissent d'avance dans tous

58

les villages, s'assemblent à un jour fixé, et vont ensuite en
groupe chez le Grand Abouna en chantant et en dansant.
Le Prélat, à leur arrivée, fait aussitôt dresser une tente en
plein air, et assis sur son siége, il commande à ceux qui
veulent être ordonnés prétres, de se séparer des autres,
il les appelle ensuite en sa présence, et après avoir reçu
de chacun deux pièces de sel (1), il les fait jurer de n'a-
dopter que sa profession de foi, les faisant anathématiser (2) tous ceux qui suivent une profession de foi autre
que la sienne. Alors, sans faire aucun examen de leurs
mœurs, ni de leur vie passée, non plus que de leur capacité intellectuelle, il fait un lecture sur eux en langue
copte, laquelle n'est nullement comprise par les Abyssiniens, après quoi posant sa main sur leurs têtes, il leur
souffle trois fois à la face, et leur crache trois fois dans
la bouche. Pendant cette cérémonie pas un de la communauté n'est présent. Les avis que donne le Prélat aux
Ordinands ne sont autre que d'observer les sept jeûnes(3)
de l'année consciencieusement. Après cette recommman-
dation, on les congédie, et chacun d'eux retourne dans
sa famille comme à l'ordinaire. Tout ignorants qu'ils
sont de la sublimité de leur vocation, et de la sainteté de

*(1) Ces pièces de sel coûtent de 5 à 8 piastres turques, ou 1
à 2. francs moins 20 centimes, selon le temps.*

*(2) Bien que les Ordinands adoptent la profession de foi du
Prélat, ils ne tardent pas de retourner à leur ancienne croyance;
de plus, ils vont même jusqu'à blasphémer et maudire le Prélat et
sa profession de foi.*

*(3) Les sept jeûnes de l'année sont: 1°. les 55 jours de Carême.
2°. Le jeûne dit Des Apôtres. 3°. Les 17 jours qui précèdent la
fête de la Sainte Vierge. 4°. Les 44 jours avant Noël. 5°. Les
40 jours avant la fête de Saint Couscame, qui est un de leurs
saints les plus notables. 6°. Les trois jours de la délivrance des
Niniviens. 7°. Enfin les deux jours ordinaires de chaque semaine,
c'est-à-dire, le mercredi et le vendredi.*

l'ordre qu'ils ont reçu, ils savent très bien toutefois que le but, qui les a poussés à se faire prêtres, n'est autre que leur bien être et leur intérêt personnel.

Dans leur Eglise, il n'est pas interdit aux eunuques de recevoir l'ordre de la prêtrise, non plus qu'aux hommes mariés qui n'ont point d'enfants.

Le deuxième et le troisième Ordre sont le Diaconat et celui de Lecteur, ainsi que nous l'avons déjà dit. Le Prélat se fait aussi payer une pièce de sel, par tous ceux qui veulent participer à l'un de ces Ordres; puis les ayant rassemblés dans un lieu à part, il tourne trois fois autour d'eux, et les bénit en faisant le signe de la croix: c'est à la volonté de chacun ou au désir des parents, d'être ordonné Diacre ou simple Lecteur, car on trouve parmi les Ordinands des enfants qui sont encore à la mamelle de leurs mères, étant à peine âgés d'un an, et lorsqu'ils commencent à grandir, ils se mettent à servir l'Église, les uns comme diacres et les autres comme lecteurs. Les diacres peuvent, s'ils le veulent, se marier et se faires prêtres séculiers, si non ils deviennent moines. Il en est quelques uns qui ne pouvant supporter le joug clérical, qui leur a fait adopter le seul caprice de leurs parents, jettent le froc aux orties et se font soldats, ou bien mènent la vie de simples séculiers.

7. Le Mariage.

Ce dernier Sacrement adopté par toutes les Églises Orthodoxes, comme une cérémonie sacrée, d'après St. Paul (1), qui le représente comme l'union du Christ avec son Église, est entièrement aboli chez les Abyssiniens, de là nécessairement la fréquence des mariages illégitimes des adultères, des divorces, etc. L'existence de ce Sacrement est ignorée par les séculiers et par le clergé

(1) *Epit. aux Hebr. XIII, 4.*

même, car ce dernier au lieu de conserver l'intégrité des Sacrements de l'Eglise, tend au contraire à favoriser les abus sur ce point, en alléguant pour exemple, aux peuples, les anciens Patriarches mentionnés dans les Saintes E-critures. Il est vrai qu'il existe une espèce de contrat ci-vil pour le mariage, mais il est regardé par tous comme nullement obligatoire, et n'a pas force de loi. En effet, quand les passions fougueuses et violentes de l'homme, ne sont pas domptées et modérées par la raison, toute les lois et tous les réglements deviennent inutiles, sur-tout quand les abus et les crimes ne subissent aucune punition de la part d'une Autorité supérieure. Alors les liens du mariage n'ont pour base que la volonté et le caprice de chaque individu. Il en est ainsi, en Abyssinie où les hommes sont libres de prendre autant de femmes, que leurs moyens pécuniaires leur permettent; là, les grands princes, peuvent avoir jusqu'à trois cents femmes comme par exemple le prince d'Oubié, Ras-Ali, le roi Théodore, le prince Therso-Govazi, et d'autres qui en a-vaient autant.

Au reste, il est très rare de trouver en Abyssinie des mariages légitimes faits par contrat civil; toutes les fois que le mari le veut, il peut répudier sa femme d'après le même contrat, en lui payant une somme stipulée à l'avance, et alors ils deviennent tous deux réciproque-ment libres. Toutefois, quand la femme est fidèle à gar-der ses devoirs d'épouse, et administre habilement le ménage de la maison, elle est gardée par son mari, à titre d'épouse légitime, et il lui est confié alors l'admi-nistration de toute la maison. Cependant le mari reste toujours libre de prendre encore autant de femmes qu'il veut, ou de se servir de celles qui sont à son service. C' est de cette dernière façon qu'a lieu le mariage des ec-clésiastiques, des prêtres et des diacres. Quoique ceux-ci n'aient pas le privilége de se marier une seconde fois, après la mort de leur première femme, cependant ils ne laissent pas d'aller contre cette défense, et de violer à cet égard les canons de l'Église, sans aucune espèce de remords.

CHAPITRE IV.

Funérailles et Enterrement.

EN Abyssinie, lorsqu'il est mort quelqu'un, il est d'usage qu'un de la maison monte sur l'endroit le plus élevé, et crie de toutes ses forces pour avertir la communauté du lieu et les habitants des hameaux voisins, et les appeler ainsi aux funérailles. On lave d'abord le corps du défunt, on l'enveloppe de toile, on le roule dans une natte, et puis on l'étend sur un banc allongé (1) en l'y attachant avec des courroies. Le prêtre étant arrivé avec quelques clercs, ils se mettent à réciter le Pater et à lire tout le Psautier, après quoi on transporte le corps en chantant des hymnes, et on le dépose devant la porte de l'Église, où on lit l'Evangile: ensuite, on le fait entrer dans l'enceinte de l'Église, et après l'avoir fait passer par les deux portes, on le dépose à l'endroit convenu, où l'on creuse la terre sur la mesure prise de la longueur et de l'épaisseur du cadavre, et l'ayant fait descendre dans la fosse avec des courroies, on le recouvre de terre.

Si le défunt est un membre du Clergé ou un personnage de distinction, on sonne le tambour pendant les funérailles, avec accompagnement de chants confus. Les hommes et les femmes allant par groupes séparés, se rangent en cercles, et accompagnent ainsi le convoi en chantant et en sautant comme des possédés; de place en place, on arrête le cercueil pour reprendre haleine.

(1) *Voir dans le* 1ʳ. *Livre, pag. 30.*

Le deuil dure quarante jours selon la coutume des Juifs, et pendant tout ce temps, on s'abstient de se raser la tête et ne se oindre d'huile. Il en est de même pour le requiem qui se fait après pour le repos de l'âme du défunt. Si cet office a lieu devant la porte de l'Église, les lecteurs seuls chantent et dansent en battant du tambour; s'il se fait dans la maison de celui qui est mort, les femmes aussi chantent en dansant en chœur, et font l'éloge de la personne décédée, en poussant des lamentations. Quand le maître de la maison est un homme notable et riche, il donne un banquet au clergé, à qui il distribue de la bière ou de l'hydromel, en y joignant aussi quelques fois des dons en argent, et des aumônes pour les pauvres.

CHAPITRE V.

Les différents religieux et les diverses professions de foi.

L'ÉTUDE des dogmes de la religion forme en Abyssinie une science particulière, et les savants, qui sont le plus souvent des séculiers, portent le titre particulier de Thephdéra, de même qu'autrefois, on distinguait parmi les Juifs les différentes classes des Scribes, des Esséniens, etc. Ce mot de Thephdéra signifie *savant, homme lettré*. Lors qu'il s'élève des disputes religieuses parmi le peuple ou le clergé, on appelle des deux côtés des Thephdéra pour résoudre les questions d'après le vrai sens des Saintes Ecritures. Mais comme la plus grande partie du clergé, ainsi que du peuple, croupit dans la plus grossière ignorance, ou s'en rapporte plutôt aux décisions et à la parole du Prélat copte, qu'à celles des Thephdéra, par la raison que ceux-ci ont flétri leur renommée par leur conduite débauchée et déréglée; aussi n'ont-ils le plus sou-

vent aucune influence sur le peuple, de sorte que les discussions et les disputes, au lieu de se calmer et d'avoir
une solution pacifique, s'échauffent au contraire de plus
en plus, jusqu'à ce que les deux partis eux-mêmes, ne
voulant plus suivre les Canons de l'Église, persistent
chacun dans leur opinion, et finissent par se maudire
et s'anathématiser l'un l'autre, en laissant la question
pendante telle qu'elle était auparavant. Pour cette raison, comme autrefois parmi les Juifs, les Abyssiniens
voient s'élever tous les jours chez eux et prendre racine
une foule de disputes religieuses et de professions de foi.
La différence de ces questions religieuses engendre une
animosité telle entre eux, que la forme du culte diffère
dans les églises, selon les professions de foi, chacun refusant de prier comme son adversaire et d'assister aux
mêmes offices que lui.

L'Abyssinie compte trois Églises ou trois sectes sé-
parées dont la profession de foi diffère sur les points suivants. La première est celle qui professe deux naissance
en Jésus-Christ, et le fils onction. La deuxième est celle
qui professe trois naissances, et le S^t. Esprit onction. La
troisième est composée de ceux qui professent, comme
les premiers, deux naissances, et le S^t. Esprit onction.

Je vais tâcher de donner un aperçu succinct sur chacune de ces trois sortes de profession, en les expliquant
autant que j'ai pu les saisir, et autant qu'ont pu me les
faire comprendre les Tephdéra eux-mêmes.

1. La secte qui professe deux Naissances et le Fils onction.

Ceux qui forment cette secte, s'appellent *Houleth-
Lidet Volte-Kev,* ce qui veut dire: "professant deux naissances, l'une du Père céleste, et l'autre de la Sainte-Vierge;„ ce qui les distingue des deux autres sectes, c'est qu'
ils admettent le Fils comme onction ou huile, et par ce
mot, ils entendent que le Fils de Dieu, comme Dieu in-

niment parfait et infiniment puissant, dès l'instant qu'il a été conçu dans le sein de la Sainte Vierge par sa propre force divine, a été aussi oint du Père céleste, sans avoir besoin de la coopération du Saint-Esprit, c'est-à-dire qu'il n'avait pas besoin de recevoir le S^t. Esprit ou d'être oint par lui au moment de son incarnation dans le sein de Marie. Dans ce sens, ils se trouvent en dissidence avec les deux autres sectes, en niant que Jésus-Christ comme homme ait été doué et favorisé de tous les dons et de toutes les grâces divines dont Adam, le premier homme, fut doué avant sa chute. Cette assertion, comme il est clair, est toute opposée aux Saintes-Ecritures. Quand leurs adversaires veulent leur prouver par les témoignage des saints Livres, et par tous les auteurs suivis par l'Église que Jésus-Christ a été oint par le S^t. Esprit, loin d'être convaincus, ils persistent obstinément dans leur ignorante profession, qu'ils ont apprise par tradition orale seulement, et ne s'appuient pour se défendre sur aucun livre dogmatique. Lorsqu'ils se trouvent fortement pressés et embarrassés, pour se tirer d'affaire, ils se contentent de dire: "Prétendez-vous être plus lettrés que „les grands Abounas (les Prélats coptes), qui nous ont „apporté la Sainte Foi et le Credo. Ce n'est que par eux „que vous avez été enseigné jusqu'ici, et par leurs livres, „que vous avez appris les dogmes. Ce ne sont pas eux qui „les ont reçus de vous, et ce n'est pas de vous non plus, „que vous voulons apprendre ce qui touche à la vraie „profession de foi? Les grands Abounas sont les chefs „de l'Église abyssinienne, et c'est à eux que nous sommes „soumis en fait de religion. Nous reconnaissons en prin„cipe le Siège Patriarcal de S^t. Marc l'Evangéliste, ainsi „que les Prélats qui nous sont envoyés de se part, et „nous acceptons la religion qu'ils professent; en faisant „cela, nous ne faisons que suivre nos ancêtres.„

Les deux partis opposés attribuent la naissance de ce schisme aux Prélats du dernier siècle. Les peuples qui lé professent sont les habitants du Thègri et des pays limitrophes, lesquels sont considérés par les autres comme des schismatiques. Bien que ces derniers soient peu nombreux par rapport aux autres, cependant tous les nouveaux Prélats coptes qui viennent de Massawa, pour passer par leur territoire, sont obligés, par la coutume de leur faire subir tout d'abord un examen de leur profession de foi; et s'imaginant que tous les Abyssiniens chrétiens ont la même profession, ils l'acceptent tout bonnement, et restent dans l'ignorance, ou plutôt feignent d'y rester, à l'égard de la croyance des deux autres partis; s'ils agissaient autrement, ils perdraient tous leurs droits et tous les revenus de leurs propriétés diocésaines. Le Prélat copte n'a pas plus tôt touché le pays du Thègri, que ses rusés habitants s'empressent de répandre dans les pays lointains du leur, que le nouvel Abouna appartient à leur parti, c'est-à-dire, qu'il professe comme eux le Fils de Dieu Onction, et aussitôt tous les pays s'agitent et se mettent en trouble.

Le pauvre Prélat, à peine arrivé à Gonder apprend la bévue qu'il a faite, mais il n'est plus temps et il a honte de se rétracter, ce qui donne lieu à une suite interminable de discussions et de troubles; afin de renforcer son parti et prendre de l'influence, il commence par gagner les hommes de lettre, d'ordinaire aussi avides qu' ambitieux, et de là les débats vont toujours prenant plus de force et de durée. La plupart des prêtres étant, comme nous l'avons déjà dit, très ignorants, se laissent facilement persuader à suivre son parti, et à accepter sa profession de foi; d'autres s'attachent à lui de leur bon gré, dans l'espoir d'obtenir quelque emploi dans l'administration de ses propriétés. Il arrive souvent que ce sont les deux partis dissidents qui acquièrent le plus d'influence dans la communauté, et ils deviennent parfois si forts et si puissants, qu'ils parviennent à persécuter le Prélat lui-même, et à le chasser jusqu'à la frontière du

Thègri, en l'accablant d'insultes et d'injures, comme cela est arrivé au défunt Abouna-Sélami. Ce dernier bien qu'il eut accepté malgré lui, le dogme des habitants du Thègri, en arrivant dans leur pays, fut néanmoins persécuté plus tard par ceux du second parti, qui l'obligèrent à s'enfuir dans le Thègri, et qui lui furent hostiles jusqu'à ce qu'il eût embrassé leur propre dogme.

On voit encore des tombeaux élevés çà et là qui renferment les restes des Prélats persécutés. Celui d'Abouna-Sélami est près de l'Eglise dite Médani-Alem, dans la ville d'Adoua, il a la forme des monuments qu'on dresse en Asie, à la mémoire des santons Turcs.

2. La deuxième Secte.

La deuxième secte professe en J. C. trois naissences (*Sose-Lideth*) et le S[t]. Esprit huile ou onction (*Meinphess-Keddous-Kev*). Ceux qui la suivent sont en opposition et en animosité ouverte, avec ceux de la première secte, professant les deux naissances, tandis qu'ils sont moins hostiles à ceux de la troisième secte. La secte sus-dite attribue à J. C. trois naissances, celle du Père céleste, celle du S[t]. Esprit, et celle de la Sainte Vierge Marie. Il est né, disent-ils, du Père de toute éternité; il est né dans le temps dans le sein de la Sainte Vierge Marie, par l'opération du S[t]. Esprit, au moment de l'incarnation; et, après neuf mois, il naquit de la Vierge Marie. En d'autres termes: le Fils de Dieu est né hors du temps, du Père céleste, et au moment de son incarnation, il est né et a été oint du S[t]. Esprit, et a reçu, comme Adam le premier homme, les sept-dons célestes, et, après neuf mois, il est né de la Sainte Vierge, et est venu au monde comme un nouvel Adam, en toute perfection, et plus parfait qu'Adam, étant uni à la divine personne. Cette profession paraît être le résultat des discussions continuelles de ceux-ci avec les habitants du

Thègri, pour affirmer avec plus de force l'onction de J. C. par le S^t. Esprit. Voilà à quelle absurdité est abouti l'ambition et les passions de ces gens ignorants; pour soutenir leurs allégations, ils citent aussi ces mots du S^t. Evangile, où il est dit: "Et celui qui a été engendré en elle, est du Saint Esprit(1).„

Cette profession de foi est suivie par tous les Chrétiens d'Abyssinie, depuis la ville de Gonder et de Bégameder jusqu'à Choa.

Les missionnaires que Rome envoie de temps en temps en Abyssinie pour y faire des prosélytes, ont fait tout leur possible pour introduire dans l'Église de ce pays le dogme des deux natures en J. C. Pour y réussir, ils ont admis avec eux, au moins extérieurement, une troisième naissance en J. C. par le S^t. Esprit, mais malgré tous leurs expédients, leurs tentatives sont restées infructueuses. Au Sud de Choa, dans le pays de Capha, se trouve encore un vieil Evêque, nommé Massias, qui appartient, si je ne me trompe, aux Missions de la Propagande. On m'a raconté de lui, qu'après avoir parcouru une grande partie de l'Ethiopie chrétienne, sans résultat sensible, il s'était rendu enfin à Capha, où il parvint à faire une assez grand nombre de prosélytes, au nombre desquels se trouva le grand Cheikh de la localité. Un autre Missionnaire catholique, connu sous le nom d'Abouna-Yacoub, qui était arrivé aussi en Abyssinie, avant l'élection d'Abouna-Sélami, trouva un très bon accueil, dit-on, de la part de ceux qui professent les trois naissances, et loin de se montrer opposé à leur croyance, parut y adhérer dans le but de les amener à accepter la profession des deux natures en Jésus-Christ. Au début tonte la communauté était presque gagnée à sa cause; mais à peine leur eut-il parlé du dogme des deux natures, que tout le monde se souleva contre lui avec un tel acharnement, que sans

____

(1) S^t. Math. I. 20.

respect pour sa dignité, on s'élança aussitôt vers sa demeure, qu'on mit au pillage, et le pauvre Abouna-Yacoub ne dût sa vie qu'à la fuite qu'il prit de nuit, vers le
territoire du Thègri, d'où il partit pour Massawa, fort
heureux d'avoir échappé aux mains de ses persécuteurs.

3. La troisième Secte.

Cette secte est considérée comme la seule orthodoxe,
et est formée particulièrement des peuples de Godjam,
comprenant aussi la plus grande parti des Thephdéras,
c'est-à-dire, des gens lettrés: ceux qui la suivent, professent en Jésus-Christ deux naissances (*Houleth lideth*), et
le S^t.Esprit huile ou onction (*Meinphess-Keddous kev*) d'a-
près les Saintes Ecritures et les dogmes établis par les
Pères de l'Église. Le Verbe de Dieu, disent-ils, né du
Père céleste avant tous les temps, et oint du Père par le
moyen du S^t. Esprit, au moment de son incarnation, a
pris la nature innocente du premier homme telle qu'elle
était avant le péché, a été doué des sept dons célestes du
S^t. Esprit, et est devenu, comme Adam lui-même, infiniment parfait au point de vue de son humanité et de la
grâce, et, comme Dieu et Fils de Dieu, au point de vue
de sa divinité, homme parfait et Dieu parfait, réunissant
en lui les deux natures, l'humaine et la divine, d'une manière indiscible, inséparable.

Abouna-Sélami n'eut pas plus tôt traversé le Thègri,
qu'il renonça à la profession de foi des habitants de ce
pays, pour embrasser celle qu'on professait à Gonder,
c'est à dire, pour admettre en J. C. deux naissances, et
professer le S^t. Esprit onction ou huile; mais ayant été
persécuté ensuite par le Tchéghi du Grand-Prince Ras-
Ali, et étant retourné au Thègri, il professa la croyance
de ses habitants comme par le passé.

Toutefois au fond de son cœur il gardait un profond
ressentiment, car, quelque temps après il parvint à pro-

voquer en sous-main la colère de Théodore contre les Thephdéras et tout le corps des savants, qui furent traité très rigoureusement par le Roi. C'est ainsi qu'Abouna-Sélami se trouva satisfait et vengé des outrages qu'on lui avait fait subir. La haîne que lui portent les trois sectes, pour ce fait, dure encore jusqu'à ce jour, tellement que le Grand-Prélat copte qui lui a succédé, se trouve en butte, à cause de lui, à toutes sortes de mépris et d'avilissement.

Entretien religieux avec Abouna-Sélami et les Thephdéras.

Les savants de Godjam voulant gagner à leur parti Abouna-Sélami, et lui faire admettre que le Verbe-Divin a reçu, au moment de son incarnation, les sept dons célestes par l'action du S^t. Esprit, allèrent un jour, en corps lui proposer la question en ces termes: "Supposé que nous „fassions abstraction de la nature humaine du Verbe, „quelle serait son humanité? —Ce serait, leur répondit-il, „d'être homme parfait comme nous.—Tout-à-fait comme „Adam le premier homme?—Nous sommes nous-mêmes, „reprit Abouna-Sélami, des hommes aussi parfaits qu'A-„dam„ — et en même temps il cita ce passage de S^t. Paul: "Il s'est anéanti soi-même en prenant la figure de servi-„teur (1). —S'il a pris, répondirent-ils, la figure de servi-„teur comme nous,son humanité ne mérite pas, par con-„séquent, plus d'estime et de respect que la nôtre, mais „au contraire, elle n'en est que plus vile. Donc le Verbe „ayant pris une chair vile, a fait avilir ainsi sa Divinité?„ A cette objection, Abouna-Sélami eut quelque difficulté à répondre, et se borna à dire: "Lorsque le Verbe s'unit „à la chair qu'il prit, sa Divinité se trouva respectée.— „Donc, lorsqu'elle s'en sépare, ajoutèrent les Tephdéras, „elle se trouve avilie?„ On voit par là que cette ques-

____

(1) *Aux Philip. II.* 7.

tion théologique resta insoluble. Ce Prélat, en effet, était plus habile à forcer les sentiments et la conscience d'autrui, et à employer les armes du Roi contre les gens lettrés, qu'à suivre les lois de la logique et de la vérité. C'est ainsi que le jugeait tout le monde; d'où nous pouvons aussi nous former une idée exacte de l'étendue des connaissances théologiques d'Abouna-Sélami, et de son peu de capacité à conduire le peuple vers la vérité et à le gouverner d'après les lois de l' Evangile. Au lieu de mettre l'accord entre les trois sectes, et à chercher à détruire les dissidences par voie de conciliation et de raisonnement, il ne faisait que les animer les unes contre les autres, en s'accordant tantôt avec l'une, tantôt avec l'autre.

Symbole de foi de l'Église orthodoxe d'Abyssinie, adopté par la plus grande partie des habitants, avec texte et traduction.

Inghziabhed Volte-Ave kessémaë samaïath vorrédé, cadinguel Mariam thé vollédé. Sove anmelak hono, anmelak sove hono. Kesssega gara ant akail, ant bahari hono. Volte-Ave Volte Mariam houleth lideth betouvahedo kevour. Ave kevaï, |Volté kevaï, Meinphes-Keddous kev.

Ce qui signifie:

Dieu, le Fils du Père est descendu des cieux. Ils est devenu homme parfait, homme parfait il est devenu. Une personne et une nature était en lui avec la chair. Le Fils du Père, fils de Marie, a eu deux naissances; dans un seul lieu (au sein de la Sainte-Vierge), il est grand (par sa Divinité et par son humanité). Le Père l'oignit, le Fils a été oint, et le S^t. Esprit est l'onction.

CHAPITRE VI.

Lois des Abyssiniens, et Saints qu'ils honorent le plus.

LES lois mosaïques de l'Ancien-Testament sont généralement suivies de préférence par tous les Chrétiens d'Abyssinie: c'est plus par elles qu'ils attendent le salut de leurs âmes, que par les lois du Nouveau-Testament établies par Notre-Seigneur J. C. C'est pourquoi ils se servent des lois anciennes tant pour la discipline de leur Église, que dans les jugements civils. Car la punition prompte et les châtiments subits, que ces dernières font subir à l'homme et qui se trouvent dépeints d'une manière si édifiante dans l'Ancien-Testament, leur inspirent beaucoup plus de crainte et d'horreur, c'est ce qui leur fait avoir une si grande considération pour les lois mosaïques. Comme celle du Nouveau-Testament, au contraire, sont très lentes à punir ici-bas, ou pour mieux dire, ne punissent les crimes que dans l'autre monde; et de plus, comme les préceptes de l'Evangile ne sont le plus souvent basés que sur la patience et le pardon, pour cela, elles ne sont en aucune considération auprès des Abyssiniens, qui, au lieu de les craindre, les regardent comme des commandements donnés par des femmes faibles. Aussi ne se servent-ils communément que de la Bible, qui est leur livre familier, et dans lequel ils enseignent aussi à lire à leurs enfants: c'est ce livre qui adoucit leurs vices, ou plutôt qui sert à les couvrir. Tandisque le Nouveau-Testament, tout en prêchant la vérité, ne commande partout que la pureté de mœurs, et la mortification des passions, condamnant les vices par les remords dans cette vie et par le feu des enfers dans l'autre. Voilà pourquoi ils ne tiennent aucun compte et n'ont aucune crainte des lois

Evangéliques, parcequ'ils ne veulent pas pardonner à leurs ennemis selon le commandement de l'Evangile, ni faire des aumônes, ni avoir compassion de leur prochain, ni corriger leur mœurs rudes et brutales, ni se montrer doux et affables, comme de vrais disciples de l'Evangile: ce sont là les raisons pourquoi ils ne veulent pas le lire dans la crainte d'y voir leur condamnation.

C'est presque le même préjugé qu'ils ont à l'égard des Saints. parmi lesquels ils font des distinctions dans le respect qu'ils leurs accordent. Ceux, par exemple, qui appartiennent à l'ordre militaire, et qui sont représentés communément avec des armes, sont redoutés de préférence par les Abyssiniens, et reçoivent d'eux par conséquent une plus grande somme de respect, et leurs fêtes sont célébrées avec plus de solennité que les dimanches. Ainsi le jour de la fête de S^t. Michel est plus honoré et plus scrupuleusement gardé que celui de l'Ange Gabriel, car le premier dans les tableaux, est armé d'une épée, tandisque l'autre porte une fleur à la main. De même, le jour de la fête de S^t. George est plus respecté que celui de Médani-Alem (1), le premier portant dans sa main une lance, et le dernier n'ayant pour toute arme que le pardon. Chez les Abyssiniens les fêtes des Saints armés se renouvellent chaque mois.

C'est de cette folie qu'a pris naissance la peur qu'ont les Abyssiniens des influences diaboliques qu'ils redoutent outre mesure. Aussi portent-ils tous à leurs cous des amulettes de diverses formes magiques, faites par les Thephdéras et les prêtres, qui les vendent aux pauvres gens; parmi eux, l'on en voit qui en portent jusqu'à vingt. C'est un métier, en Abyssinie, que celui de faire et d'écrire des amulettes.

(1) Médani-Alem *signifie* " *le Sauveur du monde* „, *nom sous lequel est désigné Jésus-Christ.*

CHAPITRE VII.

Leurs jeûnes.

L'Église abyssinienne ordonne de jeûner au lieu de faire maigre les jours d'abstinence, en quoi l'on voit qu'elle suit plus les lois anciennes que les nouvelles.

Lorsqu'on est obligé de dire la Messe un jour d'abstinence, on le fait quatre heures avant le coucher du soleil, et on rompt le jeûne une heure et un quart après.

Comme c'est leur coutume de manger et de boire furtivement et à la dérobée, la plupart des maîtres de maison et des gens notables se lèvent au point du jour, et mangent à l'insu de leurs enfants et de leurs domestiques, tout ce qu'ils peuvent trouver dans la maison, ou que leurs femmes de confiance ont préparé pour satisfaire leur gourmandise, et cela, sans égard aucun pour les jours maigres ou les jours gras. Et le matin, lorsqu' ils se lèvent, ils ne cessent de se vanter comme de grands jeûneurs, surtout en présence des hommes blancs, dans le but de représenter les Abyssiniens, comme étant les seuls parmi les nations chrétiennes, qui respectent le jeûne, lequel est considéré par eux comme l'unique signe du Christianisme.

Il y a des personnes, chez eux, qui prisent pendant les jours maigres; nous avons vu même des prêtres qui prisaient avant de dire la Messe, bien qu'ils le fissent à vrai dire, à la dérobée (1). Nous pouvons donc conclure de là que leur abstinence n'est qu'apparente, comme le démontre du reste leur conduite dissimulée et pharisaï-

(1) *Abouna-Sélami avait interdit au clergé de ne point priser sous peine d'excomunication.*

que. Les vrais jeûneurs, parmi eux, sont les pauvres et les misérables domestiques, qui n'ont pas, le plus souvent de quoi rompre leur jeûne.

Les carêmes, comme ceux de Noël, des S^{ts}. Apôtres, etc, sont établis, disent-ils, pour le clergé seul et les religieux; quant à la communauté, elle ne prend aucun souci de les observer. Les Abyssiniens ne gardent pas, non plus, les jeûnes qui viennent à tomber le Samedi ou le Dimanche, cela est même défendu par leur Église; aussi pour honorer davantage ces jours-là, ils les chôment dès le bon matin, blâmant ouvertement ceux qui veulent les garder. Egalement, les enfants, chez eux, ne sont pas obligés de faire maigre ni de jeûner, car il n'y a pas de loi pour le bas âge, disent leurs savants.

CHAPITRE VIII.

Leur Calendrier ecclésiastique, et l'amour qu'ils ont pour la dispute.

LES fêtes des Saints se célèbrent dans l'Église abyssinienne suivant le Calendrier grec et le Calendrier copte. Toutefois les difficultés ne manquent pas pour la supputation des jours, ce qui donne occasion à des débats et à des querelles sans fin parmi le clergé. De plus, les Prélats qui se succèdent, ne se trouvent pas souvent d'accord à cet égard; de là il arrive qu'une chose étant prescrite par un Prélat quelconque, un autre vient après établir le contraire; ainsi, au lieu de terminer les discussions et les désaccords, ils ne font que les envenimer davantage. Un de ces Prélats par exemple, commande au peuple de faire pendant quarante jours le carême de Pâque, en mémoire de Notre-Seigneur J. C. qui a jeûné pendant ce nombre de jours. Un autre prétendant corriger son prédécesseur, ordonne d'observer quarante-huit jours. Abouna-Sélami le dernier Prélat défunt, y joignit encore une semaine, et avait ordonné de garder cinquante-cinq jours. Ainsi donc les calculs de leur Calendrier sont confondus; dans chaque pays, on suit les préceptes du Prélat qui est le plus en considération, et on fait le carême de 40 à 55 jours.

C'est par les mêmes caprices d'Abouna-Sélami que sont venus aussi les embrouillements dans le calcul du carême de Noël. Ce carême en Abyssinie est de quarante jours; mais les partisans de ce Prélat, commencent quatre jours avant les autres à s'abstenir de mets gras.

Tous les quatre ans, ce qui arrive aux années bissextiles, on célèbre dans quelque contrée, la fête de la Nativité un jour avant le jour ordinaire, comme cela eut lieu dans l'année 1869, par exemple, la quelle était dédiée au nom de S^t. Jean l'Evangéliste, les Abyssiniens de la secte de ceux qui professent trois naissances, célébrèrent la fête de Noël, un Mardi, tandisque le parti professant le *Volté-Kev*, considérant cette année comme le tour de Saint-Mathieu, la fêtèrent un jour après, c'est-à-dire, un Mercredi (1).

Les savants, comme nous venons de le voir, aiment mieux se quereller et se disputer sur les questions les plus futiles, que de s'occuper des canons et des préceptes de l'Église; loin de céder aux raisonnements d'autrui et de respecter ses opinions, quand ils les voient appuyés sur la vérité, ils s'efforcent de faire prévaloir leur volonté plutôt que de protéger la vérité; car s'ils s'engagent dans les disputes, ce n'est point pour l'amour de la religion et de la vérité, au contraire, c'est leur seule ambition et leur orgueilleuse science, qui les poussent à braver tout, dans le but de se faire estimer: voilà pourquoi les débats

(1) *La même confusion, disent-ils, arrive tous les quatre ans, l'année même de Saint Jean.*

et les contrariétés ne finissent jamais dans l'Église abyssinienne.

CHAPITRE IX.

Coutumes et Cérémonies religieuses.

LE jour de la fête de l'Éxaltation de la Ste. Croix est le jour le plus solennel pour les Abyssiniens, et il est célébré par eux avec plus d'éclat que les fêtes mêmes de la Nativité et de Pâque, lesquels se passent comme les jours ordinaires sans aucune cérémonie particulière.

Ils célèbrent la veille de cette fête avec une solennité extraordinaire, et avec des démonstrations de joie qui ont un caractère plus mondain que religieux, et qui ont la plus grande ressemblance avec les fêtes du paganisme rappelant tout particulièrement celles qui se faisaient à l'occasion de l'Anniversaire de Bacchus. On commence par amasser la veille, une grande quantité de bois sur une hauteur quelconque, tandisque d'autres portant chacun en main un fagot de brousailles, parcourent les hameaux d'alentour et toutes les maisons, en chantant les louanges de la Ste. Croix, et en demandant de l'argent à chaque propriétaire pour acheter un bœuf, qu'ils tuent le jour même, et qu'ils mangent ensuite en grande cérémonie (1). Tous les paysans d'alentour s'assemblent de bon matin près de l'Église, où l'on prie quelques instants seulement, car ce jour-là il n'y a pas célébration de la

(1) *Les jeunes filles font des quêtes de la même sorte le jour de l'assomption de la Sainte Vierge, recueillant ce jour-là une grande provision de céréales, dont elles font de la bière, qu'elles boivent entre elles et dont elles s'enivrent.*

Messe, et suivent le clergé et les chantres jusqu'auprès de l'amas de bois, où, après une courte prière que l'on fait, on met le feu, à la grande admiration de la foule, qui voit le bois s'emflammer, tandisque les femmes et les jeunes filles se mettent à chanter de loin d'une voix sauvage leur criard *lou? lou?* qui fait dresser les cheveux à l'homme dont les oreilles ne sont pas accoutumés à une telle harmonie. Ceux qui portent des fagots de broussailles, les allument alors au tas embrasé, dont ils font le tour en chantant à qui mieux mieux. Cette cérémonie, à mon avis, ressemble beaucoup à la veille de Pâque, telle qu'elle est solennisée à Jérusalem dans l'Église du S^t. Sépulcre, par la communauté grecque indigène et celle des Coptes, dont les femmes, de ces derniers surtout, chantent en criant de toute leur force de la même manière que les Abyssiniennes, tandisque leurs enfants se mettent à courir tout autour du S^t. Tombeau, sans respect pour ce Monument le plus vénérables de la chrétienté.

Cette solennité de la S^{te}. Croix est aussi observée par les soldats eux-mêmes, mais sans la présence du clergé, ainsi que nous l'avons déjà vu dans le Premier Livre, Chap. IV.

2. Du signe extérieur du Chrétien.

On sait que l'Église orthodoxe a, depuis les premiers siècles, tenu en grande vénération la S^{te}. Croix, dont le signe est considéré comme la marque extérieure des chrétiens, signe qui a été adopté, tant par l'Église Orientale que par l'Église Occidentale, et dont on se sert continuellement dans les deux Églises; car tout chrétien, en entrant dans un lieu de culte, commence par faire ce signe avant de faire ses prières, usage qui s'est conservé en mémoire de la Passion de J. C. mort sur la Croix, pour les péchés du monde. Les Abyssiniens, cependant, ne font aucun usage de ce signe, dont ils ignorent entièrement la signification, bien qu'ils fêtent avec une grande solennité, dans leur Église, le jour de l'Exaltation de la Sainte-Croix. Pour se faire reconnaître comme chrétien, les Abyssiniens, au lieu de faire le signe de la Croix, portent à leurs cous, comme signe distinctif des Mahométans, un fil bleuâtre et tortillé, qu'on leur met le jour de leur baptême. Les Mahométans portent aussi un chapelet composé de cent grains. Les moines chrétiens portent également des chapelets formés de 32 ou 84 graines comme signe de leur ordre religieux. Enfin les Goravis se servent encore d'un chapelet de 41 grains, dans leurs trois prières journalières, qu'ils terminent en le faisant tourner une seule fois.

3. La dénomination.

La dénomination des ecclésiastiques ainsi que celle des gens du monde, est tirée des objets naturels, comme par exemple, argent, or, terre, pierre, vert, rouge etc, auxquels on ajoute, si l'on veut, un mot qualificatif. Il n' y a, chez les Abyssiniens, qu'un petit nombre de personnes qui portent des noms propres aux Chrétiens(1) et quelques uns d'entre eux, lorsqu'ils sont élevés à une dignité, changent leurs noms pris des objets naturels, et font déclarer par le moyen des crieurs, les noms chréti-

(1) *Les noms chrétiens qu'ils adoptent diffèrent de ceux qui sont en usage chez les autres communautés chrétiennes, par exemple :* "*Cara-Meinphess-Keddous* „ *(L'esclave de* S[t]. *Esprit.)* "*Cara-Jésous,* „ *(L'esclave de Jésus.)* "*Cara-Mariam* „ *(L'esclave de Marie.) On y ajoute parfois un qualificatif, comme :* "*Hailo-Cara-Mariam* „ *(Le brave esclave de Marie.)* "*Voldé-Jésous* „ *(Le fils de Jésus.)* "*Voldé-Gorghis* „ *(Le fils de* S[t]. *George.)* "*Théklé-Gorghis* „ *(Le jardin ou le paradis de* S[t]. *George.)*

ens qu'il adoptent, afin de faire oublier ainsi leur première condition ignoble et mesquine. Il y a même des personnes qui s'appellent Ali, nom propre aux Mahométans, et adopté par les Gallas. Par contre, les noms propres aux chrétiens sont particulièrement respectés et employés par les Kemants, peuple infidèle, qui habitent, comme nous l'avons vu, dans la province d'Amara.

4. Les fêtes mensuelos des Saints.

Nous avons traité ailleurs des Saints qui sont le plus en vénération chez les Abyssiniens, et qu'ils sont tenus de fêter une fois par mois; si l'on ajoute à cela les autres fêtes d'obligation, tous les Samedis et les Dimanches de chaque semaine, on verra que presque tous les jours du mois sont gardés et fêtés par eux. De là il semble avec raison que c'est la paresse et l'oisiveté seule de ce peuple, qui lui a fait adopter de telles coutumes. Il garde aussi le Samedi comme les Juifs, par respect pour les lois anciennes, qui sont, comme nous l'avons dit, plus estimés par les Abyssiniens, que les lois nouvelles de l'Evangile.

Les jours des mois, chez eux, sont indiqués par des noms de Saints, et c'est par ce moyen qu'ils parviennent à se les rappeler et à les savoir.

(f) *Les prêtres mariés s'appellent* Balhegh, *et ceux qui ne le sont pas, se nomment* Moleksi, *qui signifie prêtre religieux ou moine: ces derniers ont aussi le privilége de prêcher aux peuples.*

CHAPITRE X.

Les ecclésiastiques qui ont brigué la dignité de prêtre, tant les mariés que les célibataires, ne jouissent d'aucun respect parmi le peuple, à cause de leur conduite indigne et déplacée. Le vol, le mensonge et la fourberie, leur étant familiers dès leur bas âge, ils ne peuvent y renoncer quand ils sont d'un âge plus avancé; le pis est que ces vices ne sont pas même considérés par eux comme des péchés. La plupart d'entre eux, surtout les Thephdéras, ne savent pas se préserver eux-mêmes de l'adultère; au lieu de s'élever contre les abus de la religion, et de protéger les lois de l'Église, ils en sont, au contraire, les détracteurs et contribuent à sa décadence par leur vie déréglée. Ces derniers, surtout, ne cessent point d'insulter les prêtres (1) et de tourner en dérision leur ignorance, leur reprochant de ne pas connaîtres les Sacrements de l'Église ni les rites, ce qui n'est que trop vrai, et ce qui les fait passer à juste titre pour coupables. Par contre, les prêtres à leur tour, insultent les Thephdéras et leur reprochent ouvertement leur vie dissolue et débauchée, bien qu'ils soient bien éloignés eux-mêmes d'être d'une conduite exemplaire.

Les diacres, de leur côté, mènent également une vie corrompue. Ils ne peuvent épouser une femme légitime avant d'être parvenu a l'âge de 25 à 30 ans, et lorsqu'ils sont mariés par convention ecclésiastique, ils deviennent prêtres séculiers. Mais avant d'atteindre à cet âge d'Adam, comme ils disent, combien peu parmi eux savent se préserver de tous les vices auxquels s'adonne la plus grande partie de la jeunesse!

Ceux parmi les prêtres mariés, qui sont d'un tempérament trop ardent pour se contenter d'une seule femme, peuvent, s'ils le veulent, la divorcer, ou bien sans la renvoyer, prendre encore d'autres femmes chez eux; et dans ce cas ils donnent leur démission, et ne font plus parti du Clergé. Si le prêtre appartient à la classe de ceux qui sont voués au célibat, il peut prendre autant de femmes que son état pécuniaire le lui permet, et il peut aussi divorcer d'avec celle qui ne lui plaît pas, mais il est également obligé de renoncer à sa dignité de religieux, et ne garde plus le rang que de simple chantre ou de lecteur, s'il le veut, à moins qu'il ne préfère se séparer de l'Église pour toujours, et rester dans la classe des Gorayis. Du reste, il n'en est pas moins regardé comme bon chrétien par les autres, et n'en perd pas pour cela à leurs yeux sa place de Paradis.

De son côté, au lieu de donner bon exemple, le Clergé copte a toujours été, sous ce rapport, une pierre de scandale pour les Abyssiniens. Ainsi, le frère même de défunt Abouna-Sélami, prêtre engagé à la vie célibataire, et un autre de ses confrères avaient des femmes chez eux, et faisaient le commerce après avoir abdiqué leurs vœux. Abouna-Sélami lui-même, tout prélat qu'il était, tenait chez lui, disait-on, à l'insu du monde, une femme qui lui fit gagner les maladies honteuses qui lui coûtèrent la vie. C'est au moins le bruit qui s'en est répandu dans la plus grande partie de la communauté.

Quelques uns du Clergé, tourmentés du remords d'avoir abdiqué leur ordre ecclésiastique, venant à se repentir, reprennent leur premier état, et retournent à leur ancien genre de vie; d'autres ayant honte de le faire dans leur propre village, s'expatrient dans des pays lointains où reprennent leur rang de prêtre en changeant de nom.

CHAPITRE XI.

Toutes les Églises en Abyssinie, jouissent, dès les temps les plus anciens, du revenu de certains terrains qui sont leur propriétés exclusives. Ces revenus sont partagés entre les prêtres, les diacres et les lecteurs, qui appartiennent au service de chaque Église.

On lève aussi la dîme sur ces terrains, afin de pourvoir aux besoins de l'Église, et cette dîme est levée par un procureur dont la place est héréditaire.

En général, la communauté n'est point obligée de fournir à la subsistance du Clergé, ni de lui donner la moindre chose, soit en argent soit en nature, pas même une poignée de millet ou de farine; au contraire, le peuple a les yeux sans cesse attachés sur les revenus de l'Église, dont il s'attend toujours à toucher une partie quelconque pour vivre.

C'est le Clergé qui cultive les terrains de l'Église; il sème, moissonne et vit ainsi de ses propres mains, il paye aussi le tribut comme le reste du peuple. Les revenus du Clergé étant donc assurés de cette façon, et ce dernier n'ayant aucun rapport matériel obligé avec la communauté, ne se gêne pas pour remplir ses devoirs religieux vis-à-vis d'elle; de là est venue *la Simonie* c'est à-dire, l'abus dans l'administration des Sacrements, et même leur désuétude. L'office divin dépend entièrement de la volonté des prêtres: de même les diacres et les chantres ne se croient aucunement forcés de prêter leur ministère pendant l'office, ni de servir à la Messe: ce n'est que la perspective des revenus qui les stimule parfois à remplir leurs devoirs spirituels. Les prêtres, en Abyssinie, ne s'occupent absolument de rien; ils ne prennent souci ni des malades ni des sains, ne s'empressent pas plus de prêter leur office aux moribonds qu'aux morts, bien qu'ils aient part aux dépouilles et aux offrandes que ces derniers laissent, quoique à vrai dire bien petites, pour le salut de leurs âmes.

Les prêtres non mariés ou les religieux proprement dits, ont aussi des terrains qu'ils cultivent pour subvenir à leurs besoins et à ceux des servantes et des serviteurs qui se trouvent à leur service. Il y a aussi des monastères entretenus par les dons des paysans. Tous les moines de ces monastères ont chacun autant de femmes ou de garçons qu'ils peuvent en entretenir.

2. Les revenus du Prélat et du Tchéghi.

Le Grand-Prélat copte, qui est le chef spirituel de toute l'Abyssinie, a, outre les sels-gemmes qu'il reçoit comme valeur d'argent de ceux à qui il confère les Ordres, un certain nombre de villages et de provinces qui sont affectés pour son entretien, et dont il perçoit chaque année les revenus et les redevances. Il tient dans chacun de ses endroits des agents, qui portent un uniforme particulier, et qui sont chargés par lui de recueillir les revenus et de les envoyer à leur destination. Ces agents ont aussi le privilége d'assister à tous les procès, dont ils s'approprient les droits et les dépenses que le parti vaincu est condamné à payer. Malgré ces sources nombreuses de revenus, le Prélat se trouve toujours dans la pauvreté et la misère, parce qu'il est sans cesse entouré d'une foule de flatteurs et de parasites, qui s'attachent à lui comme des sangsues, et le pressurent sans jamais se rassasier.

Les revenus du Tchéghi surpassent, dit-on, encore ceux du Prélat, et cependant ce dernier est aussi réputé pauvre; en effet, là où les adulateurs, les menteurs et les

parasites abondent, il ne peut manquer de se trouver la
pauvreté. Tous les vices, comme nous l'avons déjà dit,
règnent dans ce pays-là, mais plus particulièrement ceux
que nous venons de citer; d'autre part, les nombreux domestiques, les pauvres, les malheureux et les gens qui
sont accoutumés de vivre aux frais d'autrui, et qui sont
d'une nature insatiable, se tiennent continuellement
auprès de ces dignitaires.

Le Prélat et le Tchéghi qui jouissent d'autant d'honneur et d'éclat que le Souverain lui-même, ont chacun
un revenu annuel qui est évalué, croit-on, à 220000 francs,
d'où il faut conclure que la somme des dépenses et des
aumônes qu'il est obligé de faire aux pauvres, doit être très
considérable, puisque de tant de valeurs réunis, il ne leur
reste rien ordinairement à la fin de l'année. Il est vrai, qu'
ils pourraient bien, s'ils le voulaient, mettre en réserve une
partie de cette opulence, et devenir ainsi millionnaires
en peu de temps, mais alors ils cesseraient d'avoir, c'est
très sûr, la même influence et la même force morale sur
la populace. Les gens qui vivent aux frais de ces dignitaires, deviendraient bien vite leurs calomniateurs, et
ne cesseraient d'acérer contre eux leur langue d'aspic,
jusqu'à ce qu'il fussent parvenus à flétrir leur réputation
et à les deshonorer; surtout les domestiques qui sont à
leur service, et qui seraient les premiers à les outrager
et à les charger d'accusations, chose que le peuple est
toujours disposé à accepter. Pas un des Prélats n'a été
exempt des médisances du peuple, dont le plus grand
nombre ne fait aucun cas; en effet, ces Évêques viennent
à être élus, sans que celui-ci les ait connu de près, ni
ait jamais éprouvé leur mérite; dans leur élection, le
peuple n'a aucune part, et n'est jamais consulté: c'est
le Patriarche Copte du Caire qui choisit un de ses É-
vêques, et l'envoie d'après les ordres du Roi d'Abyssinie,
sans consulter aucunement à ce sujet la communauté.
C'est ainsi que le Prélat actuel Abouna-Athanathius, a

été envoyé par les seuls ordres du Grand-Prince du Thègri Dédjadjmatch-Cassa.

3. Coiffure des Ecclésiastiques.

Les ecclésiastiques, les savants et les chantres portent
sur la tête une coiffure énorme, qui a la forme d'un tur-
ban, parlequel ils se distinguent du reste du peuple. Mais
pour ne pas s'attirer de la confusion de la part des étrangers, ils ont soin lorsqu'ils se trouvent en présence des
chefs de la religion Juive et de la religion Mahométane,
de se faire connaître tout d'abord pour des prêtres chrétiens. Les supérieurs des Monastères et les dignitaires d'
entre les religieux portent des turbans rouges et verts.
Ils ont l'usage aussi lorsqu'ils se rendent à quelque endroit, de faire porter devant eux un long bâton, et quelquefois une croix d'une certaine grandeur: ce bâton n'
est point chez eux le signe de la dignité de prédicateur,
ils ne le portent que pour se faire distinguer.

TROISIÈME PARTIE.

L'HISTOIRE MODERNE DE L'ABYSSINIE ET LES DERNIERS ÉVÉNEMENTS POLITIQUES QUI S'Y SONT PASSÉS.

CHAPITRE I.

Les Rois monstres Zindo et Grayn.

AVANT de traiter ici les événements politiques de l'Abyssinie, qui ont commencé à l'époque de la domination de Théodore, je crois de mon devoir de donner un bref aperçu sur une tradition nationale considérée par les Abyssiniens comme faisant parti nécessaire de leur histoire ancienne. Je veux parler de la domination des rois Zindo et Grayn, dont l'histoire n'est autre chose, à mon avis, qu'une fable, comme est du reste l'histoire de maintes nations prenant sa source dans les fictions de l'imagination, et dans les préjugés populaire de l'époque païenne.

1. Le roi Zindo.

Ce roi n'est autre, au dire de la tradition, qu'un Dragon ailé et vénimeux, qui régnait sur le pays, avant la conversion des Abyssiniens au Christianisme, conversion qui a été opérée, comme on sait, par le moyen de Saint

Mathieu, ce qui porte, par conséquent, la domination de Zindo au premier siècle.

Cet animal, ou mieux, le roi Zindo suivant les Abyssiniens, plongeait dans la consternation et l'effroi tous les pays où il se montrait, et tous les peuples parmi lesquels il faisait de fréquentes incursions. Il saisissait et dévorait tous les hommes et tous les animaux qu'il rencontrait; et, quand il ne trouvait pas de quoi assouvir sa voracité, il se portait dans d'autres directions, où le guidait son instinct. Les habitants de l'endroit n'étaient pas plus tôt informés de l'approche de ce roi-bête, qu'ils lui laissaient la dîme de tous leurs bestiaux à titre de tribut, et se retiraient avec le reste de leurs biens et de leurs troupeaux, dans l'intérieur du pays où le roi n'était point. Parfois il arrrivait qu' ils étaient surpris par lui au moment de leur fuite, et alors ils étaient dévorés sans pitié, ce qui jetait la consternation dans toutes les contrées d'alentour: personne n'osait faire de longs voyages, de crainte de tomber dans ses griffes. La domination de Zindo dura six ans, pendant lesquels il régna d'un pouvoir absolu et divin sur tout le pays, ayant semé partout pendant sa vie la terreur et le désespoir.

Un chrétien nommé Aâthié Calib, voyant les déprédations que ce monstre faisait parmi les habitants du pays, se sentit ému de compassion, et, plein d'espoir dans l'assistance divine, chercha pendant long-temps quelque moyen pour se défaire du roi monstre, et délivrer ainsi le pays de son odieuse tyrannie. Voici à la fin l'expédient dont il se servit. Il fit dresser des épées à deux tranchants sur deux lignes, et à de très petites distances, sur la route par où le monstre devait nécessairement passer, et à chaque côté de ces deux lignes d'épée il fit entasser une grande quantité de bois, auxquels il mit le feu, dès qu'il vit Zindo s'approcher, tandisque lui-même prit la fuite. Le monstre à la vue de la flamme et pour s'en écarter, se mit aussitôt à courir au milieu de la route, entre les deux files d'épée, car il n'y avait pas d'autre passage. Il heurta bien vite aux tranchants des armes, qui le blessèrent, et, emporté de fureur par la douleur qu'il ressentait, il fit alors des bonds et des mouvements violents, qui lui causèrent des blessures encore plus profondes, et à la fin mortelles, de sorte qu'au bout de très peu de temps on le vit massacré, et le peuple fut délivré pour toujours de ses griffes destructives.

Aâthié-Calib, son meurtrier lui succéda, et fut le premier Roi chrétien des Abyssiniens. Leur histoire nationale contient, disent-ils, des récits détaillés sur l'un et sur l'autre.

Zindo, je le crois bien, était un tyran, dont les attaques rapides, et les incursions impétueuses donnèrent lieu aux peuples de le considérer comme un dragon ailé. Le projet et l'expédient qu'Aâthié-Calib mit en exécution, ne sont autre chose que des hommes armés, mis en embuscade dans d'étroits défilés, et qui le tuèrent en l'attaquant lors de son passage; il est probable aussi que c'était dans cette intention que le feu fut allumé, afin de lui enlever tous les moyens de retraite. Tout ce que nous venons de dire, peut être confirmé par l'opinion générale que le peuple avait au sujet de Théodore, lui-même, qu'ils considéraient comme le troisième roi-monstre après Grayn.

2. Le roi Grayn.

Ce fut au quinzième siècle que le roi Grayn parut dans l'Abyssinie. On le croit issu des habitants barbares qui se trouvent dans l'intérieur du pays des Gallas: c'était un homme d'une stature colossale, haut de cinq à six coudées, d'une grosseur de corps et de forme en proportion, plus grand et plus fort que Goliath lui-même, en un mot, un des ces géants qui vivaient avant le déluge.

Personne n'osant le braver et rivaliser avec lui pour le vaincre, il trouva le champ libre pour étendre sa domination sur toute l'Ethiopie chrétienne. Il n'avait pour armes que la cruauté, le meurtre, l'anthropophagie et tous les forfaits sans borne et sans nom. La terreur et les maux qu'il faisait subir aux gens, resssemblaient, disent les Abyssiniens, à ce qu'éprouveront les hommes à la fin du monde, de la part de l'Antechrist.

Les malheureux habitants du pays ne pouvant supporter une conduite aussi barbare que farouche, se réfugiaient dans les cavernes, et se retiraient sur les montagnes les plus inaccessibles et les plus escarpées, abandonnant leurs biens et leurs demeures à l'insatiable avidité du tyran. Grayn pénétrait dans tous les endroits et dans tous les repaires où le guidait quelque flamme ou quelque lumière, et les malheureux qui s'y trouvaient, étaient alors sa proie: il les dépouillait de leurs biens, puis les dévorait, lui et ses troupes (1). Ces pauvres gens voyant que le feu les trahissait, n'osaient plus faire de cuisine; et il est probable que c'est de cette époque, que date l'usage chez eux de manger la viande crue.

Les habitants pensaient souvent aux moyens de se défaire d'un roi aussi féroce et d'une taille aussi gigantesque: personne n'osait l'affronter, tant son aspect formidable et la bravoure étonnante de ses soldats les remplissait de crainte et d'effroi. Ils ne comptaient que sur Dieu et sur les hommes blancs; et pour cela, ils appelèrent en secret, à leur secours, une foule d'hommes blancs de l'Asie, et qui étaient Grecs, au dire des Abyssiniens. Quoique ces gens fussent en petit nombre, ils étaient néanmoins supérieurs en esprit et en adresse, aux soldats du tyran; ils commencèrent par se mettre en embuscade dans un chemin bordé des deux côtés d'affreux précipices

(1) *Dans l'intérieur du pays des Galla, on trouve encore, dit-on, des anthropophages.*

et qui n'avait qu'une issue très étroite. Nous eûmes nous mêmes la mauvaise chance d'y passer une fois, il se trouve dans le territoire de Vollot. Lorsque le roi Grayn arriva au dit passage, ceux qui se tenaient en embuscade, commencèrent à faire feu sur lui sans se laisser apercevoir. Le roi, qui ne savait pas ce que signifiait le bruit de ces armes, dont la force était complètement inconnue dans ce pays, n'en fit pas d'abord grand cas; il recevait les petites balles et les coups de fusil, comme des piqures et des bourdonnements de mouche, et il agitait les mains comme pour les chasser. Voyant à la fin que les coups se multipliaient sans cesse, il se mit en colère, tira son sabre à large tranchant, et déchargea sa fureur sur un olivier; enfin succombant sous les coups multipliées des fusils ennemis, il tomba inanimé sur le tronc de l'arbre, ce que voyant ses troupes, elles se dispersèrent aussitôt. Le lieu où il tomba est appelé aujourd'hui *Jéguerayn Vorya,* ce qui signifie: "L'olivier de Grayn„. C'est ainsi que l'Abyssinie fut sauvée une seconde fois d'un roi sauvage et d'un monstre. Cette histoire, quoique vraie au fond, porte néanmoins un cachet d'exagération qui la fait ressembler à une fable mythologique.

CHAPITRE II.

Le roi Théodore.

JE ne saurais mieux m'acquitter de mon devoir, après avoir parlé des règnes anciens, qu'en prenant la tâche de dire aussi quelques mots sur les règnes modernes, parmi lesquels celui du Prince Théodore occupe la première place, et forme la partie la plus importante, à cause des faits remarquables qui s'y sont passés. Théo-

dore, à cause des moyens cruels et sauvages qu'il employa vers la fin de son règne, a été considéré, comme
nous l'avons déjà dit, comme le troisième roi-monstre,
ou pour mieux dire, a été regardé comme un tyran par
tous les peuples de l'Abyssinie; et, il est très probable,
qu'après quelques siècles, il sera mis, par ces mêmes
peuples, au rang des héros fabuleux pour ses exploits et
sa bravoure, car avant sa mort déjà, il était regardé
comme immortel et doué d'une force surnaturelle: il avait, croyait-on, le corps invulnérable, ni l'épée ni les
balles n'y pouvaient rien, et pour cette raison, personne
n'osait le braver corps à corps.

Avant le règne de Théodore, l'Abyssinie se divisait
en quatre parties ou provinces, gouvernées chacune par
un prince indépendant. Dédjadj-Oubi gouvernait la province du Thègri, Haïlo-Mélicothe, celle de Choa; Brou-
Gochou était prince de Godjam, et Amara, la quatrième
province, bornée par les trois provinces précédentes, avait pour chef Ras-Ali, qui, quoique Galla d'origine, avait reçu, en héritage, ce territoire.

Les habitants de ces contrées se servent du mot Negous (*Roi*) pour désigner leurs chefs, mais ces cerdiers n'
en sont pas, pour cela, des Dédjajd ou des Dédjadjmatchs,
dénomination qui donne à peu près la signification de
Prince. Le Prince d'Amara, s'appelle exclusivement Ras,
qui signifie *Chef* ou *Tête*, comme étant le premier en dignité parmi les quatre autres. Toutefois la couronne royale
n'était portée que par celui qui était issu de Salomon,
Roi d'Israël, [et cet honneur princier n'était usurpé par
aucun des chefs: le successeur de cette prétendue royauté ne portait, il est vrai, que la couronne, et sa dignité était tout à fait nominale, car le pouvoir et la prépondérance étaient partagés indistinctement entre les
quatre princes qui jouissaient également des honneurs
dus à la couronne. Le successeur de l'ancien Roi d'Israël n'avait pour toute propriété que quelques villages,

qu'on lui avait laissés près de la ville de Gonder, et il é-
tait aussi gratifié chaque année d'un certaine somme d'
argent ou d'une certaine quantité de céréales, qui l'ai-
daient à subvenir à ses besoins.

Le prince d'Amara, Ali, fut nommé, à la mort de
son père, Ras-Ali. A cette époque, Théodore qui s'appelait Cassa, vint se mettre au service de ce prince, et en
peu de temps, il sut si bien gagner, par sa bravoure, la
faveur de ce prince, qu'il finit par épouser sa fille. Cassa était de basse naissance. Un jour qu'il avait pris du
cousso, il alla chez son beau père, pour lui demander
du bœuf.

La mère de ce dernier, qui vivait encore, donna aux
domestiques des ordres insultants à leur égard, en disant:
"Donnez un peu de viande à ce fils de marchand de cous-
„so, et qu'il s'en aille.„ Ces mots étaient trop piquants
pour Cassa, qui devint furieux, surtout en les entendant
de la bouche d'une femme. De retour chez lui, il en fait
part à son épouse, qui lui dit: " Ceignez-vous fortement
„et dépêchez-vous, Cassa; pourquoi demeurez-vous ain-
„si comme une femme lâche? „ Elle voulait dire par là:
ayez courage, révoltez-vous et ne restez pas accablé sous
les injures d'une femme. Les Ethyopiens ont coutume
de se ceindre lorsqu'ils se mettent en route pour un voyage lointain, et un voyage lointain signifie aussi, chez
eux, se révolter contre le pouvoir. Irrité de plus en plus
par les paroles viriles de son épouse, Cassa s'enfuit avec
elle à Ougara, qui était son pays natal, dont il parvint
en peu de temps à s'emparer, car étant le gendre de Ras-
Ali, il avait par là une grande influence sur les habitants.
Ras-Ali, à cette nouvelle, expédia des troupes pour se
saisir de lui, mais ces troupes furent battues par les
vaillants soldats de Cassa, qui prit de là l'occasion d'
agrandir ses forces et d'augmenter son pouvoir. Ras-Ali
se voyant vaincu, et cédant aux conseils de ses courtisans, laissa à son gendre la possession de l'Ougara,

et la paix fut rétablie entre eux. Ce prince fut appelé dès lors Dédjadj-Cassa, titre donné aux gouverneurs des provinces, et qui équivaut au grade de préfet.

La mère de Ras-Ali ayant appris que son fils avait fait la paix avec son ennemi, lui adressa des insultes de la ville de Gonder : "Ne sais-tu pas, lui faisait-elle dire, „les menées de Cassa? Tu es un imbécile de te laisser „tromper par ses manières artificieuses, car, au lieu de „t'emparer de lui, tu as fait avec lui une paix honteuse, „en le laissant s'agrandir ainsi à ton préjudice. Tâche „donc de le saisir, et mets-le aux fers.„ Toutes ces paroles furent rapportées à Cassa. Ras-Ali employa, mais en vain, mille artifices pour le retenir. Cassa déjouait toutes ses machinations par les promesses qu'il lui faisait en vue de gagner du temps, et d'organiser les plans qu'il pensait mettre à exécution; ensuite il choisit la première occasion pour se déclarer en insurrection, s'approcha avec ses troupes du territoire de son beau-père, et s'empara de Dembia qui lui appartenait.

Ras-Ali commence à se troubler, il réunit de nouveau en conseil tous ses courtisans, qui cherchent encore à le tromper par les dehors d'une fausse amitié; Cassa tue le temps par des stratagèmes, ce qui lui permet de se faire des partisans parmi les habitants des pays voisins et de s'en emparer. Enfin Ras-Ali voyant l'impossiblité d'en venir à bout par la ruse, se détermine à envoyer contre lui quelques détachements de troupes. Pendant ce temps, des secours arrivent de la part du prince de Thègri, ce qui le met à même de terminer de suite ces démêlés. Cassa feignant d'éviter la guerre, fait à son beau-père la réponse qui suit : "Je ne suis pas en état de combattre „contre vous, surtout en ce temps que l'hiver approche.„ Et ayant parlé de la sorte, il dirigea sa marche d'un autre côté. Trompé par ces paroles qui sentaient la crainte, Ras-Ali cesse de combattre pour prendre ses quartiers d'hiver, et congédie ses troupes qui se dispersent dans les villages de Dembia, pour y chercher des vivres et y hiverner, selon l'usage.

Dédjadj-Cassa aurait bien pu aussi faire nourrir ses troupes aux frais des villages, d'après l'usage du pays, mais il ne voulut pas leur être à charge, cherchant plutôt à se les attirer et à gagner leur sympathie; aussi congédia-t-il ses troupes en les laissant libres de servir le prince qu'elles préféreraient: "Je me contenterai, di-„sait-il, des quatre ou cinq cents soldats armés que j'ai „avec moi.„ Et là-dessus il se retire à Ougara son pays natal, accompagné seulement d'une poignée de soldats.

L'hiver n'était pas encore achevé que la trompette guerrière retentit soudain par ordre de Cassa dans tous les bazars et les lieux publics, où des hérauts annonçaient au peuple de la part de leur chef la proclamation suivante: "Celui qui m'aime, me suive à l'instant; nous „allons marcher contre Ras-Ali.„ En entendant cet avis, tous ceux qui avaient pris leur congé, se réunirent vers lui. Les habitants de Dembia eux-mêmes fatigués des vexations et des mauvais traitements, que leur avaient fait subir les troupes de Ras-Ali, vinrent également s'enroler sous l'étendard de Cassa, ainsi qu'une foule de gens dont il avait gagné la sympathie. Se voyant en force, ce prince vint à Dembia, et plaça son camp en face de l'armée de Ras-Ali, démarche qui augmenta le courage de ses troupes. Au moment de livrer bataille, il se plaça devant ses troupes, auxquelles il fit la harangue suivante: "Soldat! regardez-moi bien, et tâchez de vous „rappeler mes traits, afin que vous ne preniez pas pour „moi un de ceux qui seront tombés sur le champ de ba-„taille, et que par là votre courage s'évanouisse. C'est „moi qui suis Cassa, le gendre et l'ennemi de Ras-Ali. „J'espère avec le secours de Dieu, ne jamais tomber ni „périr sur le champ de bataille . . . . Que la re-„nommée de Ras-Ali ne vous fasse point abandonner „votre poste! Ne vous mettez en peine que de la force

„ . . . N'allez point me chercher derrière l'armée;
„je vous devancerai tous devant mon ennemi pour com-
„battre avec lui, face à face, en valeureux soldat : c'est
„en avant que vous me trouverez, et efforcez-vous avec
„moi de prendre Ras-Ali vivant.„ Ayant parlé ainsi, il
fond comme un lion rugissant sur son ennemi, suivi de
ses compagnons les plus braves; l'attaque commence,
l'ennemi faiblit et succombe; enfin Cassa triomphe, et
Ras-Ali mis complètement en déroute, prend la fuite, et
se sauve à cheval vers le pays de Godjam. Dédjadj-Cassa le poursuit et s'empare de ce territoire sans coup férir.
Ras-Ali se réfugie alors sur un montagne fortifiée, qui
avait presque la forme d'une île, entourée qu'elle était
par les eaux courantes des sources du Nil; Cassa, il est
vrai, ne put en approcher pour saisir son ennemi, mais
il s'empara par surprise du fils et de la mère de Ras-Ali,
par qui il avait été insulté, et qu'il envoya à Essar-Amba, pour être mis aux fers (1). C'est la montagne même
que nous avons habité pendant assez longtemps.

Après cette victoire, Cassa s'empresse de retourner
sur ses pas pour attaquer le roi du Thègri, à qui il enjoint de lui envoyer le Prélat pour le sacrer. Car Abouna-Sélami avait gagné le Thègri, à la suite des différents
religieux qu'il avait eus avec le Tchéghi de Ras-Ali.
Dédjadj-Oubi, qui avait peur de Cassa, va immédiatement trouver le Prélat, qui, inquiété par la population
du Thègri et par les menées du prince même, s'était retiré dans une montagne éloignée; il lui fait part de la
demande de Cassa, gagne son cœur par une somme d'
argent, et le prie d'intercéder en sa faveur et d'éloigner
tous les périls qui menaçaient son Etat. Cédant à ces

_(1) Il avait ordonné, dit-on, de ne donner à la mère de Ras-
Ali, pour toute nourriture que du Cousso seulement, car, disait-il,
le fils d'un marchand de Cousso n'a rien autre chose que cela à
donner._

Instances, Abouna-Sélami se met en route pour se rendre chez Cassa, afin d'exécuter la promesse qu'il avait donnée aux habitants du Thègri, et pour lever l'excommunication qu'il avait lancée contre eux.

Bien qu'Abouna-Sélami s'acquittât de son mieux de la promesse qu'il avait faite, et qu'il fît tout son possible pour rétablir la paix entre les deux partis, Dédjatch-Oubi ayant même envoyé divers présents considérables en vue de préserver son territoire, Dédjadj-Cassa, malgré cela, ne ralentit rien de son ressentiment, et déclara soudainement la guerre à ce prince; il l'attaqua, le saisit lui et ses fils, tandisqu'ils reposaient sous leur tente, et les mit aux fers tous ensemble; il employa même la torture pour leur faire déclarer où étaient leurs trésors, et s'en étant emparé, il les distribua à tous ses soldats(1). Enfin s'étant rendu maître entièrement du Thègri, il se dirigea vers le village de Voldoubla. Là, il se fit sacrer par le Grand-Prélat Abouna-Sélami, a certaines conditions tenues secrètes, et prit publiquement, dans la célèbre Église de ce lieu, le nom de Théodore.

Un peu avant cette époque, il s'était répandu dans la communauté le bruit d'une certaine prophétie, faite par un de leurs saints, par laquelle on croyait qu'il devait venir un prince nommé Théodore, qui dirigerait sa marche jusqu'à Jérusalem, dont il devait s'emparer (2). Il devait avoir d'après cette prophétie, les qualités de même que les vertus de Saint Théodore son patron; sa réputation devait se répandre dans tout l'Univers, et, à la fin, il devait être canonisé, après sa mort, comme

(1) *Il avait fait, dit-on, apporter de Massawa plein une caisse de sequins de Venise, qui sont employés là, comme on sait, exclusivement à la dorure.*

(2) *Il existe également une tradition, chez les habitants de Djedda, qui dit que les Abyssiniens doivent se rendre un jour maîtres de leur ville.*

un des saints les plus vénérés de l'Église. Abouna-Sélami avait connaissance de ce bruit, et cherchant à le
mettre à profit, il dit à Théodore, avant de le sacrer:
"Je vous appellerai Théodore, pour faire croire aux
„peuples que vous êtes ce même roi Théodore dont la
„tradition parle, et qui doit, après avoir régné sur tout le
„pays, subjuguer aussi la ville de Jérusalem, de la sorte
„vous serez vénéré et respecté aux yeux du peuple, qui
„vous admirera; toutefois je pose, comme condition, que
„vous exterminerez mes ennemis, et que vous me don-
„nerez en gratification, la moitié des pays que vous au-
„rez subjugués. "Dédjadj-Cassa, ainsi prit au dépourvu,
et au moment d'être sacré Roi, n'avait guère le temps de
réfléchir, aussi accepta-t-il cette condition, qu'il s'engagea de garder, en jurant sur la tête même du Prélat:
C'est à cette condition que Dédjadj-Cassa obtint la couronne, et qu'il fut admis à la communion comme monogame. Il parvint ainsi à se rendre maître de la partie o-
rientale du pays des Gallas, ce qui lui acquit une grande
renommée, car personne avant lui n'avait pu étendre sa
domination dans ce pays-là.

Mélécoth, Prince de Choa, ayant été informé de l'arrivée de Théodore, fut tellement saisi de frayeur, qu'il
mourut subitement, et son territoire tomba par là aux
mains de Théodore. Une amulette qui était pendue au
cou du jeune fils de Mélécoth, trahit l'endroit où étaient
les trésors de ce dernier; et Théodore s'en étant emparé,
les partagea aussitôt à ses troupes. Il adopta aussi le
jeune Minilik, fils du prince défunt, mais ce jeune homme
voulant reprendre les états de son père, prit la fuite
aussitôt qu'il put, et se déclara en révolte contre le roi
Théodore. C'est le prince actuel de Choa.

CHAPITRE III.

Les bonnes qualités de Théodore.

PARVENU au plus haut degré de pouvoir et à son apogée de gloire, Théodore n'oublia pas les engagements qu'il avait pris avec le Grand-Prélat; il tint fidèlement les promesses qu'il lui avait faites, et lui remit les territoires dont sa dignité lui permettait de disposer; il fit mourir aussi ses ennemis qui se trouvaient dans la classe des Thephdéras, et surtout parmi ceux qui professaient les trois naissances en J. C. Les prétextes, comme on voit, ne lui manquaient pas pour s'en défaire.

Théodore, ainsi qu'il a été dit, était monogame d'après les lois du christianisme, et comme tel faisait parti des Goravis; il voulait abolir l'usage de la polygamie, qui était suivi généralement par ses peuples, afin qu'ils pussent être admis comme enfants de l'Église, et communiés comme les Goravis. Mais, malgré ses efforts et ses bonnes intentions, le Roi ne parvint à aucun résultat sensible, bien qu'il employât, pour cela, tantôt les moyens de douceur, et tantôt ceux de la violence.

Il établit une assemblée, dont les membres étaient élus parmi les Thephdéras, pour examiner et juger tous les procès avec impartialité et loyauté, suivant les lois établies par le Gouvernement, pour que justice soit faite à tous, sans acception de personne, aux grands et aux petits. Il se soumit ainsi aux lois et aux canons, et sacrifia sa volonté personnelle à la voix de la justice.

Il se faisait un devoir rigoureux de se rendre fréquement à l'Église et d'y chanter des Psaumes; il n'y manquait jamais même au milieu de ses occupations les plus pressantes.

D'après les lois de la guerre, il aurait pu faire décapiter les rebelles qui tombaient en son pouvoir ; cependant il se contentait pour la première fois de leur faire
mutiler les doigts des pieds ou des mains; la seconde
fois, de leur faire couper les bras ou les jambes, et enfin la troisième fois il leur faisait couper la tête.

Il faisait aussi décapiter légalement tous les voleurs de
grand chemin, dont on parvenait à se saisir; aussi pendant tout le temps de son règne, les vols avaient cessé,
et la sécurité la plus parfaite régnait sur les routes, chose
qui ne s'était jamais vue dans le pays, au dire des habitants eux-mêmes.

L'attention, les largesses et l'hospitalité qu'il témoignait à ses peuples, n'avaient point d'égales. Il distribu-
ait lui-même de sa propre main et debout, ainsi qu'on
l'atteste de lui, les aumônes à une foule de pauvres, enfin
il se comportait comme un tendre père avec son peuple.

Après la mort de sa femme, il ne voulut point convoler
à de secondes noces, et mena pendant trois ans une vie
monacale. A la fin, cédant aux instances réitérées d'A-
bouna-Sélami, il accepta la main de la fille du prince
Dédjadj-Oubié. Cependant, il était tellement animé de
l'amour de la religion, qu'il pensait souvent à abdiquer
la couronne, dont les soucis l'empêchaient de se livrer
aux exercices de piété, et de s'acquitter de ses devoirs
spirituels.

Il est regrettable que la communauté Ethiopienne,
qui jouissait de tant de bienfaits et de tant d'aisance,
sous la protection d'un Prince aussi dévot que généreux,
au lieu d'être reconnaissant envers son bienfaiteur, se
soit révolté tout à coup contre lui, à l'exemple des Israélites, qui se soulevaient de temps à autre contre Moïse,
perdant patience dans les fatigues et oubliant soudainement les bienfaits dont il avaient été comblés dans
le désert.

Les Abyssiniens, livrés comme ils sont à la paresse,

dès leur naissance, et accoutumés à vivre sans fatigue,
s'efforcent uniquement de se faire nourrir aux frais du
gouvernement, au lieu de contribuer à l'amélioration des
finances de l'Etat, par les dîmes et divers autres tributs;
ils ne pensent pas que c'est à cette condition seule qu'un
Etat quelconque peut être à même de se montrer généreux envers les pauvres qui se trouvent sous sa domination. Loin d'avoir une telle idée, les Abyssiniens influ-
encés par la prétendue révélation dont nous avons parlé plus haut, se disaient entre eux: "Si le Roi est le même
„Théodore qui a été prédit, il doit se contenter d'un
„seul bœuf, qui lui serve à labourer la terre pour vivre:
„pourquoi tant de soldats et tant d'officiers autours de
„lui?„ Ce langage, qui était général parmi les sujets du
Roi, parvint jusqu'à lui.

Ce peuple, suivant la pente de son mauvais caractère
et excité, en outre, par les suggestions des Thephdéras et
des prêtres partisants d'Abouna-Sélami, se met à cança-
ner et à médire ouvertement du roi Théodore, donnent
un mauvais sens à toutes ses démarches, en en tirant les
conséquence, les plus défavorables à sa réputation, tellement qu'il finit par le déshonorer et même jusqu'à l'in-
jurier. La révolte commence à se montrer en divers endroits; on conspire dans les assemblées contre ce prince,
afin de l'abaisser et de lui enlever sa force, et s'il est
possible, de le détrôner. Dès lors, les ordres du Roi ne
sont plus respectés, l'autorité de ses ministres est méprisée, et Théodore perdant, à la fin, la retenue et la patience, se voit forcé de recourir aux moyens tyranniques,
et au lieu de traiter ses peuples en père comme il avait
fait jusque là, il commença à devenir pour eux un juge
sévère et un bourreau impitoyable.

CHAPITRE IV.

CE que j'ai à raconter maintenant contraste entièrement avec ce qui vient d'être exposé dans le chapitre
précédent. C'est au point que le lecteur étonné, aura de
la peine à croire, qu'un homme d'une vertu aussi exemplaire, qui avait fait jusque là le bonheur de son peuple,
pût changer aussi soudainement, jusqu'à en devenir le
bourreau.

Théodore voyant l'ingratitude de ses sujets, qui, au
lieu de se montrer reconnaissants des bienfaits dont il
les faisait jouir chaque jour, poussaient l'audace jusqu'à
se révolter contre lui, résolut alors fermement d'abandonner sa clémence, et d'employer, avec eux, les seuls
moyens de violence; pour celà, il commence à prendre
des manières tout à fait sauvages, et laisse de côté toutes
les lois civiles et chrétiennes, avec lesquelles il n'avait
pu les rendre sensibles à l'humanité et à la probité: il
devient donc leur Pharaon et leur Néron. Le Roi qui
avait été autrefois le partisant de la monogamie, est dès
lors le chef des débauchés; sa maison se transforme en
un endroit de débauche, et se remplit de femmes de mauvaise vie. Il s'abandonne à une vie déréglée et mène
une conduite des plus dissolues, croyant trouver par là
un soulagement à ses peines, et une calme à ses remords,
car nul doute que ses vertus d'autrefois n'eussent laissé
au fond de son cœur, des souvenirs qui condamnaient sa
conduite immorale. Loin de revenir au droit chemin,
dont il s'était si étrangement égaré, il s'endurcit de plus

én plus, et ne pense qu'à tourmenter et à opprimer son peuple. Il met les riches dans les fers et ne les relâche qu'après avoir reçu d'eux les sommes qu'il en exigeait; il en retient même plusieurs qui lui ont payé ce qu'il leur demandait, et fait mettre à mort impitoyablement tous ceux d'entre eux qu'il soupçonne de révolte. Il reprend, sous divers prétextes, à leurs possesseurs, les domaines dont il les avait gratifiés, et les dépouille même de leurs propres biens. Irrité contre Abouna-Sélami, à cause de la haine que celui-ci lui portait, il lui reprend également de force tous les terrains qu'il lui avait donnés. "Ces terrains, lui dit-il, appartiennent au Roi particulièrement, parce qu'ils ont été achetés par le sang du „Roi.— Tu es mon père spirituel; tu prendras de moi „toutes tes provisions de nourriture, que tu emploieras „comme bon te semblera.„

Quand il s'emparait de rebelles, il les faisait tous passer au fil de l'épée, et égorger jusqu'à trois et quatre cents à la fois, avec leurs femmes et leurs enfants, et il faisait exposer leurs corps en plein air, pour être la proie des bêtes fauves. On a vu même quelques uns des rebelles, après avoir eu les pieds et les mains coupés, être portés au gibet par ses ordres (1).

Ceux qui se refugiaient dans les Églises, qui selon leurs anciennes lois doivent être des lieux de refuge, en étaient expulsés par force, et égorgés comme des agneaux. Il avait coutume de dire aux peuples et aux gens de sa cour: "Si je suis un mauvais Roi, et si mes actions sont „contraire à la volonté de Dieu, qu'il me livre une heure „plus tôt entre vos mains. Si, au contraire, c'est vous „qui êtes mauvais, et si mes actions sont agréables à „Dieu, qu'il vous livre tous à mes caprices. Si je fais du „mal, le tort n'en est pas à moi, mais à votre méchan„ceté, qui me force de vous maltraiter.„ C'est ainsi que

(1) *Le père de Thcklé-Gorghis a été supplicié de la sorte.*

ce Roi pensait, et chaque jour voyait se multiplier ses actes de cruauté.

Les peuples voyant tous les maux qu'ils subissaient, ne pouvaient s'imaginer que ce fût l'effet de leur mauvaise conduite et de leur ingratitude, et, loin de devenir plus sages et de se repentir, s'opposaient de plus en plus à la volonté du Roi, cherchant à s'excuser comme le Pharisien, en accusant le Roi lui-même d'être l'unique auteur de leur maux; aussi le vilipendaient-ils de toutes leurs forces, en le représentant comme un homme sans religion et sans foi.

Un jour, dit-on, le roi Théodore eut un songe, dans lequel il se voyait tenant une épée d'une main et du feu de l'autre, et en même temps il entendit une voix menaçante, qui lui disait: "Si tu ne brûles pas ton peuple a-„vec ce feu, je te couperai la tête avec l'épée que tu tiens.„ Soudain le Roi s'éveille en sursaut, plein de terreur, et raconte le songe qu'il avait eu, en disant: "Vous voyez „bien que ce n'est pas moi qui vous maltraite, mais bien „Notre Seigneur, qui me le commande, et qui vous me-„nace à présent, par le feu. Si vous ne voulez pas re-„noncer à votre mauvaise conduite, et vous retirer de „la voie d'iniquité en vous repentant, le feu est tout prêt „pour vous punir.„

Après avoir employé l'épée pendant cinq ans, et lavé dans le sang les crimes de son peuple, le Roi voyant qu'il suivait toujours la même voie, résolut d'employer le feu pour le punir. Il renfermait dans un grand édifice des centaines de rebelles avec leurs femmes et leurs enfants, et les livrait aux flammes, ainsi que cela est attesté par plusieurs. A cet effet, disait-on, il faisait entasser du bois tout autour, en plaçant près de là une enceinte de soldats, et mettait ensuite le feu à l'édifice: ceux qui parvenaient à s'en échapper étaient tués à coup de fusil. Ainsi tous ceux qui s'y trouvaient renfermés, étaient consumés par les flammes.

Théodore s'emporta plusieurs fois contre Abouna-Sélami, qui ne cessait d'exciter le peuple à se révolter contre le gouvernement, et il voulait même le faire brûler. "Au lieu de me conseiller, lui disait-il, d'un ton me-
„naçant, conseille-toi toi-même, vieux coquin; et si tu
„ne veux pas te corriger toi-même, je saurai bien te
„donner la leçon que tu mérites.„ C'est ainsi qu'il le réprimanda une fois en public, et il ordonna même à ses soldats d'entasser du bois et des broussailles tout autour de la maison du Prélat et d'y mettre le feu. L'ordre fut exécuté aussitôt que donné. Les broussailles sont apportées et mises en place, mais au lieu de les enflammer, les soldats elèvent tous ensemble leur voix au ciel en criant *Incziapher! Incziapher!* Ce qui veut dire: *Seigneur! Seigneur!* Après quelques moments, le Roi cède aux prières de ses soldats, il retire ses ordres et pardonne au Prélat.

Théodore résolut une fois de marcher contre les frontières d'Egypte (1). Mais Son Altesse le Vice-Roi, ne voulant pas engager de combat avec lui, envoya près de lui le grand Patriarche des Coptes en qualité de délégué incognito, avec mission de l'exhorter à renoncer à ses intentions hostiles. Le prince Théodore irrité du ton d'autorité et du langage impérieux et violent de ce Patriarche, et informé en même temps que des troupes é-gyptiennes étaient sur le point de marcher contre lui, parla ainsi au délégué du Vice-Roi: "C'est donc toi,
„Patriarche, qui, au lieu de prendre les intérêts d'une
„Roi chrétien, souitens la cause d'une prince musul-
„man, viens tout exprès de sa part pour me trahir;
„alors je vais avoir le plaisir de brûler le délégué d'un
„prince Mahométan.„ Mais l'arrivée des troupes égyptiennes s'étant trouvée démentie, il n'exécuta pas sa me-

(1) *Il avait déjà fait d'autres expéditions sur le territoire é-gyptien, du temps de Saïd-Pacha, à qui il causa d'assez grands dommages.*

nace de le brûler, et se contenta de le faire enfermer dans une maison avec le Grand-Prélat, pendant sept jours, ne leur faisant donner aucune nourriture ni à l'un ni à l' autre, pas même de l'eau.

Cependant les menaces de Théodore n'inspirèrent aucune crainte à Abouna-Sélami, qui faisait tous ses efforts pour exécuter son plan, et exciter de plus en plus l'émeute et le trouble parmi le peuple, et surtout parmi les habitants du pays de Gonder, qu'il cherchait continuellement à soulever.

Un jour le Roi tomba à l'improviste sur Dembia, ravagea tout le pays d'alentour, détruisit à coups de canon toutes les églises de Gonder, qu'il livra au pillage, et fit transporter leurs vases sacrés et leurs Thaboths dans la forteresse de Magdala. C'est dans la même forteresse qu' Abouna-Sélami était en même temps détenu prisonnier. Le Roi disait au sujet des Églises: "Là où il n'y a pas „de prêtres proprement dits, ni de peuples dévots, il n'est „pas besoin d'édifices religieux. Les Églises sont pour le „besoin des peuples, et non les peuples pour le besoin „des Églises.„

Ce langage que ne manquait pas de raison, lui avait été appris et dicté, dit-on, par les hommes blancs qui se trouvaient à son service. Ces gens qui étaient les favoris et les confidents de Théodore, furent en grande partie la cause des rigueurs de ce Prince, qui poussait la sévérité jusqu'à la barbarie: c'est du moins ainsi qu'on pensait dans le pays même.

La conduite de ce Roi farouche et inhumain inspirait tellement de terreur et d'effroi aux troupes et aux peuples qu'il commandait, que ceux qu'il fixait de loin, se reculaient en frémissant, et tombaient en se heurtant les uns sur les autres. Le bruit de son approche jetait une telle consternation parmi les révoltés, que ceux-ci pleins d'effroi, prenaient aussitôt la fuite les uns sur les montagnes, les autres dans les vallées, où ils se précipi-

taient tout hors d'haleine. Tous les hommes qu'il trouvaient dans les lieux d'attaque étaient brûlés par ses
ordres, et leurs bestiaux distribués à ses gens.

CHAPITRE V.

Le Consul Anglais et sa captivité. Arrivée de Sir-Napier, et mort
de Théodore.

PARMI les hommes blancs qui se trouvaient près
de Théodore, on distinguait le Capitaine Caméron, Consul de la Grande-Bretagne. Ce dernier, par sa conduite
politique, a été la cause de la guerre, qui éclata bientôt
entre les deux nations, et qui finit par la mort héroïque
du Prince Abyssinien.

On sait que, grâce aux soins assidus du puissant royaume Britannique, la tolérance religieuse et la liberté
de conscience a été adopté, depuis nombre d'années, par
presque tous les états civilisés, qui, en conséquence de ces
principes, ont donné liberté entière aux missionnaires
Anglais, Américains et autres, de prêcher aux peuples
leurs diverses professions de foi, sans aucune distinction
de culte. Aussi les missionnaires Anglais désiraient-ils
depuis longtemps faire accepter le même principe par
la cour d'Abyssinie, mais leurs efforts étaient restés jusque là inutiles, et ils ne pouvaient y exercer leur ministère en pleine liberté. Dans ces intervalles, le Consul Anglais de Massawa fut chargé de se rendre, de la part de
son Gouvernement, auprès du prince Théodore, pour lui
remettre des présents que le cabinet de la Grande-Bretagne lui offrait dans ce but. Le roi d'Abyssinie accueillit avec grand plaisir l'envoyé de S. M. la Reine, ainsi
que ses cadeaux: il eut même un sympathie toute particulière pour la personne du Consul, qu'il appelait sou-

vent auprès de lui, et à qui il témoignait beaucoup d'affection et d'égards.

C'est ainsi que la route de l'Abysssinie fut ouverte aux Européens; quelques missionnaires, qui avait accompagné le Consul, trouvèrent par son entremise, de la part du Roi, une hospitalité plus chaleureuse qu'ils ne s'y étaient attendus. Quelque temps après, ceux-ci demandèrent à Théodore la permission de prêcher le christianisme parmi les infidèles du pays, afin de les convertir à la vérité de l'Evangile. Le Prince croyant que l'effet de leur mission serait l'agrandissement de son état, si les peuples chrétiens se multipliaient dans le pays, leur accorda volontiers la permission qu'ils demandaient; et voulant même leur faciliter une entremise, qui était innouïe jusque là, il leur faisait don de temps en temps de sommes de quatre à cinq cent thalers, outre les bœufs, les brebis, le miel et les légumes, qu'il leur faisait donner.

A partir de cette époque, le pays commença à être fréquenté par d'autres Européens; ceux qui y arrivèrent les premiers étaient des artistes Français, des fabricants de poudre et des fondeurs de canons; il y eut aussi quelques Allemands, parmi lesquels se trouvait un missionnaire de cette nation. Ces étrangers captivèrent bientôt, par leur industrie, l'affection du Prince, qui les eut en grande considération. Quant aux Autrichiens, ils furent forcés de rester près de la personne de Théodore, à cause des rebelles qui encombraient les routes, au moment de leur entrée en Abyssinie.

Mais il est naturel que la spéculation marche toujours suivie de la haine et de la jalousie, aussi l'inimitié ne tarda-t-elle pas longtemps à se mettre entre les Anglais d'une part, et les Français et les Allemands de l'autre, persuadés qu'étaient les deux parties qu'ils ne pourraient vivre sous le même ciel, en présence l'un de l'autre. L'aversion et la haine étaient réciproques, aussi chaque parti faisait-il tous ses efforts pour discréditer et trahir le parti opposé, s'efforçant tous, à l'envie, de se ruiner les uns les autres, et de se traverser dans leurs entreprises.

Un jour les missionnaires Anglicans demandèrent l'autorisation de bâtir une Église dans le but d'étendre et d'accroître leur mission, et leur demande fut favorablement accueillie. Mais, presque aussitôt le Roi excité par le parti contraire, révoqua les ordres qu'il avait donnés à ce sujet, et retira la permission demandée; on lui avait dit que le but secret des missionnaires n'était point la propagation de la foi, mais, un but tout politique, et ces paroles malveillantes avaient jeté le soupçon dans l'esprit de Théodore, qui dit aux missionnaires: "Si l'É-„glise que vous voulez élever est vraiment destinée pour „vous, nous en avons plusieurs ici qui pourraient suffire „et pour vous et pour nous; si vous les croyez trop petites „et qu'elles ne puissent suffire pour vous et tous vos néo-„phytes, vous n'avez qu'à me le dire, et je puis vous en „faire construire d'aussi grandes et autant que voudrez. „Ne tiendrez-vous pas compte de ma promesse? je suis „pourtant à même de la remplir.„ Les missionnaires n'eurent pas la hardiesse de lui répondre, ni d'appuyer leur demande par la force. Le Consul voulut s'entremettre dans l'affaire, mais il ne put rien obtenir, et se vit forcé de renoncer à son intervention. Tout l'avantage que tirèrent là les missionnaires, fut la conversion de quelques chrétiens Abyssiniens, dont les convictions n'é-taient pas très profondes.

Pendant que le Consul demeurait à Gonder, il s'était répandu, dans le pays, certains mauvais bruits au sujet de sa conduite; et ces bruits étaient parvenus jusqu'aux oreilles du Prince. Cette circonstance fut une occasion favorable pour le parti opposé, qui s'empressa de se rendre chez le Prince pour lui faire des rapports contre le Consul. "Cet homme, lui disaient-ils à toute „heure, n'est qu'un espion.„ Théodore qui, comme tout

le bas peuple, croyait à la sorcellerie, se laissa aisément
prendre à leur imposture, lorsqu'il entendit de leur bouche
les paroles suivantes: "Il veut vous charmer, lui disai-
„ent-ils, et certainement il réussira un jour ou l'autre,
„par ses enchantements, à vous livrer aux mains des
„soldats de la Reine, qu'il a appelés ici précisément pour
„cet effet.„ Un tel langage avait appelé l'attention des
courtisans du Prince, qui s'unissaient avec les ennemis
du Consul, pour donner à ces rapports un caractère sérieux, tellement que le pauvre Théodore ainsi harcelé,
perdit toute patience et s'abandonna aux suggestions de
la colère.

Tout ce qui nous a été communiqué au sujet de la
conduite du Consul Anglais, repose uniquement sur les
bruits répandus parmi le peuple, bruits, à vrai dire, qui
n'ont aucune valeur pour nous, mais que le plan que je
me suis proposé dans cet ouvrage m'oblige d'exposer, ne
voulant omettre aucune chose de ce que nous avons apprit au sujet de l'affaire en question, ni laisser passer le
plus petit détail. Quoique d'un côté, Théodore prétât
l'oreille aux rapports injurieux et à l'imposture dirigés
contre le Consul, il ne cessait pas, de l'autre, de lui donner extérieurement des témoignages d'affection, témoin
les paroles d'affectueux reproche qu'il lui adressa un
jour, et qui montrent clairement quelle était la bonne
foi et la simplicité du cœur du Roi. "Consul, lui dit-il,
„c'est assez d'avoir agi d'une manière aussi révoltante;
„voulez-vous dépraver tout le pays, et le corrompre
„par votre argent?„

On dit que le roi Théodore avait fait une fois écrire
une lettre à l'adresse de Sa Majesté la Reine; et comme
il était à table avec le Consul, il lui parla de ses intentions au sujet de cette lettre. Le Consul qui était alors
pris de vin, qu'il aimait assez, dit-on, ne prit pas d'abord
au sérieux les discours du Prince, et lui fit même à la légère l'offre de porter lui-même la dite lettre à sa destinati-

on. Comptant sur cette promesse, le Roi la lui remit quelques jours après, et le fit partir avec les honneurs dus à son rang. Mais le Consul déviant de la route du Thègri, se dirigea du côté de Kesséla, et partant de là pour Gadarif et Gallabad (Méthemma) il arriva à Djelga, avec l'intention, comme on l'assure, de se réfugier chez un chef de révoltés. Il se trouva qu'à cette époque, Théodore était allé à Dembia, qui est proche de Djelga, et ayant été informé que le consul se trouvait dans ce dernier pays, le fit saisir et conduire près de lui. "Qu'as-tu fait „de la lettre? lui demanda-t-il aussitôt, et quelle réponse „as-tu à me donner?—Je l'ai expédiée avec mon domes-„tique„ repondit le consul. Ces mots suffirent pour porter l'indignation du prince à son comble. "Si tu ne vou-„lais pas te charger de cette expédition, ajouta-t-il, pour „quoi m'as-tu fait cette promesse et trompé ainsi, car „ton tort est assez manifeste maintenant, puisque tu t'es „réfugié chez un chef de rebelles? Tout ce qu'on dit de „toi, n'est donc que trop vrai: c'est toi seul, à ce qu'il „parait, qui trouble tout le pays.„—A ces mots le Consul, comme on l'assure, répondit au Prince avec fierté: "Qu' „y a-t-il entre moi et vous? je ne suis point votre cour-„rier, ni votre ministre non plus, mais le représentant d' „une Puissance qui fait trembler le monde entier, et qui „ne veut rien moins pour la servir que des princes tels „que vous.„ Cette réponse hautaine et orgueilleuse enflamma naturellement la colère dans le cœur du Roi, qui donna l'ordre imprudent de lui lier les pieds, après quoi il lui adressa ces outrageantes paroles: "Que votre Reine „dont vous vous vantez tant, vienne maintenant vous „déchaîner, si elle le peut.„

Irrité davantage par ce traitement avilissant, le consul tint alors un langage injurieux à ce Prince, qui venait de se déshonorer si ouvertement. Abouna-Sélami prit alors le parti du Consul, ce qui augmenta la colère de Théodore à un tel point, que ce dernier donna l'ordre

d'enchaîner aussi la main gauche du Consul avec ses
pieds. Dès lors, celui-ci commence à faire parvenir ses
plaintes par lettres en Angleterre, et à informer le Cabinet de S. M. la Reine, des insultes faites en sa personne,
à son Gouvernement, par le roi d'Abyssinie, demandant
des secours immédiats pour obtenir satisfaire de son honneur offensée.

Peu de temps après cet incident, la discorde éclata
aussi entre les Allemands et les Français, qui habitaient
cette Colonie. Les premiers, parmi lesquels se trouvaient un missionnaire, comme nous l'avons déjà dit, redoutant d'être trahis et de tomber, comme le consul Anglais dans quelque guet-apens, pensèrent à s'éloigner du
pays. A cet effet, ils sollicitèrent, à diverses reprises, la
permission du Roi, pour s'en retourner dans leur patrie;
mais, comme en ce moment là, les routes se trouvaient
encombrés par les rebelles, ils ne purent obtenir l'autorisation qu'ils désiraient. Parmi les Français, il y avait
un individu, dont je ne me rappelle pas le nom, qui était
parvenu à captiver la confiance du Roi, et à être au
nombre de ses amis intimes. Comme il était en mauvaise intelligence avec les Allemands, il ne manqua pas
de saisir cette occasion de leur projet de départ, pour
se venger d'eux, et les représenter au Roi comme des rebelles: "Ces gens, lui dit-il, veulent s'enfuir chez les ré-
„voltés pour renforcer leur parti. J'ai feint moi-même,
„un moment de me joindre à eux, afin de saisir leur pro-
„jet, mais sans toutefois songer sérieusement à prendre
„la fuite avec eux, car c'eut été payer trop mal vos bi-
„enfaits pour moi.„ Le Prince se laissa prendre aisément à ces feintes paroles, et pour être rassuré à l'é-
gard de ces étrangers, il les fit saisir tous et les envoya
à Magdala (1). Le Missionnaire Autrichien était du

(1) Comme il n'existe point de prisons en Abyssinie, le Gouvernement est obligé d'enchaîner les coupables, et de les laisser sous

nombre. Cet événement se passa en 1867.

Les lettres du Consul étant arrivées à Londre, excitèrent les sentiments de la plus vive sympathie chez la nation Anglaise; et le Gouvernement de S. M. la Reine avisa de suite à employer les moyens nécessaires pour sa délivrance. Il expédia à cette fin un délégué, M^r. Rassam avec des présents précieux destinés à Théodore, en même temps qu'une requête à son adresse, de la part de S. M. Le prince accepta le tout avec plaisir, apaisa sa colère, et le Consul fut remis en liberté. Cependant des gens malveillants ne tardèrent pas à jeter de nouveau le trouble et le mécontentement dans l'esprit de Théodore, et à tenter ce Prince dans son amour-propre. "Cet homme, „(M^r. Rassam), lui disaient-ils, est muni de lettres qui l' „autorisent à se saisir de vous par surprise et à vous don- „ner la mort, en cas que vous auriez refusé de donner „la liberté au Consul.„ Le malheureux Prince prêta l'oreille à ces suggestions hasardées, et sans se donner la peine d'examiner et de s'assurer de la chose, il donna ordre de mettre aux fers M^r. Rassam, en même temps que le Consul. Un certain Arménien, nommé Pierre, de Diarbékir (Grande Arménie), qui connaissait particulièrement le consul Anglais, essaya une fois de faire des tentatives indirectes en sa faveur auprès du Prince, mais cela suffit pour le rendre suspect, et il alla partager les fers de son malheureux ami.

A l'époque où nous étions encore à Jérusalem, ces nouvelles nous étaient communiquées par des journaux, qui ne savaient pas distinguer le vrai d'avec le faux, et qui, en outre, exagéraient tout au caprice de chaque rédacteur. On était au mois de Mars de l'année 1867, lors qu'un jour le consul Anglais de Jérusalem, M^r. Noël Temple Moor, vint trouver Sa Béatitude le Patriarche

la surveillance de quelques gardiens, ce qui fait que les prisonniers sont libres de se promener en plein air.

Arménien, Mg^r. Isaïe, auquel il présenta des dépêches de la part de Mg^r. le Patriarche de Constantinople; et de celle du Conseil Civil de la communauté Arménienne de la même ville, lui communiqua, en même temps, le désir et les vues de S. Exc. Lord Lyons, Ambassadeur de S. M. la Reine près de la Sublime Porte. Le contenu de ces dépêches et la proposition de S. Exc. n'étaient autre chose que la demande faite à S. B. Mg^r. Isaïe, d'envoyer une requête par un délégué en personne, à S. M. le roi Théodore, pour solliciter de lui la délivrance des prisonniers. C'était le dernier expédient que le Cabinet Anglais voulait employer avant d'engager les hostilités, dont il voulait toujours se garder. Sa Béatitude le Patriarche accueillit avec bonté cette demande, et décida aussitôt d'envoyer pour cette expédition Sa Grandeur Mg^r. Isaac, Evêque de Jérusalem et moi P. Timothée, avec mission de nous rendre chez le roi Théodore pour lui présenter une requête, accompagnée de présents précieux. Nous n'hésitâmes point à nous charger de cette mission difficile, par égard pour le Gouvernement de la Grande-Bretagne, et aussi au nom de l'humanité. Nous nous mîmes en route au mois d'Avril de 1867, et quatre mois après, nous étions arrivés à grand peine et avec de grandes souffrance, jusqu'au pays de Djelga, ainsi que nous l'avons déjà raconté dans le Premier Livre.

Quoique Djelga ne fut qu'à trois journées de marche de l'endroit où stationnait le Prince abyssinien, cependant il nous fut impossible de nous rendre auprès de lui, à cause de l'hiver d'abord, et ensuite à cause des rebelles qui avaient encombré toutes les routes; tout ce que nous pûmes faire, fut de lui expédier une lettre pour l'informer de notre arrivée, à laquelle lettre il répondit très favorablement, en nous donnant de grandes espérances, et en nous promettant même de venir en personne nous trouver, aussitôt après la cessation des pluies, pour nous emmener avec lui, ou bien de nous envoyer un détachement de troupes afin de nous escorter dans notre voyage auprès de lui. C'est là la raison, qui nous a retenus à Djelga, dans la montagne d'Essar-Amba.

Sur ces entrefaites, vint la nouvelle de l'arrivée en Abyssinie de l'armée Britannique, placée sous le commandement de Sir Robert Napier. Au mois d'Octobre, les pluies avaient déjà cessé et le roi Théodore pensait à venir nous rejoindre comme il nous l'avait promis, lorsqu'il en fut empêché par les attaques de quelques rebelles qui se trouvaient dans le pays environnant; mais, malgré les préparatifs qu'il avait déjà faits, pour se rendre près de nous, il changea tout-à-coup d'idée, en apprenant l' arrivée des Anglais. Il se dirigea alors vers la montagne de Magdala, livrant en même temps divers assauts contre les rebelles, qui se trouvaient sur son passage, car le soulèvement, ainsi que nous l'avons dit précédemment, était devenu général. La forteresse de Magdala était, pour ainsi dire, le principal endroit où étaient concentrées les forces militaires du Roi, ainsi que son état major; elle servait aussi de lieu de refuge, et là étaient renfermés ses trésors et les prisonniers sus-mentionnés. Elle fut par conséquent le point de mire de l'armée du Général Anglais, qui s'y dirigea à travers mille périls, et au milieu des dangers les plus imminents et les plus affreux. Le roi Théodore s'y trouvait déjà, et avait organisé là d'immenses préparatifs de guerre.

En Février de l'année suivante, Sir Robert Napier s' avança, avec son armée, vers la montagne de Magdala, où il ne trouva, contre son attente, aucune troupe ennemie. Théodore installé dans la forteresse, à l'abri de toute attaque, donna l'ordre à ses cannoniers, qui étaient commandés par un ancien capitaine Anglais, de bombarder l'armée ennemie. Cet ordre fut exécuté, mais les coups étant mal dirigés n'atteignirent personne, et pas un homme ne perdit la vie dans cette attaque. Le Roi se mit en colère, et réprimanda sévèrement le capi-

taine d'artillerie: "Si nos canons, lui dit-il, ne peuvent
„nous servir en cette circonstance pressante, quand est-
„ce qu'ils nous seront utiles? Pourquoi m'avez-vous fait
„épuiser en vain mes trésors, et m'avez-vous soutiré tant
„d'argent.„ Le capitaine tâcha de s'excuser par de faux
fuyants.

Le Prince Abyssinien fit une fois ranger toutes ses
troupes en bataille contre l'armée Anglaise, et employa
toute son éloquence pour ranimer et rehausser le courage des siens; mais le combat commencé au détriment
de ses troupes, laissa à la fin la victoire entière aux Anglais. Le nombre considérable de soldats qu'il perdit, et
la mort de presque tout son état major, qui lui était dévoué, lui causèrent un chagrin très vif, et quand il apprit, en outre la désertion de plusieurs des siens, qui
étaient passés aux ennemis, sa colère s'enflamma au
suprème degré, enfin ne trouvant aucun moyen de triompher des Anglais, il fut obligé d'abaisser sa fierté, et
de céder à leur demande, en remettant à leur Général
en chef tous les prisonniers Européens qui étaient en son
pouvoir, parmi lesquels se trouvait aussi le Consul. Cependant cet abaissement, aussi forcé que tardif, ne pouvait guère compenser les sacrifices et les dépenses énormes
du Gouvernement Britannique, ni satisfaire l'honneur
blessé de la nation Anglaise, aussi l'armée de Sir Robert
Napier, croyait-elle, avec raison, son amour-propre attaché à se défaire du roi Théodore ou à le saisir en vie.

Celui-ci se voyant déçu dans son attente, car il s'i-
maginait qu'après la délivrance des prisonniers l'armée
ennemie lèverait le camp et ferait la paix, résolut de
plonger son chagrin dans l'ivresse. Un jour qu'il s'était
enivré, il descendit sur une plateau de la montagne, et
fit, là, caracoler son cheval en présence de l'armée Anglaise; ensuite il remonta la montagne où cent soixante
prisonniers qui étaient affamés, lui demandèrent du pain;
au lieu de se laisser toucher à la vue de ces malheureux,

il commanda sur le champ de les massacrer tous sans exception. "Il vaut mieux, disait-il, les faire mourir que „de les laisser ainsi périr de faim et de soif.„

Cependant le désespoir s'emparait de plus en plus du cœur du Roi, au point qu'il n'osait plus se montrer sur le champ de bataille, en voyant les actes de bravoure des troupes Anglaises; il n'était plus sûr de la fidélité de son armée, qui était alors considérablement diminuée, aussi était-il convaincu, qu'il serait un jour ou l'autre saisi par les ennemis, ou tué par eux, et qu'il périrait en laissant au monde une mémoire honteuse; il pensa donc qu'il valait mieux pour lui, se tuer vaillamment que de tomber aux mains des ennemis et de laisser flétrir ainsi sa réputation. Cela fut chez lui aussitôt exécuté que pensé: saisissant un pistolet, qu'il avait sur lui, il le déchargea dans sa bouche, et tomba mort sur le champ. C'est au mois d'Avril 1/13, le second jour de Pâque de l'année 1868, qu'eut lieu cet événement.

Le Roi mort, les Anglais purent s'en approcher, et l'enterrèrent de leurs propres mains avec les honneurs dus à son rang, dans l'Église de Magdala. Ensuite ils brisèrent les canons qu'ils trouvèrent dans la forteresse, et s'en retournèrent après s'être saisi du petit fils de Théodore.

Dans la même Amba, se trouvaient aussi plusieurs prisonniers indigènes: ceux-ci ayant brisé leurs chaînes se sauvèrent et prirent la fuite de nuit, emportant avec eux tous les trésors et les biens du Roi. La maison même de la princesse, sa femme, fut mis au pillage par ses domestiques favoris, qui rejetèrent ce crime sur les Anglais.

Pendant le séjour de Théodore à Guelbi-Thabor, il avait fait bâtir une Église, sous le vocable de Médani-A-lem, (qui signifie le Sauveur du Monde), qu'il avait fait orner d'or et d'argent, et revêtir d'étoffes précieuses. Lors de sa retraite à Magdala, cette Église fut pillée par les habitants de la ville, qui en accusèrent ses propres troupes.

La durée de son règne fut de 22 ans. Sa rebellion et son indépendance datent de 1846 jusqu'à 1852; a partir de cette époque jusqu'en 1868, 1/13 Avril commence l'époque de son pouvoir légitime. Pendant treize ans (1846—1859), il gouverna son peuple comme un tendre père, puis pendant cinq ans (1859—1864), il le mena avec l'épée; enfin, pendant les trois dernières années (1864—1868) il le jugea avec le feu.

Après la mort de Théodore, Vagchem-Govazi étant devenu très puissant dans la province d'Ago de Lasda, se fit proclamer Roi, sous le nom de Teklé-Gorghis, et c'est lui qui gouverne présentement l'Amara, le plus vaste territoire de l'Abyssinie Chrétienne.

CHAPITRE VI.

Prélature d'Abouna-Sélami; ses actes et les aventures qui lui sont arrivées,

J'AI eu souvent occasion de parler, dans ce livre, ainsi que dans le Premier, du Prélat Abouna-Sélami, maintenant je vais tâcher d'esquisser un aperçu général de sa vie, d'après les informations que j'ai pu prendre sur sa conduite en Abyssinie.

Il faut savoir tout d'abord que l'Église abyssinienne n'a point de Chef Suprème national, bien qu'elle se gouverne d'une manière indépendante, néanmoins elle est obligée de recevoir l'ordination Episcopale du Grand-Patriarche des Coptes, qui réside au Caire, ce qui l'oblige, par conséquent, à être gouvernée par un Evêque copte, que lui envoie ce même Patriarche. Après que ce dernier a élu et envoyé le Prélat susdit, et qu'il a touché la somme déterminée d'avance, il ne s'ingère plus, d'aucune sorte, dans les intrigues ni dans les affaïres intérieures. La somme qu'il reçoit pour cela, en présent, du roi d'Abyssinie, est évaluée à 10,000 thalers. Outre cela, il est d'usage aussi d'envoyer des présents au Vice-Roi d'Egypte, et 1000 thalers aux pauvres religieux Abyssiniens de Jérusalem, sans compter les frais de voyage que l'on fournit en sus, pour le nouveau Prélat, et pour ceux qui vont jusqu'au Caire, afin de lui servir d'escorte. Tout cela ensemble forme à peu près la somme de 20,000 thalers.

A la mort du prédécesseur d'Abouna-Sélami, Dédjadj-Oubi, prince du Thègri, envoya des délégués en 1842 au Grand-Patriarche copte, pour le prier de lui envoyer Abouna-Sélami en qualité de Grand Prélat. C'était un homme d'une caractère remuant et inquiet; ainsi que l'attestent, du reste, jusqu'à l'évidence, les faits que j'ai racontés dans les Chapîtres précédents. Il était certainement plus attaché aux choses mondaines que spirituelles, ambitionnant plutôt les dignités séculières que désireux de gouverner l'Église dont il était le chef, et qu'il était obligé par état de conduire dans la voie de la Morale et de la Paix. Pendant qu'il était encore au Caire, disait-on, il avait eu d'intimes relations avec les Anglais qui habitaient cette ville, et c'est à leur entremise et à leur influence qu'on attribue son élection à la prélature d'Abyssinie; il parlait aussi passablement bien l'anglais, comme cela nous fut assuré, lors de notre passage en cette ville.

A son arrivée en Abyssinie, Dédjadj-Oubi le mit en possession de tous les territoires qui appartiennent de droit de temps immémorial, aux Prélats de ce pays. Abouna-Sélami, non satisfait de ces territoires, suscita des ennemis à Dédjadj-Oubi, en vue de les agrandir, si c'était possible, au milieu des troubles. Le Grand-Prince informé de ces manœuvres, lui dit un jour, plein d'affliction : "Quel mal ai-je fait envers toi, pour que tu me dresses „des piéges, et que tu me suscites des ennemis? N'es-tu

„pas un père spirituel? Et ne sais-tu pas que c'est un tort
„à toi de chercher de faire du mal à autrui? Si c'était
„une autre personne qui fît cela, ton devoir serait de lui
„conseiller de cesser ces méchants manœuvres.„ Le Prélat chercha à se justifier de ces reproches par un langage
persuasif et assez habile. On lui pardonna cette fois,
mais le Prince le fit dès lors surveiller afin d'avoir des
témoins contre lui.

Cependant Abouna-Sélami loin de se désister de son
entreprise, continua secrètement ses menées contre le
Grand-Prince. Il expédia, à cet effet, de nombreuses lettres
à ses amis, et il eut la chance que pas une ne tomba
dans les mains du Gouvernement. Mais une fois, à la
fin, on parvint à se saisir de l'une d'elles, qu'il envoyait,
avec des vêtements, au prince du pays de Vodelou-Rah-
mani. Abouna-Sélami fut donc cité en justice, et on lui
montra la lettre et l'homme qui en était porteur; il ne
sut que répondre à des preuves aussi évidentes, car il
se trouvait, cette fois, hors d'état de s'excuser, aussi de-
vint-il blème comme un mort, en voyant le déshonneur
dont le couvrait le tribunal en présence de la foule assemblée. Dédjadj-Oubi le reprimanda sévèrement, et le
condamna en présence du Tribunal à une amende de
10,000 thalers, lui enjoignant, en outre, l'ordre de quitter l'Abyssinie pour que le pays fût à l'abri de ses troubles. Le Prélat, rusé comme il était, fit tous ses efforts
pour obtenir son pardon. "Je renonce dorénavant, dit-il,
„à occuper aucun emploi dans ce pays, je vous demande
„seulement, au lieu de mon exil, de vous contenter de
„ma démission, vous promettant de ne plus m'occuper
„qu'aux prières et aux exercices de dévotion, comme un
„simple religieux.„ Ces sollicitations qui étaient accompagnées de larmes, furent écoutées, et on lui pardonna
encore cette fois: il se retira dans un endroit solitaire,
qui lui fut indiqué par Dédjadj-Oubi, et revêtit l'habit
des religieux de la localité.

Il ne se passa pas longtemps sans que les idées ambitieuses qui agitaient son esprit dans le monde, vinrent le tourmenter de nouveau dans ce lieu de pénitence: il se concerta avec les moines de la montagne de Devré-Damo, qui vinrent le prendre sur sa demande, et le transportèrent dans leur demeure, qui était une forteresse inaccessible; une fois le Prélat dans ce lieu de sûreté, les religieux qui étaient munis de provisions de guerre pour soutenir un siége pendant assez longtemps, se révoltèrent tous en sa faveur.

Dédjadj-Oubi informé de l'évasion du Prélat, expédia aussitôt à Devré-Damo un détachement de troupe pour assiéger la montagne: les moines se voyant bientôt bloqués, plusieurs d'entre eux prirent la fuite, et ceux qui tinrent bon plus longtemps voyant à la fin qu'il n'avaient plus de quoi vivre, furent obligés de solliciter par médiateurs l'indulgence du Prince, et de s'en remettre à sa magnanimité. Tous les moines reçurent leur pardon, à l'exception d'Abouna-Sélami. Celui-ci parvint encore, malgré l'extrémité où il s'était réduit, à émouvoir en sa faveur tout le clergé du pays, qui intervint unanimement pour obtenir son pardon; quant au retour dans sa patrie qui avait été décidé, on n'en fit aucune mention. Afin de captiver la confiance du Grand-Prince, et avoir l'air de lui rendre service, l'Abouna promit de faire tous ses efforts, et de l'aider de tout son possible, à s'emparer, s'il le voulait, de la partie de l'Amara, dont les habitants étaient chrétiens, et qui se trouvait, pour lors, placée sous le Gouvernement de Ras-Ali, qui appartenait lui-même à la tribu des Gallas, dite Rahmani (1).

Cette promesse de l'Abouna ne flatta pas peu Dé-

____

(1) *Lorsque les ancêtres de Ras-Ali s'emparèrent du territoire chrétien, ils acceptèrent, malgré eux et en apparence seulement, la religion dominante du pays. Aussi, du temps même de Ras-Ali, le Mahométisme trouva là beaucoup de protection et de tolérance:*

djadj-Oubi, qui s'empressa de lui rendre ses bonnes grâces, et entra dès le moment même en négociation avec lui pour l'exécution de son plan. Lorsqu'ils se furent concertés, Dédjadj-Oubi déclara subitement la guerre à Ras Ali, et plaça son camp dans le vaste et fertile territoire de Bégameder, où vint camper aussi Ras-Ali tout proche de lui. Là, Abouna-Sélami commença à jouer son rôle: il mit le trouble dans les troupes du prince ennemi par le moyen des religieux, lançant des anathèmes contre les soldats chrétiens, qui se trouvaient dans son armée, et bénissant ceux qui la désertaient. Les efforts de l'Abouna ne restèrent pas infructueux. Le premier jour du combat, un grand nombre de soldats de l'armée ennemie désertèrent, pour passer du côté de Dédjadj-Oubi, de sorte que Ras-Ali se trouvant par là affaibli, fut vaincu par conséquent, et le reste de ses troupes prit la fuite. Dédjadj-Oubi poursuivit les fuyards avec son armée, et parvint à se saisir de l'état major et des principaux officiers du prince vaincu, et à s'emparer de tout le butin de son infanterie. Sur ces entrefaites, un prince intrépide nommé Brou-Ali-Gaz, passa avec les siens dans le camp de Dédjadj-Oubi: et voyant qu'il reposait seul, sous sa tente, sans aucun garde, et à l'écart de son armée, il l'attaqua à l'improviste, le saisit et le mit aux fers, ainsi qu'Abouna-Sélami. Il expédia aussitôt des messagers à Ras-Ali, pour lui apprendre son succès; dès que les troupes de Dédjadj-Oubi qui étaient à la poursuite des ennemis, en eurent connaissance, elles se dispersèrent dans le pays, tandisque celles de Ras-Ali retournèrent sur leurs pas avec le Grand-Prince au camp du chef ennemi, qu'ils trouvèrent enchaîné avec l'Abouna.

Ras-Ali, loin de tirer vengeance des maux que lui avait fait endurer Dédjadj-Oubi, se contenta de le retenir

---

il était même suivi par plusieurs chrétiens, qui faisaient cette démarche en vue de plaire au Prince.

prisonnier pendant quelques jours, après quoi il le renvoya avec magnanimité dans son pays pour le gouverner comme auparavant, à la seule condition de lui payer tribut. Il se réconcilia de même avec l'Abouna, qu'il envoya résider dans la ville de Gonder, en Amara. Mais ce dernier, poussé par son caractère inquiet, ne tarda pas à semer de nouveau la zizanie parmi les membres de la Communauté. Il entretint secrètement des relations avec Brou-Gochou, prince de Godjam, et ennemi de Ras-Ali. Ces relations qui se faisaient par écrit, étaient réellement coupables au point de vue de la politique du pays, attendu que les Prélats ne peuvent avoir, là, d'autres amis ni d'autres ennemis que ceux du Prince. Ras-Ali informé de ces intrigues et de la nouvelle trahison de l'Abouna, le fit appeler chez lui et lui dit: "Est-ce con„venable à un ecclésiastique comme vous de vous com„porter de la sorte? Voilà maintenant que vous commu„niquez avec mon ennemi, et que vous tâchez, par vos „lettres, de le soulever contre moi. Quel mal vous ai-je „donc fait pour mériter de votre part, des procédés aus„si vils? Je ne vous ai jamais fait subir aucun mauvais „traitement quoique j'aurais pu le faire, et que j'en avais „même le droit. Pour ne point déroger aux anciennes „coutumes, je vous ai remis tous vos terrains, bien qu'il „était en mon pouvoir de les administrer à mon gré, si „je l'avais voulu; néanmoins je ne le fis point, non par„ce que j'avais peur de vous, mais en vue seule de vous „montrer ma mansuétude.„ Après lui avoir fait ces reproches, qu'il trouva suffisants pour le moment, le Prince le fit sortir de sa présence. Abouna-Sélami en voulait à la mère de Ras-Ali, pour une pièce de terre qu'elle lui avait pris: ce fut là le motif qui le fit entrer en rapports avec Brou-Gochou, qu'il tâchait d'exciter contre Ras-Ali son fils. Lorsque ces intrigues furent dévoilées, il résolut encore de se réconcilier avec lui, et il y parvint par l'entremise du corps des notables. Toutefois il conserva toujours dans son cœur la haine qu'il avait conçu contre la princesse mère, et il n'attendait qu'une occasion pour se venger d'elle: ce fut ce ressentiment sauvage qui causa sa ruine, ainsi que nous allons le voir.

Nous avons vu dans le Chapitre V quelles sont les différentes professions de foi adoptées par les Abyssiniens, c'est la différence de ces symboles qui est la cause de leurs querelles et de leur mésintelligences continuelles. Les habitants d'une partie du territoire gouverné par Ras-Ali, ainsi que ceux de la province de Choa, professent trois naissances en Jésus-Christ, tandisque ceux de Godjam professent deux naissances. Abouna-Sélami, à l'instigation de ces derniers, anathématisa le prince de Choa, et les peuples chrétiens sujets de Ras-Ali. Son but n'était autre que de les soulever contre ce dernier, et de se venger ainsi indirectement de sa mère. La nouvelle de ces anathèmes étant parvenue à Choa, les peuples commencèrent à s'agiter et à s'irriter contre l'Abouna et Ras-Ali: ce dernier se vit aussitôt entouré par la foule du clergé, qui le pressait de faire lever ces anathèmes, autrement, disait-il, nous ne l'accepterons plus comme Prélat, et il faudra qu'il retourne dans sa patrie. Mais le Prince eut beau faire tout son possible, pour engager le Prélat à lever les anathèmes, celui-ci lui répondait toujours: "Je suis obligé, suivant les Canons de mon Église, d'anathématiser „ceux qui professent trois naissances en J. C.„ Ras-Ali, voyant l'opiniâtreté de l'Abouna, entra en fureur contre lui, et le fit emprisonner pendant trois jours dans une forteresse de la montagne. Puis par les conseils du Tchéghi, qui résidait à Gonder, et qui professait aussi les trois naissances, il assembla tout le clergé du pays, qui décida unamimenent qu'il fallait renvoyer Abouna-Sélami dans sa patrie, comme étant le seul perturbateur de l'Abyssinie. Ras-Ali patientant encore le fit venir de la montagne, et lui permit de rester dans sa propre maison à Gonder.

Pendant que le Prince se trouvait absent, le Tchéghi, qui n'était point calmé de ses transports, et qui voulait une solution à cette affaire, envoya un messager au Prélat avec ces paroles: "Ou tu délieras le peuple de tes a„nathèmes et tu les béniras, ou bien prépare-toi à te „battre avec moi. Si par le secours divin je triomphe, je „te chasserai du pays, si c'est toi, au contraire qui as „l'avantage, tu agiras à ta guise et selon ton bon plai„sir.„ Abouna-Sélami donna son consentement à ce dernier et se prépara au combat.

Au moment fixé, tous deux arrivèrent au lieu du combat, accompagnés chacun, pour les secourir, de gens de l'une ou de l'autre croyance. Le Tchéghi, qui avait plus de renfort que l'Abouna, eut l'avantage sur lui, et le poursuivit toute la nuit avec ses gens, jusqu'au territoire du Thègri; après quoi il saccagea la maison du Prélat et s'empara de tous ses biens.

A la nouvelle de cet événement, les peuples de Godjam, qui étaient de la profession de l'Abouna, se soulèvèrent contre le Tchéghi, et pressèrent vivement le Prince Brou-Gochou de l'attaquer; celui-ci, pour les satisfaire et pour les calmer, se mit en campagne, quoique un peu malgré lui, et arriva à la ville de Gonder, juste au moment où Ras-Ali se trouvait dans l'intérieur du pays de Bégameder; il se saisit de la personne du Tchéghi, et l'emprisonna dans la montagne d'Essar-Amba: il fit aussi piller sa maison, en repressaillles de ce qu'il avait fait à Abouna-Sélami, et s'en retourna ensuite, après avoir rétabli la tranquillité parmi les peuples.

Arrivé dans le Thègri, Abouna-Sélami embrassa de nouveau la profession de Volte-Kev, qui était celle adoptée dans le pays. Mais il ne retira de là que du déshonneur, car le peuple se scandalisa de sa conduite, et commença à le maudire et à le mépriser, l'accusant d'avoir des maladies honteuses. En effet, les maux vénériens, quoique répandus généralement dans ce pays, n'en sont

pas moins inexcusables chez un Prélat, de qui on attend
une vie d'ange; car, à l'exemple des Israélites, qui avaient tellement d'égards pour Moïse, qu'ils tremblaient à
la voix de ses malédictions et de ses menaces, ainsi les
Abyssiniens ont la plus grande vénération, et la plus
grande estime en général pour leur Prélat.

Ayant appris les bruits qui couraient sur son compte,
Abouna-Sélami s'irrita contre les habitants du Thègri,
les maudit et les anathématisa tous ensemble; ensuite il
se retira sur le mont de Devré-Damo, où il s'adonna à
la vie ascétique, retiré du monde qu'il ne voulait plus
voir. Le clergé, qui se trouvait aussi excommunié, fut
obligé de cesser les offices dans tout le pays, de sorte que
les Églises, dit-on, furent fermées pendant trois ans.

C'est à l'époque de son séjour sur le mont de Devré-
Damo, que le Grand-Abouna apprit l'élévation de Dédjadj-Cassa (Théodore) et la défaite de Ras-Ali. Il expédia alors un messager à Dédjadj-Cassa pour le complimenter au sujet de sa nouvelle dignité et lui donner sa
bénédiction, en lui faisant connaître le désir qu'il avait
de le sacrer roi d'Abyssinie. Encouragé par ces paroles
et par les bonnes dispositions de l'Abouna en sa faveur,
ce prince arrive immédiatement dans le Thègri, et prie
Dédjadj-Oubi de lui envoyer le Prélat; celui-ci, au moment de quitter le Thègri, leva l'anathème qu'il avait lancé contre les habitants de ce pays, et les bénit tous en
leur pardonnant.

Avant d'imposer les mains sur la tête de Dédjadj-
Cassa, pour le sacrer dans l'Église de Voldoubba, il fit
avec lui les conditions secrètes dont j'ai parlé dans le
Chapitre VI. Dans ce même chapitre se trouvent mentionnés aussi, les faits qui se sont passés entre le Prélat et
le Roi; les machinations secrètes, les insultes et les maux
de toutes sortes que le premier fit contre le Prince, au
lieu des bénédictions dont il l'avait comblé; l'insuccès
de ses tentatives pour agrandir ses territoires, afin de

gouverner despotiquement toute l'Église d'Abyssinie; les efforts qu'il fit pour soulever les peuples contre le Roi, ainsi que la confiscation de ses terrains et les reproches que lui adressa le Prince à cette occasion, tout cela se trouve déjà rapportée plus haut.

Abouna-Sélami, au dire d'un Grand nombre, a été la cause que plusieurs Églises ont été dévastées et brulées, et qu'une foule de révoltés et d'autres ont été décapités et ont perdu la vie. Il anathématisait les troupes du Roi, et bénissait ceux qui désertaient son armée. À ce sujet les soldats lui disaient souvent en manière de reproche: "Tu élevais autrefois le prince jusqu'aux ci-„eux, et c'est à cause des louanges que tu faisais de lui, et „des bénédictions et des encouragements que tu lui don-„nais, que nous nous sommes enrolés dans son armée; d' „où vient maintenant que tu nous maudis ainsi que lui.„ Le Prélat alors gardait le silence, car il n'avait rien à leur répondre; mais à la fin il vit échouer les manœuvres qu'il dirigeait contre le Prince, et se trouva pris lui-même dans les propres piéges qu'il lui tendait. Pour se débarrasser de ses intrigues, le roi Théodore le fit enfin saisir et enfermer dans la forteresse de Magdala : c'est là qu'Abouna-Sélami trouva la mort dans le désespoir et le déshonneur. Ce Prélat, au cœur si ambitieux, et qui était si avide de pouvoir et de biens terrestres, finit ignominieusement sa vie dans une prison (au mois de Septembre 1867): il avait gouverné l'Église d'Abyssinie pendant vingt cinq ans.

A l'époque même où nous sommes arrivés, Mg^r. Isaac et moi, à la montagne d'Essar-Amba, le bruit courait, nous a-t-on assurés, que le roi Théodore ennuyé de la conduite du Prélat copte et de sa nation, avait demandé à S. B. le Patriarche Arménien de Jérusalem, de lui envoyer un Evêque pour diriger l'Eglise de son pays, et pour que le souvenir des Coptes fût à jamais aboli de l' Abyssinie. Ce bruit était en effet parvenu jusqu'à l'Abouna-Sélemi, dans sa prison, où il était rongé à la fois par le désespoir et par le mal vénérien qui dévorait son corps, de sorte que la nouvelle de notre arrivée dans ce pays, ne contribua pas peu à augmenter ses chagrins.

CHAPITRE VII.

La prétendue déscendance royale de Salomon, et la cause de sa décadence.

LA tradition, ainsi que l'histoire nationale du pays tend à démontrer que l'ancienne dynastie Abyssinienne tire son origine du roi Salomon, fils de David. Il en est également fait mention dans l'ouvrage de P. Stéphan-Acontz (1). Selon la tradition locale, la reine de Saba, ou la princesse du midi, n'était qu'une reine d'Abyssinie, qui, ayant entendu parler de la sagesse et de la gloire de Salomon, vint le trouver en lui apportant des présents, et, après sa visite, étant retourné dans son royaume, elle mit au monde un fils, qu'elle avait eu de lui. Ce fils étant devenu grand, fut envoyé par la reine à Jérusalem auprès de son père, avec des trésors tellement précieux qu'ils enrichirent, dit-on, le roi Salomon lui-même. Après avoir demeuré quelque temps chez son prétendu père, et s'être instruit là dans la religion et dans la science du pays, le jeune homme retourna en Abyssinie, accompagné d'une troupe nombreuse, avec laquelle il s'empara de tout le pays, dont il transmit la domination à sa postérité, laquelle a duré, dit-on, jusqu'au dernier siècle. Ce récit, que les Abyssiniens mettent hors de tout doute, leur inspira l'orgueilleuse idée que leur royaume remontait à cette souche glorieuse, mais ce royaume avec sa

(1) *Histoire Géographique. Tome 10. page 354.*

gloire se trouve anéanti aujourd'hui, comme nous allons le voir ci-après.

Après avoir duré un certain temps, ce prétendu royaume salomonien perdit son éclat et sa force dans les derniers temps pour les causes suivantes. Les derniers rois de cette dynastie, ne pensant qu'à mener une vie oisive et sans inquiétude, se mirent à vendre pièce à pièces, leurs territoires aux princes voisins, qui étaient plus riches et opulents qu'eux, sans penser ni refléchir à ce qui pouvait en résulter plus tard. Il est vrai qu'ils stipulaient verbalement, dans ces occasions, que les territoires ainsi aliénés, retourneraient en la possession du Roi, en cas que les princes mourraient sans laisser d'héritiers. Mais au bout d'un certain temps, ses conventions non écrites n'étaient plus regardées comme obligatoires, et cessaient d'être respectées, à cause de la faiblesse de leur royaume. En effet, les territoires des princes morts sans héritiers, furent revendiqués par le droit de parenté, et les descendants de la ligne collatérale commencèrent à se les approprier par force. Cette violation du droit, donna lieu à des querelles et à des débats interminables qui s'élevèrent entre les parents, lesquels finirent par s'opprimer les uns les autres, et à se ravir mutuellement leurs propriétés, qui tombèrent à la fin dans les mains des plus forts. Le patrimoine de ces Rois étant ainsi aliéné par eux-mêmes, ils furent de fait déchus de leurs droits de propriété, et la dignité royale en eux alla s'affaiblissant chaque jour davantage, de telle sorte que les derniers souverains se trouvaient forcément obligés à ne penser qu'à la conservation de leurs personnes, et à garder pour vivre, le peu de terrains qui leur restait.

La décadence de la dynastie salomonienne fraya le chemin aux empiétements des Gallas, peuple barbare voisin de ces contrées. L'un d'entre eux, homme assez fort déjà, et qui devint de jour en jour plus puissant, s'empara de toute la partie de l'Amara, habitée par les peuples chrétiens; et peu de temps après, les trois autres provinces de Choa, de Godjam et du Thègri, ne tardèrent pas à faire leur soumission et à reconnaître sa domination. C'est de ce prince même que Ras-Ali tire son origine. Bien que ces princes professassent auparavant le Mahométisme, néanmoins dès qu'ils se furent emparés du pays des chrétiens, ils firent mine, au moins en apparence, de professer la religion de ces derniers.

Pendant que l'ancienne royauté Abyssinienne déclinait de la manière que nous avons dit, le prince Galla déposséda le dernier souverain de son pouvoir et de ses domaines, ne lui laissant que le vain titre de Roi avec le privilége de porter la couronne; et pour l'aider à subsister, il lui donna une pièce de terrain près de Gonder, avec une certaine somme d'argent chaque année. Enfin cette royauté nominale dura encore quelque temps jusqu'à l'élévation de Théodore au trône; mais lorsque ce dernier eut été sacré roi d'Abyssinie, il s'appropria aussi le droit de porter la couronne, qui était resté jusque là au dernier titulaire de l'ancien royaume, et lui dit: "C'est par mes armes et par mon propre sang que „j'ai obtenu les territoires que je gouverne, c'est donc „aussi à moi d'en jouir; pour quelle raison jouirais-tu du „titre de Roi, en te tenant tapis dans ta maison. Les lois „ne permettent jamais qu'il y ait deux maîtres dans une „maison, ni deux souverains dans une province. Si c'est „moi qui suis le maître et le souverain du pays, il convient „que je jouisse aussi de la gloire et de l'honneur de la cou-„ronne.„ Et, après avoir dépouillé ainsi le malheureux descendant de Salomon de sa dernière gloire, il le fit enfermer dans la forteresse de Magdala; toutefois ce dernier parvint à s'échapper, et vint nous trouver dans le pays de Voguera, au camp de Vagchem-Govazi, sollicitant notre intervention auprès de ce Prince pour en obtenir quelque dignité. Il était presque nu suivant la coutume du pays, et n'avait pour tout vêtement qu'un *ehram* sur ses épaules.

CHAPITRE VIII.

QUOIQUE les Abyssiniens soient pour la plupart chrétiens, ils diffèrent cependant entres eux par les idiômes qu'ils parlent et par les diverses tribus qu'ils forment. Il est vrai que tous ces peuples parlent la même langue, celle d'Amara (1), mais chaque tribu a son idiôme particulier. Il y a eu aussi, de temps à autre, des tribus converties au christianisme, qui ont perdu leur idiôme, lequel est tombé en désuétude. Ceux qui sont actuellement en usage sont, outre la langue d'Amara, les idiômes d'Ago, de Sémin, du Thègri et d'Ago-Méder.

Outre les diverses nationalités chrétiennes, on en compte encore deux autres, celle des Kémantes et celle des Voïtos, qui ne professent aucune religion connue, et

(1) *Amara est le nom même de cette partie du pays qui forme l'Abyssinie proprement dite, et qui sert de dénomination aussi aux chrétiens du pays. Car le mot Amaréen ou langue d'Amara signifie chrétien ou langue des chrétiens, par la raison que le christianisme a commencé dans la province d'Amara. Cette langue est divisée en ancienne et en moderne; les prières et les chants de l'Église se font dans la langue ancienne, tandisqu'on se sert de la seconde pour les affaires politiques et pour le langage vulgaire. On trouve dans la langue moderne bon nombre de mots arabes corrompus, comme par exemple: Alláh, Sélamléki, Koullü, Vahadou, etc; on peut même dire que celle qui se parle dans le Thègri, est une langue mixte, formé de l'Arabe et de l'Amara. La distinction du genre masculin et du genre féminin est indiquée aussi, chez ces peuples, par la terminaison des mots.*

qui ont chacune une langue particulière. Les Voïtos sont peu nombreux, ils habitent surtout les bords du lac de Tana (1). Ils dédaignent l'agriculture et passent leur vie à pêcher, dans le lac, une espèce de poisson, dont la chair leur sert de nourriture, et avec la grosse peau duquel ils font des fouets qu'ils vendent pour aider à leur subsistance. Les Thacrouris Arabes achettent d'eux ces espèces de fouets, qu'ils exportent dans d'autres pays, où ils les vendent à 20 centimes.

Les Kémantes, dont on évalue le nombre à 100,000 environ, s'étendent depuis le pays de Djelga jusqu'à l'intérieur de celui d'Armadjouho. Ce peuple a une langue particulière, mais qui est sans littérature. A cause de leurs fréquents rapports avec les chrétiens, ils ont des notions sur le mystère de la S^{te}. Trinité, et connaissent assez bien la religion chrétienne, qu'ils ne professent pas toutefois. Les anciens rois d'Abyssinie s'étaient efforcés plusieurs fois, de leur faire embrasser le christianisme, et ceux-ci, par crainte, promettaient de le professer et employaient même extérieurement les rites de l'Église Abyssinienne, mais cette profession forcé ne durait souvent que jusqu'à la mort du Roi, après quoi ils retournaient à leur irréligion. Du temps même de ces princes, les Kémantes, dit-on, après qu'on avait communié leurs petits enfants, les faisaient vomir par mépris pour la foi chrétienne. Sous le roi Théodore, un assez grand nombre de Kémantes se convertirent au christianisme de leur propre volonté, mais sans être persuadés de la vérité de l'Evangile, c'était tout simplement par intérêt personnel et en vue d'obtenir les faveurs du Roi. On trouve parmi eux, certains hommes vénérés à l'égal des prêtres chez les chrétiens, qui circoncisent les enfants en bas âge, selon la coutume des Abyssiniens. Aux funérailles de ceux qui meurent dans un âge prématuré, on tue un bœuf ou

(1) *C'est le Djana ou Dzana du P. Stéphan Açontz.*

un mouton près du cimetière même, pour le salut de leurs âmes; et pendant qu'on fait brûler les os de l'animal, des hommes se promènent dans la foule en jouant de la lyre, en chantant et en criant avec de grandes démonstrations de joi: "Les morts sont justifiés, et leurs âmes „sont sauvées.„

Les Kémantes ont la coutume de fendre les lobes des oreilles à leurs filles et d'y passer un morceau de bois rond; et à mesure que celles-ci s'avancent en âge, on y en passe un plus gros, de manière que la lobe devient si grande, qu'on la plie et qu'on la roule par dessus leurs oreilles. Cette fente remplace pour les filles la circoncision, et leur sert en même temps d'ornement de tête. Ces peuples, de même que les Abyssiniens, gardent aussi les jours de Samedi; et pendant ces jours-là ils ne tuent aucun animal, et ne mangent même pas des animaux tués par les Abyssiniens le Samedi: la transgression de cette défense est considérée par eux comme un grand péché.

Dans tous les pays des chrétiens se trouvent dispersés des Abyssiniens Mahométans, dont une partie a quitté le pays, sous le règne de Théodore, pour échapper aux persécutions de ce Prince qui voulait les forcer, dit-on, à embrasser le christianisme; et l'autre partie, qui avait promis de le faire, mais qui ne tint pas sa promésse, est restée dans le pays par la tolérance du Roi. Ces Mahométans, comparativement aux chrétiens, sont plus dévots et plus instruits dans leur religion.

Dans l'intérieur du pays de Dembia, on trouve des Abyssiniens noirs comme les Thacrouris, ils ont une langue particulière et professent également le Mahométisme. Une partie des Abyssiniens qui habitent à l'Est du pays des Gallas, vivent entièrement séparés des Chrétiens, qu' ils évitent avec mépris, et avec qui ils n'ont aucune espèce de relations. Ils ont aussi une langue et une religion à part: ils croient à Mahomet et à Ali.

Il existe aussi une tribu de chrétiens nommés Zellans dont la plus grande partie habite le pays de Dembia. Ces derniers, considérés de temps immémorial comme tels, sont exempts de tout tribut et de tout impôt: leurs bestiaux et leurs biens appartenaient en propre aux Rois, ainsi que les produits de leurs terres, qu'ils devaient leur remettre. Mais, dans les temps modernes, ayant été dépouillés et opprimés par le roi Théodore, ils commencèrent à cultiver la terre comme les autres et à vivre de ses produits.

Les Changuellas forment une autre tribu, qu'on trouve au Sud-Ouest du Thègri, ils ne professent aucune religion apparente; ils se distinguent des autres par leur langue et par la couleur de leur peau. Ils sont d'un caractère sauvage, et habitent dans des souterrains. Ils passent pour très habiles à tirer de la flèche et pour être très agiles à la course; on les dit laborieux et très fidèles. Les chefs des Abyssiniens chrétiens les attaquent souvent pendant la nuit et assiègent l'entrée de leurs demeures; dans ces attaques ils déchargent leurs fusils, à l'intérieur du souterrain, et les hommes, qui en sortent pour se sauver, tombent alors dans leur mains et deviennent leurs esclaves, qu'ils ont du reste en grand estime, à cause de leur fidélité. Le teint primitif des Abyssiniens proprement dits, est changé par l'union de ces derniers avec les femmes esclaves de cette race. Les Changuellas sont grands ennemis des Abyssiniens chrétiens; aussi, quand il leur arrive de se saisir de quelques uns d'entre eux, ils les mettent immédiatement à mort, surtout leurs chevaux ou leurs mules, qu'ils ne laissent jamais vivre, dans la croyance où ils sont que sans ces animaux, les chrétiens ne pourraient jamais les attaquer.

Il y a aussi des Abyssiniens qui professent le Judaïsme, mais ils n'habitent aucun pays particulier; ils sont dispersés çà et là, attendant encore la venue du Messie, qui règnera, disent-ils, sur toute l'Ethiopie. C'est une loi chez eux, que leurs prêtres doivent être tous eunûques. Ces derniers évitent en tout temps les femmes, et font par conséquent leur pain eux-mêmes, afin de ne pas avoir besoin de leurs services. Chez eux, celui qui veut faire prêtre son fils, est obligé de le faire eunûque dans son enfance.

Le tiers de la population Abyssinienne, qui est divisé en diverses communautés, et dont le nombre est évalué approximativement à un million, est entièrement composé de payens. Les deux autres tiers, composés de chrétiens, peuvent s'élever en nombre de deux millions.

CHAPITRE IX.

Les Boudas.

Après avoir donné une esquisse des diverses nationalités de l'Ethiope, je ne veux pas quitter ce sujet sans dire un mot des Boudas, dont l'existence, quoique nous paraissant très douteuse et même fabuleuse, est cependant généralement attestée par les Abyssiniens, tellement que de l'aveu de tous ceux qui les ont vus, les individus même les plus sceptiques, ne pourront faire moins que d'admettre la vraisemblance de l'histoire que je vais ici rapporter.

Les Boudas forment une race tout-à-fait à part, parmi laquelle se trouvent aussi des Chrétiens. Bien que conservant la forme humaine, ils ont le caractère et les habitudes des loups, et sont sanguinaire comme eux, de sorte qu'ils peuvent sucer le sang des hommes et les faire mourir.

Ils nous a été impossible de pénétrer dans leur secret, de même qu'à tous les historiens géographiques avant nous, parmi lesquels on n'en trouve pas un qui en fasse mention dans aucun ouvrage; peut-être qu'ils en ont eu connaissance comme nous, mais qu'ils l'ont regardé comme une fable ou une espèce de sortilège. Nous avons vu cependant des Boudas de nos yeux, ainsi que les moyens et les remèdes que les Abyssiniens emploient contre leur fureur et leurs morsures mortelles. Les détails qu'on donne sur les Boudas sont tellement répandus et admis comme vrais par tous les peuples d'Abyssinie, jusqu'aux frontières d'Egypte, que lorsque quelqu'un vient à les suspecter et à les regarder comme des fables, il est aussitôt tenu comme un infidèle parmi eux. Nous allons exposer ici ces détails, sans nous porter toutefois garants de leur certitude, mais comme simple narrateur, en laissant au lecteur le soin de les apprécier.

On ne sait si le Boudaïsme est naturel à ces hommes étranges, ou bien s'il leur est transmis. Selon leur propre dire, l'un et l'autre se trouvent en eux. On dit que les Boudas pour transmettre à leurs enfants la nature de loup, leur donnent un breuvage particulier composé de certaines herbes, dont eux seuls gardent le secret. Si quelqu'un en dehors de leur race leur en demande en confidence et avec instance, ils lui communiquent la vertu du breuvage en lui en donnant à goûter, et cet individu devient alors Bouda comme eux. Pendant le jour ces sortes de gens se comportent comme le reste des hommes dans leurs rapports de société, mais pendant la nuit quand ils le veulent ou qu'ils se trouvent poussés par leur nature sauvage, ils deviennent absolument comme des loups voraces et sanguinaires suivant l'attestation et le témoignage de tous les peuples d'Abyssinie. Lorsque les Boudas entendent la nuit les hurlements des loups, que l'on trouve en ce pays en très grande nombre, ils s'élancent aussitôt de leurs demeures, et se mettent à les suivre en glapissant comme eux. Ils font ainsi des courses vagabondes toute la nuit, et retournent vers le matin chez eux pour s'appliquer chacun à ses occupations.

Les Boudas n'ont aucun signe extérieur qui les distingue; pour les reconnaître on leur fait prendre par force une espèce de drogue préparé par des hommes qui en connaissent exclusivement la recette. Si l'individu ainsi forcé est un Bouda, il se fait connaître aussitôt malgré lui. —Quand les Boudas conçoivent de la haine ou de l'inimitié contre quelqu'un, ils lui sucent le sang sans s'approcher de lui, et si par malheur l'individu se trouve seul, ils le font aussi mourir; s'il est même en compagnie d'autres personnes, ils lui sucent le sang sans que celui-ci le sente, mais alors il devient magnétisé malgré lui, et pendant la nuit, lorsque le Bouda qui lui a sucé le sang, vient à passer devant sa demeure en poussant des hurlements, il s'élance hors de la porte en hurlant comme lui, et s'approche de son magnétiseur, qui le dévore à l'instar des bêtes fauves. Quand on parvient à connaître qu'un individu a été magnétisé de la sorte, et qu'on peut le retenir et l'empêcher de sortir, on se hâte de lui faire prendre aussitôt du médicament préparé, qui le guérit du mal et détruit l'effet du magnétisme; et si en même temps on vient à connaître le magnétiseur, on le tue.

Comme ces détails, qui nous ont été véritablement racontés, répugnent d'un côté infiniment à la raison, et que de l'autre, nous ne pouvions donner aucune solution ni explication satisfaisante de ce mystère, nous nous sommes trouvés naturellement en suspens en présence de tels faits. Comment l'homme, pensions-nous, pouvait-il se transformer au point de prendre la nature et les instincts du loup, et reprendre ensuite son caractère humain? Comment, en outre, est-il possible de sucer le sang d'un homme et de le faire mourir sans s'approcher de lui? Cependant des témoins occulaires nous ont rapporté la chose comme certaine et indubitable, tellement que sur le moment, nous étions nous-mêmes tout disposés à y croire, abstraction faite toutefois des quelques circonstances exagérées qui se trouvaient dans le récit;

et comme en même temps nous voyions par nous-mêmes les moyens et les remèdes qu'on employait pour se guérir ou se préserver des attaques des Boudas, notre croyance à cet égard peut paraître justifiable.

Lorsque le nouveau roi Théklé-Gorghis (Vagchem-Govazi), se trouvait dans la province de Bégaméder, et que ses troupes étaient dispersées dans les villages d'alentour, les Boudas de l'endroit ne pouvant supporter les vexations qu'ils avaient à subir de la part des soldats, se mirent à leur faire sentir les effets du Boudaïsme avec une frénésie sauvage et à les décimer en suçant leur sang et en dévorant leurs cadavres. Informé de ces atrocités, le Roi fit immédiatement apporter le remède dans son camp, et le fit distribuer à tous les soldats qui restaient, ce qui les sauva ainsi de la férocité de ces hommes sauvages.

Il arrive souvent de ces sortes de carnages dans tous les pays de l'Abyssinie, surtout dans le territoire de Godjam, où nous en avons entendu faire maintes fois mention, pendant que nous étions là. Je me bornerai à citer un seul fait de Boudaïsme, afin de satisfaire la curiosité de nos lecteurs. Un de ces furibonds de Boudas ayant demandé un jour quelque objet, à une femme qui n'était pas de sa race, celle ci refusa de le lui donner ; alors le Bouda s'irrita contre elle, et comme elle n'était pas à ce moment, dans un endroit solitaire, il se contenta de lui sucer le sang pendant son absence. La femme devint ainsi magnétisée, et dès cette nuit même, quand elle entendit les hurlements du Bouda, elle se mit aussitôt à imiter ses cris, et s'élança hors de sa demeure pour rejoindre son magnétiseur ; mais ceux qui étaient dans la maison s'étant saisis d'elle, ils lui administrèrent la drogue curative sur le champ. Celle-ci commença alors à voir des visions extralucides, et nomma l'homme qui l'avait magnétisée, ainsi que l'endroit où il se trouvait, faisant tout cela d'une manière machinale, et sans avoir repris ses sens. A ce moment-là, on lui demanda aussi ce qu'elle aimait le mieux. "La plaie de l'âne „ (1) répondit cette femme frénétique. Sur le champ on amena près d'elle un âne criblé de plaies et d'ulcers, qu'elle suçota avidement et en grognant comme une bête fauve. Quelques instants après elle reprit ses sens et se trouva guérie de son mal. Sur la déclaration qu'elle en avait faite pendant son amnésie, on se saisit aussi du Bouda son ennemi, qui fut mis à mort immédiatement.

La plus grande partie des peuples de Godjam sont Boudas, chose vraiment étrange, attendu que cette contrée passe pour la meilleure, car ses habitants sont comparativement plus zélés et plus attachés au christianisme que ceux des autres provinces, comme aussi plus ardents et plus passionnés dans les questions religieuses: il est également à remarquer que la majorité des savants se trouvent dans ce pays. Il y a des Boudas jusque dans le clergé, lesquels mènent pendant la nuit la vie de loup, et le matin s'en vont dire la Messe, et communier les Boudas-Goravis.

Il y en a, parmi les Boudas, qui ont plus ou moins de force dans l'action du Boudaïsme, et le plus fort l'emporte sur le faible, lorsqu'il rencontre celui-ci pendant la nuit. Ainsi dans l'action de sucer le sang, il y en a qui sont plus adroits, plus prompts, et qui font cela comme à la dérobée: ceux-là sont également connus du peuple. La différence qui existe relativement au degré de force ou de faiblesse, est attribué par eux à l'influence des astres, c'est-à-dire, que celui, parmi les Boudas, dont

(1) *Le goût de chaque Bouda varie: il y en a qui aiment, comme celui-ci, la plaie purulente de l'âne; d'autres, qui sont portés pour des objets plus exécrables et plus odieux encore: c'est ainsi que les personnes magnétisés devinant ce que le Bouda leur ennemi aime le plus, en demandent pour en goûter, et y trouvent leur guérison.*

l'astre est le plus influent, a aussi une force et une vigueur en proportion, et vice-versâ.

Cette race d'hommes est très redoutée dans toute l'Abyssinie; et c'est pour se garantir de leur malice, et pour affaiblir et détruire leur influence, que plusieurs personnes ont pris la coutume de porter le remède susdit à leur cou, en guise d'amulettes.

Il y a, dit-on, parmi les Boudas, une famille de race royale, nommée Amoula, qui habite le sommet d'une montagne, près de Devré-Mayi, dans le territoire de Godjam. Cette famille princière expédie ses ordres, une fois par an, à tous les Boudas ses sujets pour lever sur eux les tributs annuels. Aussitôt l'on voit ces derniers apporter en toute hâte, à leurs chefs, avec les tributs d'usage, les dents de tous les individus qu'ils ont tuées ou dévorés durant l'année; et ils reçoivent toujours à cette occasion, des éloges en rapport avec le nombre de dents présentées. Celles-ci servent ensuite à orner le palais royal.

Ce qui me surprend le plus, c'est qu'aucun des voyageurs européens, parmi lesquels il y a certainement des savants, n'ait rien dit jusqu'ici du Boudaïsme, si répandu pourtant dans toute l'Ethiopie: la raison en est, j'en suis sûr, qu'ils l'ont tenu ainsi que moi comme une fable qui n'a rien de vrai; ils auraient dû cependant en faire mention, et le réfuter par des arguments philosophiques et logiques. Mon but n'est autre, en parlant du Boudaïsme, que de piquer la curiosité des savants voyageurs européens, pour qu'ils se chargent d'y jeter un coup d'œil, non en vue certainement de l'affirmer tel quel, mais pour le réfuter, en donnant en même temps un aperçu sur le magnétisme, le mesmérisme et les autres sciences qui traitent des secrets de la nature, sciences qui ont attiré l'attention des plus savantes Académies d'Europe.

Il y a aussi parmi les Abyssiniens une autre secte, qui nous a rappelé celle des Bectachis et celle des Mevlavis sectaires Mahométans. Les adeptes se rangent en cercle comme les Bectachis, et poussent des cris bizarres avec un tel degré d'ardeur, qu'ils en écument comme des possédés, branlant la tête de chaque côté, en répétant sans cesse *Allah! Allah!* Cette cérémonie qui est regardée par eux comme un acte de dévotion, se prolonge jusqu'à ce qu'ils tombent épuisés par terre sans connaissance, en poussant des ronflements terribles. A ce moment, prétendent-ils, ils ont des songes et des visions de mille sortes, qu'ils se racontent ensuite les uns aux autres, après qu'ils ont repris leurs sens. Il arrive quelquefois que l'excès de la fureur leur fait perdre la raison, et dans cet état, on les voit souvent se jeter dans l'eau ou dans le feu comme des possédés. Parmi les membres de cette secte se trouvent aussi des femmes, dont le nombre ainsi que celui des hommes, va chaque jour augmentant. Cette secte paraît tirer son origine des Mahométans. A la nouvelle lune, surtout dans les jours qui précèdent la fête de l'Exaltation de la S^te. Croix, les sectaires ont coutume de faire leur danse diabolique pendant plusieurs nuits successives: ce sont les femmes qui assistent le plus souvent à ces scènes, et qui composent aussi le chœur.

CHAPITRE X.

Coutumes des Rois, des princes et des soldats. Forme du Gouvernement.

LE Gouvernement d'un pays à demi-sauvage, comme celui de l'Abyssinie, diffère naturellement beaucoup de ceux des puissances civilisées, et est bien loin d'approcher de leur forme et de leur organisation légale; cependant on trouve, comme nous en avons été témoins oculaires, dans le gouvernement des rois et des princes chrétiens de ce pays, certaines coutumes administratives et certaines lois, qui pourraient être adoptées avec a-vantage dans les Etats les mieux organisés. En effet, la simplicité garde toujours son influence et sa force attrac-tive, surtout au point de vue des lois et des jugements. Pour cela, je crois à propos d'insérer ici, en quelques ar-ticles, les usages des Rois et des princes Abyssiniens.

1. Le Roi se lève de bon matin, et se rend d'après l'usage, tout d'abord au tribunal, qui n'est le plus souvent qu'une tente, où, il siége assis sur une sorte de canapé allongé et tapissé. Il n'a d'ordinaire qu'un manteau blanc, dont il s'enveloppe, et ne porte point de caleçon; quelques fois il se oint la tête de beurre (1). Des deux côtés du canapé se voient de petites armes à feu et sa propre épée; par derrière se trouvent pendus sa lance et son bouclier de cuir, lequel est plaqué en argent et orné de gravures dorées; et, au dessus de ces armes, on voit sa tunique en soie rouge et satinée. Cette robe est réser-vée aux Rois, qui la portent pendant les jours de céré-monie. Les autres princes ont aussi chacun une robe d' honneur qu'ils portent dans les mêmes occasions. —Le tribunal est toujours fermé les jours de Samedi et de Dimanche.

2. Les courtisans sont obligés, chaque matin, de pré-senter leurs compliments au Roi; et ceux qui se trou-vent empêchés par quelque indisposition, de le faire en personne, sont tenus d'envoyer, à leur place, quelques uns de leurs amis, afin que le Roi n'ait aucun soupçon sur leur fidélité. Quand le Roi se trouve loin de sa résidence, la même chose a lieu pour tous les notables de l'endroit

(1) *L'usage de se oindre la tête de beurre, a l'avantage dit-on d'empêcher les maux de tête. Les Arabes qui habitent les Etats E-gyptiens ont coutume de se la oindre avec du suif. Les Abyssiniens n'ont pas non plus l'usage de porter des caleçons, ils se contentent de s'envelopper avec leurs manteaux.*

où il est, et ceux qui viennent pour cette occasion, ne peuvent s'en retourner sans les ordres exprès du Roi.

3. Le Roi a autour de lui des conseillers intimes, qui s'appellent Afe-Negous, c'est-à-dire, *la bouche du Roi.* C'est à eux seuls qu'il communique ses desseins et sa volonté, et c'est par leur entremise qu'il fait exécuter ses ordres à l'insu de tout le monde. Si quelqu'un du peuple a quelque secret à dévoiler au Roi, ou quelque demande à lui adresser, il doit tout d'abord les communiquer à l'un de ces conseillers. Ainsi, par exemple, quand quelqu'un veut être nommé comme gouverneur en quelque endroit, ou bien désire obtenir la délivrance d'un coupable, c'est par l'intermédiaire d'un de ces conseillers intimes qu'il adresse ses sollicitations; également, lorsqu'on veut entretenir le Roi de choses importantes, ou lui faire une requête secrète ou publique, c'est le même moyen qu'on emploie. C'est, en un mot, par leur entremise, qu'on connait les faveurs accordées par le Roi, comme aussi les conditions à remplir pour leur obtention.

4. Tous les procès se plaident en présence du Roi et des gens de sa cour, et c'est là aussi qu'est prononcée la sentence. L'arrêt de mort est toujours prononcé d'après les lois du pays.

5. Lorsque de simples particuliers désirent obtenir une audience du Roi, ils se tiennent de loin devant sa tente, en criant à haute voix: " *Djan-Noyé! Djan-Noyé!* „ qui est synonime du mot Prince. Si le Roi a le temps, et qu'il veuille bien condescendre à leurs désirs, il les admet sur le champ en sa présence, autrement il leur envoie un délégué (Baldérava), au moyen duquel ils se présentent au Roi, quand ils veulent, ou bien le Baldérava lui-même transmet aux pieds du Roi leurs demandes.

6. Bien que le pouvoir du Roi soit absolu, il admet cependant auprès de sa personne, outre ses conseillers intimes, plusieurs chefs militaires distingués, qui assistent

à ses conseils, et qui traitent et jugent avec lui, les affaires importantes de l'Etat.

7. Les chefs de la milice et les généraux, pris ordinairement parmi les ministres et les courtisans, sont choisis par le Roi lui-même. Ce dernier a aussi sous ces ordres d'autres princes et d'autres chefs notables, ainsi que plusieurs chefs qui lui sont tributaires, et tout ce corps hiérarchique commande lui-même à des troupes et à des officiers de divers grades et de diverses dignités, lesquels dépendent tous de leur princes, comme ceux-ci dépendent du Roi. Quelques uns de ces princes et de ces chefs militaires reçoivent du Roi comme fiefs, certaines parties de territoire qu'on leur laisse gouverner, et dont ils perçoivent les revenus annuels en moitié ou en quart, suivant le grade de leur dignité.

8. Les troupes fusilières forment la principale force militaire du Roi, qui en a un bien plus grand nombre que les autres princes; il y a cependant quelques exceptions pour ses favoris et ses adjudants, qu'il autorise à commander dans les combats, un assez grand nombre de fusiliers. Car, en Abyssinie, personne n'a le droit de porter des armes à feu sans la permission du Roi, permission que ce dernier accorde en fixant toujours le nombre de fusils. Cette autorisation est considéré comme une grande marque d'honneur par les Abyssiniens. Quand au nombre des lanciers, il n'est point précisé, chaque prince peut en avoir autant qu'il veut sous ses ordres, selon la grandeur de son rang et l'étendu de ses moyens.

9. Les Princes sans territoires, ainsi que les Ministres militaires qui n'ont point d'attributions fixes, de même que les troupes, reçoivent une pension du tresor publie.

10. Le Roi choisit, à son gré, sur la sollicitation des peuples, la personne qui lui plaît pour gouverner un pays, et fait publier son nom au son de la trompette.

Les principaux membres d'administration dans toutes les localités, sont également choisis par le Roi, parmi ses confidents. Le jour même de la nomination du dignitaire, on lui remet une arme et une tunique en soie, en signe de sa nouvelle dignité, et il part ensuite pour sa destination, accompagné de quelques personnes de marque attachées à son service, dont le nombre s'élève parfois jusqu'à une centaine, et qui lui forment une sorte de garde. On donne aussi des vêtements d'honneur aux divers chefs, qui se trouvent sous sa dépendance, comme signe de distinction du grade qu'ils doivent occuper.

S'il arrive des querelles et des dissentions entre les habitants d'une localité et leur gouverneur, soit à cause des violences et des vexations que celui-ci leur fait subir, soit à cause de la haine que ces derniers lui portent, tous les gens de l'endroit se réunissent pour chasser ce fonctionnaire et l'expulsent de leur pays. Alors on voit parfois le prince qui a été chassé précédemment, pour ses vexations, se mettre en révolte, et s'emparer du pays par le consentement secret des habitants. Si, au contraire il ne leur agrée point, ces derniers s'unissent au gouverneur élu par le Roi, et ils expulsent le rebelle. Il arrive maintes fois aussi que les peuples se divisent, prenant chacun parti pour l'un des deux princes, et dans ce cas, c'est le combat qui décide la cause, comme cela est arrivé pendant notre séjour dans le pays, entre les habitants de Bélessa et ceux de Bégaméder. Si le parti du Roi vient à être vaincu, celui-ci est obligé de marcher en personne contre l'ennemi, ou d'expédier contre lui, une troupe assez forte pour le soumettre et le vaincre.

La principale cause de ces dissentions, ce sont les intrigues des habitants, c'est-à-dire, les machinations secrètes des partisans du précédent gouverneur, lesquelles troublent et bouleversent tout le pays. Une seconde cause de querelles, c'est lorsque le nouveau gouverneur élu, est un homme étranger au pays, chose qui contrarie encore plus les prétentions des peuples: en effet, un gouverneur étranger outre le désavantage de leur coûter beaucoup plus, ne prend jamais leur intérêt comme un du pays-même.

11. Il n'est pas possible au Roi de soumettre et de subjuger les habitants d'un pays par force, car ces derniers n'ayant point, à proprement parler, de demeure fixe, sont très difficiles à dompter. Lorsque le Roi veut fondre sur une localité révoltée, il doit agir d'une manière furtive et jouer de ruse, afin de pouvoir saisir les rebelles; s'il se conduit autrement, les habitants ne sont pas plus tôt informés de son approche, qu'ils transportent leurs bestiaux dans des endroits éloignés et inaccessibles, et cachent leurs provisions dans des souterrains, après quoi ils prennent la fuite, abandonnant le village à la garde de quelques mendiants ou de quelques pauvres gens misérables. Dans ce cas, le Roi est obligé très souvent de céder à leurs caprices; mais s'il est déterminé à saccager le pays et à le ruiner, il s'efforce tout d'abord de les rassurer par des paroles et de promesses flatteuses, dans le but de les faire revenir à leurs foyers avec tous leurs biens; ensuite il fait disperser ses troupes dans les villages pour être nourries selon l'usage; quelques jours après, sous un prétexte quelconque, il fait sonner la trompette à l'improviste, et intime l'ordre à ses troupes d'envahir et de dévaster le pays. Alors les habitants se voyant privés de leurs biens, sont forcés de se soumettre au Roi, ainsi que leur chef, qui ne trouvant plus de moyens pour se maintenir, est obligé de faire sa soumission à son tour. Mais quand le roi n'a aucune intention hostile contre le pays, et que les causes de la révolte sont justes, il pardonne aux habitants et fait droit à leurs demandes.

12. Le pays ou le village qui donne l'hospitalité à un chef révolté, est considéré lui-même comme rebelle, et en conséquence, le prince de l'endroit a le droit de le

faire saccager; dans ce cas il garde pour lui la cinquième partie du butin et de tous les bestiaux, et abandonne
le reste à ses troupes. Mais si les peuples ne sont point
disposés à recevoir chez eux le rebelle, ils préviennent
aussitôt le gouverneur de son arrivée, et quand ils n'en
ont pas le temps, ils se réunissent tous pour le combattre
et le chasser: alors, si le rebelle triomphe et les soumet
par force, ils n'ont rien à craindre de la part du Roi.
Quand l'ennemi n'est pas sûr de soumettre les peuples,
il se retire dans son pays, après s'être contenté de piller
le territoire, et va se réfugier dans des endroits inaccessibles, où il voit bientôt les habitants des environs venir
se placer sous son étendard et protéger sa révolte; car
si la fortune le favorise et lui permet de s'agrandir, ils
espèrent lui faire payer leurs services, soit par la dimi-
nution de leurs impôts, soit même par une exemption
totale de tributs.

13. Quand le Roi ou l'un des gouverneurs de province se trouve dans la nécessité de livrer batailles contre
l'ennemi, il fait appeler tous les habitants qui se trouvent
sous sa domination, lesquels viennent aussitôt bon gré
malgré se ranger sous son étendard. Lorsque ceux-ci
ont de l'antipathie contre leur gouverneur, ils s'entendent ensemble avant le combat pour passer tous à la
fois du côté de l'ennemi, et pour soutenir sa cause, ce
qui cause la défaite du parti du gouverneur, après quoi
ils prennent la fuite en criant au chef rebelle: "Mangez
le pain!„ ce qui veut dire: soyez maître du pays et jouis-
sez de ses revenus. De telles trahisons sont fréquentes
parmi les naturels du pays, et il n'est pas rare de les
voir, sur le point même de remporter la victoire, abon-
donner lâchement le parti qu'ils avaient soutenu jusqu'
alors, comme cela est arrivé à Therso-Gavazi, lorsqu'il
combattait contre Vagchem-Govazi. Aussi les princes,
qui connaissent très bien cette supercherie, se mettent-
ils toujours sur leurs gardes, et n'engagent jamais le

148

combat lorsque l'armée de l'ennemi est plus nombreuse
que la leur; ils ont soin de se tenir à l'écart avec les
troupes placées sous leur commandement, quand le reste
de leur camp est en force de tenir tête à l'ennemi.

14. Le Roi trouve partout son entretien et celui des
gens de sa cour, aux frais des peuples du pays où il fait
des excursions. Quand aux troupes et aux autres gens de
service, dont le nombre est exactement enregistré, c'est
le Roi qui décide la quantité de leurs provisions et qui
fixe le jour qu'ils doivent les recevoir de chaque village
indiqué. Quand le Roi est pressé de lever son camp pour
marcher sur un autre pays, les habitants du premier village qui se trouve sur sa route, sont obligés de pourvoir
à ses besoins; mais s'il n'est pas pressé dans sa marche, et
qu'il ait le temps de faire halte dans les villages qui sont
sur son chemin, ce sont leurs habitants qui lui fournis-
sent la nourriture et qui hébergent ses troupes, et l'on fait
ensuite déduction des dépenses, qu'ils ont faites, en faisant le compte des tributs annuels. Dans le cas où ces
derniers refusent de pourvoir aux besoins de l'armée, d'
après l'injonction qui leur en est faite, on prend d'eux
par force, et à leur préjudice, tout ce dont on a besoin.

15. La conscription n'est pas en usage parmi le
peuple, attendu que tout citoyen est considéré comme
soldat, et chacun, lors de l'appel, va se réunir de son bon
gré sous l'étendard royal. Chacun est libre de prendre
du service auprès du prince qui l'accepte, et peut aussi
se retirer, quand il veut, pour s'enrôler dans les troupes
d'un autre, ou bien s'enfuir près d'un chef rebelle (1), ou
enfin quitter le service pour toujours. Il y en a beaucoup
qui s'enrôlent comme soldats volontaires toute leur vie,
dans la seule intention d'avoir de quoi vivre.

*(1) On regarde comme fugitif, celui qui ne remet pas au
prince qu'il abandonne, l'arme, le mulet et les autres objets qu'il
en a reçus.*

16. Vû la petitesse de son état, le Roi n'a aucune troupe disponible, dans toutes les provinces du royaume qui soient exercées au maniement des armes; c'est même à grand peine, qu'il entretient une armée de 15000 soldats avec leurs familles et leurs domestiques, et souvent il a recours pour les nourrir, aux moyens les plus violents et les plus illégitimes. Bien qu'il y ait, dans chaque province, des hommes exempts de tous tributs, et placés sous les ordres immédiats du Gouverneur, c'est à peine si celui-ci peut s'en faire protéger dans les circonstances critiques, où son territoire est en danger. Ces sortes de soldats sont maintes fois appelés par le Roi, quand ce dernier a besoin de leur assistence, et alors la localité qu'ils quittent, est confiée à la garde des paysans. Ceux-ci savent très bien mettre à profit cette occasion pour se révolter, quand ils le veulent, comme cela arrive très souvent.

Les peuples Abyssiniens ont, en général, le caractère très inconstant, de sorte que si le Roi fait, par exemple, des excursions vers l'Est, les peuples de l'Ouest se mettent à se révolter; et s'il va pour réprimer ceux de l'Ouest, ceux de l'Est relèvent la tête à leur tour. Il ne peut les vaincre et les dompter ni par le pillage, ni par la décapitation, ni par aucun moyen quelconque: tout ce qu'on emploie contre eux, ne fait qu'augmenter leur rébellion, au lieu de l'apaiser, comme on l'a vu sous le règne de Théodore. Une conduite aussi turbulente ne laisse au prince aucun repos, si ce n'est pendant l'hiver, alors que les routes sont impraticables par l'abondance des pluies, qui font déborder, dans ce pays, tous les fleuves et toutes les rivières: c'est le moment que le Roi choisit pour se reposer, et pour prendre ses quartiers d'hiver ou centre de ses Etats, d'où il peut alors surveiller tout le pays, et s'en faire redouter, étant à même de réprimer aussitôt l'insurrection, dès qu'elle vient à éclater dans un endroit. Les guerres commencent communément a-

150

près la fête de l'Exaltation de la S^{te}. Croix, et finissent
vers la fin du mois de Juillet.

17. La rebellion est considérée par les Abyssiniens
comme un acte de gloire et de bravoure, et l'on peut
dire, que le désir en est presque inné chez eux tous; en
effet, on les voit, à tous les âges remuants, ambitieux et
avides de toutes les dignités, auxquelles ils tâchent de
parvenir par l'insurrection. "Que nous arrivions à quel-
„que dignité, un jour ou l'autre, disent-ils, et que nous
„mourions le jour d'après, n'importe.„

Ce peuple paraît né pour ne jamais obéir, mais plutôt pour commander. Personne ne sert son chef de bonne
foi, d'où cela provient-il? Comme je l'ai déjà rapporté
ailleurs, il n'y en a peut-être pas un parmi les Abyssiniens qui n'ait souillé sont lit nuptial; il n'existe, pour ainsi dire, entre eux, aucune relation de parenté ni d'alliance pas plus proche que lointaine, de là aucune légiti-
mité ni amour fraternel ou filial, par conséquent, point
de fidélité, condition indispensable pour la soumission et
l'obéissance. Par cela même, il n'y a point de confiance
entre eux; le Roi lui-même ne peut se confier à aucun
des princes qui l'entourent, et ceux-ci, à leur tour, sont
sans cesse à redouter la trahison de leurs troupes et de
leurs domestiques. Pour sa sûreté personnelle, le Roi se
fait toujours accompagner par plusieurs gens de sa cour
qui le suivent partout où il va, et il choisit de préférence
pour cela, ceux qu'il soupçonne plus ou moins; à cet effet, il retient en ôtage près de lui, tantôt le fils d'un gouverneur de province, tantôt le gouverneur lui-même, qu'
il fait remplacer par son fils ou par son frère, afin de
n'avoir point à redouter leur révolte: c'est le moyen u-
nique qu'il emploie pour être un peu en sûreté. Quand
celui qui gouverne une province vient à se révolter, le
Roi fait tuer celui qu'il tient en ôtage, ou quelques uns
des proches parents du rebelle, ou bien il se contente de
les enchaîner pour les empêcher de s'évader.

18.   Les gouverneurs sont obligés de communiquer au peuple, tous les avis que le Roi leur expédie, touchant les affaires publiques. Si le Roi par exemple, demande de l'argent, des provisions, ou quelque autre chose que ce soit, le gouverneur de l'endroit en fait aussitôt part à ses gens et aux notables du pays, et après avoir pris leurs avis, il leur fait diviser les objets demandés sur chaque village, et la quantité, que doit fournir chaque village, se divise à son tour sur les maisons, selon les moyens de chaque propriétaires; c'est ainsi que se perçoivent l'argent et les provisions exigés. Quand les habitants d'un village tardent trop à acquitter la part qui leur incombe et tergiversent par de faux prétextes, le gouverneur envoie chez eux, un détachement de troupe sous les ordres d'un capitaine, qui vient s'installer dans le dit village; alors les habitants sont bien vite forcés de faire leur soumission, afin de ne pas nourrir longtemps ces soldats, qui sont à leur charge pendant tout le temps de leur séjour chez eux.

19.   Le Roi, ainsi que tous les notables ont coutume de prendre à leur service, un grand nombre de femmess et de jeunes gens, qui sont obligés de les suivre à l'armée: ce nombre varie selon les moyens de chacun. Les femmes leur préparent le pain et la nourriture; les jeunes gens portent leurs armes et leurs boucliers, et leur procurent du foin pour les mules, car dans ce pays-là l'orge est en respect et sert d'aliment pour les hommes, tandisque les bêtes ne mangent que du foin.

20.   Les soldats des troupes fusilières préparent euxmêmes et à leurs frais, la poudre dont ils ont besoin; au moment du combat, c'est le Roi et les princes qui donnent de la poudre ou de l'argent à ceux qui n'en ont pas, Ces fusiliers ne sont pas habiles à tirer ni à coucher en joue, et il arrive souvent à ceux qui sont blessés légèrement de succomber faute de bons chirurgiens, ou bien de rester infirmes pous toujours.

21.   Lorsque deux batailles ennemis se rencontrent

et engagent la mêlée, les soldats n'ayant aucun signe extérieur pour se faire distinguer, prononcent sans cesse le nom du cheval de leur chefs ou de leur Roi. Ainsi le coursier de Dédjadjmatch-Cassa, prince actuel du Thègri, s'appelle *Abba-Bezbez,* mot qui signifie le père ou le chef des pillards. Celui de Vagchem-Govazi, prince d'Amara, se nomme *Abba-Djahit,* c'est-à-dire, le Père des invincibles, ou le Père des intrépides qui tombent sur l' ennemi. Le coursier de Théodore avait le nom d'*Abba-Tatek,* qui veut dire, le Père des ceints. Car il est d'usage, en Abyssinie, quand on se présente devant le prince, de porter son manteau enveloppé autour des reins, de manière à ce que l'un des bouts passe sur l'épaule, et est retenu d'une main attaché sur la poitrine: cette manière de s'envelopper marque la soumission et le respect; ainsi donc le mot *Abba-Tatek* signifie le père de ceux qui se ceignent de la sorte.

22. Chez les Abyssiniens, un combat ne dure guère plus de deux heures, et se termine ordinairement par la prompte défaite d'un des deux partis. Avant d'engager l'action, ils ont coutume d'entrer en longs pourparlers, et s'efforcent d'arriver à un accommodement; si l'un des deux partis reste inébranlable et ne fait aucune concession, on déclare alors la guerre. L'armée est partagée généralement en trois ailes: celle du milieu est commandée par le Roi ou par le grand Ministre de la guerre, et les deux autres sont sous les ordres de deux princes ses confidents. Chaque corps d'armée a son régiment de tambours tout au milieu du camp, lesquels battent des airs guerriers, tout en restant montés sur leurs chevaux. Tous les soldats portent une arme à feu, qu'ils gardent pour le moment du danger et dont ils se servent comme arme défensive, lorsqu'ils sont sur le point de tomber entre les mains des ennemis, ou que leurs forces sont dispersées; car tomber en esclavage ou prendre la fuite, loin d'être un déshonnenr, est considéré par eux comme un

signe qu'on n'a pu être vaincu.

Les Abyssiniens ne se servent communément, dans les combats, que de leurs épées et de leurs flèches; bien qu'ils portent aussi des fusils, ainsi que nous venons de le voir, ils ne s'en servent ordinairement qu'au moment du péril, et comme ils ne sont pas habiles tireurs, à peine se trouve-t-il dix pour cent de blessés ou de morts par les balles de fusil. Ils s'attaquent de front pour se frapper, et sont remplacés à mesure par d'autres lignes, tandisqu'ils retournent à leurs camps, en se poursuivant les uns les autres. Les fusiliers se trouvent derrière les assaillants, et comme ils sont dans l'impossibilité de faire feu sur les ennemis, dans la crainte que leurs coups ne portent sur les régiments qui sont par devant, ils se bornent le plus souvent à tirer en l'air, ce qui effraye autant les uns que les autres. Quand quelqu'un d'eux sur le point d'être frappé, se prosterne devant celui qui dirige le coup, il é-chappe par là à la mort et devient son esclave, mais c'est une démarche qui n'est pas en honneur chez eux, et qui est considéré par tous comme un acte de lâcheté, surtout de la part d'un individu haut placé. Lorsqu'ils veulent passer à l'ennemi, ils font en sorte que toute la troupe passe à la fois à un signal donné. Au moment du combat les femmes qui suivent les camps, se tiennent sur des hauteurs en criant de toutes leurs forces et en répétant à satiété les mots *Lou! Lou!* elles lancent aussi autant de pierres qu'elles peuvent sur les ennemis; également les valets d'armée prennent part à la cause commune à coups de bâtons et à coups de frondes. Quand le commandant en chef de l'un des deux partis meurt sur le champ de bataille, le parti opposé est censé avoir remporté la victoire, et la guerre est terminée. L'armée vaincue prend la fuite, et les fuyards qu'on peut saisir, sont entièrement dépouillés: on ne leur laisse qu'un lambeau de haillon pour se couvrir les parties honteuses (1). Les

(1) On sait déjà que leur habillement ne consiste qu'en une

154

dépouilles restent à ceux qui les prennent, à l'exception
des armes qui sont remises au chef de l'armée, ainsi que
le cinquième de tous les bestiaux. Les troupes du Roi et
les paysans guerriers partagent aussi le butin commun,
mais les soldats en prennent deux parts, tandisque les
paysans n'en prennent qu'une seule. Les hommes distingués qu'on parvient à faire prisonniers, et sur qui le Roi
n'a aucun soupçon, peuvent racheter leur vie par une
somme d'argent ou par l'abandon d'une partie de leurs
biens: mais ceux sur qui existent des soupçons, sont enchaînés par les pieds et par les mains, et on leur fait subir de grandes tortures pour leur faire indiquer le lieu de
leurs richesses; et après les avoir dépouillés de tous leurs
biens, le Roi les retient dans son camp provisoirement,
ou bien les fait enfermer pour toujours dans quelque forteresse d'un Amba.

23. Quand on parvient à prendre des rebelles vivants, on les décapite sur le champ. Le revolté qui, avant
l'élévation du Roi, a refusé de faire sa soumission, est
condamné à une prison perpétuelle, où le Roi pourvoit
à sa nourriture s'il le veut.

24. Pendant tout le temps de la guerre, les soldats
et les divers officiers sont obligés de porter l'uniforme
qu'ils ont reçu du Roi, et qui sert à la distinction de chacun. Pour coiffure ils ont une espèce de casquette faite
d'étoffe de couleur, et portent aussi aux bras, suivant
leur grade, des galons d'or ou d'argent. Les chevaux des
princes portent des ornements plaqués en argent, comme
on en voit aux selles des coursiers des anciens Egyptiens,
et comme les grands Cheikhs des villages de l'Egypte ont
encore coutume d'en porter de nos jours.

25. Le sceau royal porte l'empreinte d'un lion: le
Grand-Prince s'en sert pour authentiquer ses ordres, ses
lettres et les passe-ports des particuliers. Les contrats de

chemise longue ou un manteau blanc ordinairement malpropre.

fermage, dans le pays de Gonder, portent également cette empreinte.

***

CHAPITRE XI.

Sur le sol, les mines, les saisons et les productions de l'Abyssinie.

LE sol de l'Abyssinie est tout montagneux, et entre-chaîné de collines rocheuses, au pied desquelles on trouve parfois des campagnes d'un aspect très pittoresque. Les habitants construisent leurs maisons et leurs hameaux sur les plateaux qui surmontent les plus hautes montagnes, et sur des collines plus au moins en pente, précaution qu'ils prennent en vue de se garantir des rebelles et des voleurs. On y voit des routes et des chemins d'un aspect si effrayant et si terrible, que personne excepté eux et leurs mulets, ne peut y marcher et encor moins y courir, sans danger réel: il est vrai qu'ils ont coutume de cheminer nu-pieds, et que leurs mulets ne portent point de fers. La plupart des chemins sont des traces de bêtes-fauves, ou des lits de torrents, qui tombent des hauteurs des montagnes; pour pouvoir y passer sans péril, les hommes blancs auraient besoin de griffes comme les animaux sauvages afin de pouvoir s'accrocher soit pour monter, soit pour descendre à pieds nus: il est tout-à-fait impossible à ceux qui n'y sont pas accoutumés, de courir à cheval sur ces sortes de routes. C'est ainsi pourtant que sont tous les chemins dans les montagnes d'Ago.

L'étendue de l'Abyssinie proprement dite, c'est-à-dire, des pays gouvernés par les Rois chrétiens, du Thègri, d'Amara de Choa et de Godjam n'a pas une étendue très vaste: elle a à peine une longueur de 25 à 30 jours de marche dans toutes les directions, c'est-à-dire, de Gallabad jusqu'à Choa, et de Massawa jusqu'à Godjam.

Bien que le sol soit montagneux, il possède pourtant d'assez grandes richesses naturelles, car on y
trouve des mines de cuivre, de plomb de marbres et de
fer surtout, qui sont très abondantes, ainsi que quantité de pierres de diverses couleurs qui pourraient offrir
au naturaliste et au chimiste, de grands sujets d'étude.
Toutes ces mines restent abandonnées par l'ignorance
et la paresse des habitants. On y trouve aussi, dit-on,
plusieurs mines d'or, principalement du côté oriental du
pays des Gallas, et du côté occidental de celui de Chan-
gallas. Dans cette dernière contrée, à ce que disent les
indigènes, les habitants vont à sa recherche pendant la
nuit, et mettent de la bouse sur les objets qu'ils voient
briller, et le matin ils les ramassent, les nettoient et les
torréfient sur le feu, ensuite ils vendent aux marchands
du Thègri la poudre d'or, qu'ils ont retiré des cendres,
en échange de toiles et d'autres articles dont ils ont besoin. Le poid d'un thaler en or s'échange pour douze
thalers en argent, chez les Gallas des frontières et chez
les habitants de Godjam et de Choa.

On trouve dans les contrées de Choho et de Teltal, au
Sud du Thègri, de riches et abondantes mines de sel: les indigènes transportent ce sel, coupé de différentes formes et
de differentes grandeurs, dans les marchés publics d'Agam,
ville située dans le Thègri, et là les échangent contre des
toiles de coton; ensuite ces morceaux sont transportés de
là dans tous les pays de l'Abyssinie, et à mesure qu'on s'é-
loigne de l'endroit du transport, le sel devient pour cela
même plus cher, parceque la quantité va en diminuant, ce
qui est une cause de grands profits pour les marchands.
Ainsi, par exemple, on peut acheter sur le marché même,
pour un seul thaler, jusqu'à 20 pièces de sel, du poids de
cent drammes chacune, et à cause du cours des places
qui va toujours augmentant, on obtiendra à peine, pour
le même prix six pièces du même sel, pendant l'été, dans

les pays éloignés. En général, la quantité de ces morceaux de sel diminue durant l'hiver, et le prix en est
augmenté d'autant. Pour cela, le prince du Thègri a
coutume d'expédier, pendant cette saison, un détachement de troupes aux mines, pour rendre sûre la route
aux marchands, et le sel alors devient abondant partout.

Il y a des endroits où les terrains sont si fertiles que
l'on y sème et que l'on y moissonne trois fois par an. Il
se trouve aussi des eaux minérales dans quelques localités comme à Tchardoca, Guelbi-Thabor et Abba-Mahari.

A l'époque du changement des saisons, les vents, l'air
et les pluies changent également dans quelques localité.
A partir du mois d'Avril jusqu'à la fin d'Aout, le vent du
Sud-Ouest souffle presque toujours, et quand éclatent
soudainement de très forts orages, c'est un signe de l'approche des pluies, lesquelles en effet arrivent ordinairement après. C'est l'hiver de l'Abyssinie, durant lequel il
fait presque tous les jours un temps magnifique jusqu'à
midi, et le reste du jour, il tombe de la pluie dans la
plus grande partie du pays. Pendant qu'on laboure les
champs d'un côté, on voit de l'autre les épis murir par
la chaleur brûlante du soleil d'avant midi. Après la pluie
le froid d'ordinaire n'est pas très sensible. Les vents
soufflent continuellement depuis le mois de Séptembre
jusqu'au mois de Décembre, et parfois il y a aussi, dans
quelques endroits des pluies accompagnées d'orage, qui
sont amenées par le vent du Nord-Est. Du mois de Décembre jusqu'au milieu de Mars, c'est le vent d'Ouest qui
souffle presque continuellement, et qui amène des pluies
soudaines précédées d'ordinaire par de grands ouragans.
Dans quelques localités, le froid, au mois de Janvier, est
plus sensible que dans leur saison d'hiver (d'Avril à
Septembre).

Le sol de l'Abyssinie est, comme nous l'avons dit plus
haut, très montagneux et rempli de vallées, mais cependant il est extrêmement fertile. Il produit en abondance

du blé, de l'orge, du maïs, et du millet, dont on fait, en quelques endroits, de la bière et même du pain pour les domestiques. Il y vient aussi uné espèce de graine appelée Thef, dont on fait du pain pour les grands personnages, qui le préfèrent à celui qu'on fait avec du blé. Outre cela, ce pays produit encore des pois-chiches, des fèves, des haricots, des lentilles, du piment, des oignons, deux espèces de patates qui se trouvent dans le pays de Djelga, du gingembre et une espèce de grande citrouille, qu'on mange en hiver. Le pays des Gallas et celui de Bégaméder, qui appartiennent à la province de Godjam, produisent aussi du café, quoiqu'en très petite quantité. Les Mahométans seuls en font usage; après l'avoir pris une première fois, ils le font bouillir une seconde fois et le prennent de nouveau; ensuite ils y ajoutent de l'eau une troisième fois pour l'usage des domestiques. Ces mêmes pays produisent encore d'excellent riz sans culture, qui est recueilli par les pauvres, qui le mangent tout crû, sans le faire cuire, ainsi que nous l'avons vu nous-mêmes dans le pays de Bégaméder. On trouve, dans quelques localités, des grenadiers, des pêchers, des noyers, des citroniers doux et des citroniers acides, des tamarins, des pruniers sauvages, et d'autres arbres fruitiers inconnus en Europe et de peu de considération.

Nous avons vu aussi, dans les contrées de Finerva, des pastèques sauvages, que les Mahométans seuls mangent. La vigne y est devenue maintenant très rare, et les indigènes en attribuent le dépérissement au roi Théodore, qui la fit détruire, dit-on, pour empêcher l'ivresse, bien que lui-même fut un très grand buveur.

Parmi les plantes sauvages, ou du moins considérées comme telles dans le pays, celles qui nous sont connues sont les suivantes: l'olivier sauvage, l'arbuste à Thé, que les Mahométans prennent avec du miel, la basilic, la menthe, le pourpier. Les Abyssiniens ne mangent aucun de ces plantes à leur table, excepté la Gomma, qui est aussi une espèce d'herbe sauvage. Comme l'olivier leur manque, ils se servent d'une huile, qu'ils tirent d'une sorte de semence nommée *Nough,* et qui ressemble à la graine de lin: cette graine rend à peu près 25 0/0 d'huile. — On trouve aussi le sésame et d'autres espèces de semence dont on fait des bouillies et divers ragouts. On cultive encore quelques fois le coton, mais très rarement, et cette culture n'a aucune importance. Tous ces productions se trouvent plus ou moins, dans presque tous les pays de l'Abyssinie, et quoiqu'elles soient assez nombreuses, c'est-à-peine, cependant, si elles peuvent suffir à la nourriture de la population indigène. Si les habitants voulaient s'accorder ensemble, et cesser ces querelles continuelles qui les divisent entre eux, pour s'adonner à la culture des terres, ils pourraient en tirer de très grands avantages, et auraient assez de vivres pour en exporter même à l'étranger, ainsi le commerce fleurirait dans le pays et il y aurait là une source de richesses de plus.

Outre les productions du sol, on trouve en Abyssinie toutes sortes d'animaux et de bêtes utiles. Il y a de bon chevaux et de bons mulets dans les provinces de Godjam et de Choa, lequel se vendent de 10 à 30 thalers chacun, selon la qualité. L'âne se vend de 3 jusqu'à 10 thalers: on s'en sert pour le transport seulement, car il est considéré comme une chose honteuse de le monter: on ne sert pas, dans le pays, d'autre monture que de la mule. Un bœuf ou une vache se vendent de 4 à 5 thalers, et l'on peut avoir trois chèvres ou trois moutons pour un seul thaler, quand on les achette de la main des bergers: il est vrai de dire aussi, qu'ils sont très maigres, et que leur chair est très fade, ainsi que celle du bœuf, attendu qu'ils ne se trouve pas de gras paturage dans le pays. Il en est de même des poules, lesquelles quoique un peu rares, ne se vendent néanmoins que vingt centimes chacune; on fait un crime là de manger des œufs, cependant on en mange dans quelques localités mais en secret. Les pigeons sont également prohibés chez les Abyssiniens, qui les réservent pour les offrir à Dieu. Le porc est entièrement rejeté par eux, comme un animal exécrable et immonde. On trouve chez eux du lait, du lait caillé, du beurre en plus ou moins d'abondance, cependant ils ne savent pas faire le fromage. Nous avons vu, dans notre voyage, plusieurs espèces de miel, qu'on obtient sans pression, et dont les 6 où 7 kilos ne coutent seulement qu'un thaler, chez les paysans. Il y a entre autre une espèce de miel, que les Abyssiniens appellent *Tasma*, lequel a une sorte de saveur aigrelette, et est fait par de petites abeilles dans des souterrains : on en prend le matin, et cela est excellent, dit-on, contre le mal de poitrine.

On voit, en quelques endroits, des oiseaux de diverses couleurs très brillantes et d'un aspect magnifique, mais les espèces et les noms ne m'en étant pas connus, il m'est impossible d'en donner ici aucune description détaillée. On y trouve également plusieurs espèces d'animaux sauvages et de bêtes-fauves, dont les plus remarquables sont des loups, des lions, des léopards, des hyène, des sangliers, des chevreuils, des bufles, des éléphants, des serpents ailés et venimeux, des dragons, plusieurs espèces de singes, parmi lesquels il s'en trouve de très dangereux. On en remarque un entre autres, dont la grosseur ne dépasse pas celle du chat ordinaire, qui, par sa barbe blanche, ressemble à un petit viellard maigre; sa tête paraît être coiffée d'un bonnet noir, et son cri imite au naturel le gémissement de l'homme. Ces sortes de singes se trouvent particulièrement dans les pays de Godjam et de Tchardoca; ils se tiennent ordinairement sur des arbres, et nous en avons vu plusieurs durant notre voyage. Il y a aussi plusieurs animaux amphibies de couleurs bigarrées, dont les peaux servent d'ornement et de parures aux grands personnages, qui les portent à leur cou et sur leurs épaules, découpées en plusieurs morceaux, qui pendent autour de leur corps, sembla-

bles à des frisures. Les peaux de ce genre, qui sont d'
une couleur de zibeline, sont très recherchées chez les
Abyssiniens.

CHAPITRE XII.

Les importations et les exportations de l'Abyssinie.

PAR ce que nous venons de dire, il est facile de
voir déjà, combien est misérable l'état du commerce en
Abyssinie. Si l'on observe, avant tout, que le commerce,
se trouve, en général, abandonné entre les mains des
femmes, on peut voir là une raison pourquoi il est tenu
jusqu'à présent, en si peu de considération. Les plus
grands centres de commerce sont les villes d'Adoua et
de Gonder, d'où les denrés se transportent dans tous
les pays intérieurs. Les principaux objets d'importation
sont les marchandises suivantes, qui s'échangent ou se
vendent contre des espèces métalliques, entre les marchands Abyssiniens, à savoir: des étoffes des Indes en soie
de diverses couleurs d'une qualité très ordinaire: celles
qui sont rouges, sont plus estimées par les indigènes, et
c'est communément le Roi et les grands princes qui les
achettent, pour en faire des présents à leurs gens ou pour
les récompenser, ou bien encore s'en servent pour se faire
des habits de cérémonie; des toiles blanches, du fil rouge
et du fil bleu, des cuirs rouges préparés, que les notables
font mettre aux fourreaux de leurs épées; de la poudre
à fusil, celle d'Angleterre surtout, qu'ils estiment le plus;
des armes à feu de qualité inférieure, des capsules, des
balles, et quantité de verroteries, que les femmes ont
coutume de porter au cou; des pièces d'orfèvrerie, des
sequins de Venise, qu'on emploie à la dorure; des tasses

à café, des verres à boire; des aiguilles, dont les plus grosses sont les plus recherchées; du poivre, des clous de girofle, de la cannelle, du cumin, de l'encens, du noir d' antimoine, employé par les femmes, et d'autres denrées de très peu d'importance forment tout le trafic de l'Abyssinie. On y importe aussi quantité de coton par la voie de Gallabad et de Massawa.

L'exportation est moindre encore que l'importation, et est loin de s'élever à des valeurs annuelle aussi fortes. L'unique article qu'on signale dans l'exportation de ce pays, c'est l'or, que l'on ramasse, en certains endroits, à la surface de la terre, où il se trouve en petits grains, que l'on fond dans de petits fourneaux, et dont on fait des lingots. On l'échange d'ordinaire contre douze fois son poids d'argent, c'est-à-dire, que pour une pièce d'or on prend en échange douze pièces d'argent du même poids. Outre l'or, on exporte encore les articles suivants, à savoir: des peaux de bœufs et d'autres bestiaux, des chevaux, des mules, des ânes, des vaches, des bœufs, des moutons, des chèvres, du musc, des drogueries, des os d' éléphant, du piment rouge, un peu de café, du miel, de la cire, des bêtes-fauves etc.

Il n'y a dans le pays aucun tarif pour fixer les droits de douane; il n'y a que dans deux villes, qui se trouvent sur les frontières du Thègri et de Gallabad, où l'on trouve des douanes régulières; là on perçoit une pièce de chaque colis de marchandise, sans s'informer de sa valeur et de sa qualité, il suffit de satisfaire le douanier. Cependant le droit ne s'arrête pas là, à l'entrée de chaque territoire se trouvent des gens postés par le prince de l'endroit, qui reçoivent aussi une pièce de chaque colis de marchandise, à titre de droit ou de cadeau. Egalement à tous les marchés publics où les marchands se présentent, ils sont obligés de payer le même droit, aux douaniers du Gouverneur. Il y a aussi un droit de taxe pour toute production locale, que l'on apporte au marché, excepté pour

les céréales et les légumes, qui sont exempts d'impôts;
mais en temps de guerre, le Roi peut en prendre des
paysans, à tître de tribut, autant qu'il en faut pour l'alimentation de ses armées. Quand une marchandise quelconque n'a pas été vendue en marché, et que le propriétaire se trouve obligé de la remporter une autre fois, il
doit affirmer par serment, quand il la rapporte, qu'il en
a payé le droit de douane. Ce manque de réglement cou-
te parfois très cher aux propriétaires, car un marchand
de sel par exemple, qui en porte une charge d'âne, est
obligé d'en laisser un morceau à chaque chef du marché
où il passe. En général, pour les marchandises d'importation, comme pour celle d'exportation il n'existe ni
règle ni tarif.

FIN.

BULLES PATRIARCALES MENTIONNÉES A LA PAGE **2.** DU PREMIER LIVRE.

Lettres adressées à Sa Majesté Théodore, empereur d'Ethyopie.

Isaïe Archevêque, et par la grâce de Dieu Patriarche des Arméniens de Jérusalem, occupant le S^t. Siége apostolique de S^t. Jacques, j'offre mes salutations apostoliques à Votre très-chrétienne Majesté l'Empereur de l'Ethyopie, et je prie Dieu qu'il vous comble des bénédictions et des grâces de la S^{te}. Cité, de Nazareth, de Bethléem, du Jourdain, du Tombeau de notre Seigneur Jésus-Christ, du Golgotha, du mont de l'Ascension, du Cénacle de Sion, et de tous les Lieux-Saints et glorieux, où ont été accomplis les mystère de l'Incarnation du Fils de Dieu; et de l'Église apostolique de S^t. Jacques, frère de notre Seigneur J. C. Que le Ciel veuille exaucer les prières que nous Lui adressons pour la prospérité de votre état, qu'il propage largement tous les biens celestes sur la Personne de V. M., sur son auguste Famille et sur tout l'état, gouverné par sa puissante Souveraineté. Ainsi soit-il!

En offrant les bénédictions célestes des Lieux Saints, nous déclarons aussi à V. M. très-chrétienne les désirs que mes prédécesseurs d'heureuse mémoire, ont conçus, d'établir des relations intimes et de pure charité chrétienne entre Votre Majesté et eux; mais les difficultés des routes les ont empêchés de les exécuter. Les mêmes désirs nous animaient aussi, depuis deux ans que nous sommes monté sur le Siége du S^t. Apôtre Jacques, de faire parvenir nos nouvelles jusqu'aux pieds de votre Trône, et nous avons été retenu par les risques des routes.

La Bonté divine daigna enfin, nous accorder l'occasion favorable pour pouvoir faire parvenir à la connaissance de V. Majesté très-chrétienne, au moyen de la présente Bulle, les voeux les plus intimes et les souhaits pleins de considérations et de respects que nous formons pour Votre Majesté. Pour Vous donner une preuve plus sensible encore de notre haute vénération, nous avons pensé de les faire présenter à V. M. très-chrétienne par l'entremise de notre Vicaire le très-révérend Archevêque Isaac, et le très-honoré Père Dimothéos, membre du Conseil administratif du Siége apostolique, tous les deux chéris et respectés par nous. Ils ont été chargés aussi de remettre à V. M. très-gracieuse une croix en or, garnie de diamants, renfermant un morceau de la vraie Croix de notre Seigneur J. C., laquelle, nous Vous prions, d'accepter bénignement et de la porter au cou comme étant une décoration digne d'un vrai chrétien.

Sire, notre dernier Prédécesseur Jean V. d'heureuse mémoire fut effectivement heureux d'avoir eu l'honneur d'accueillir son Altesse le Ministre de V. M. Assallafi Cantiva, qui, l'an 1858 de notre Sauveur, a fait un pélérinage aux Lieux-Saints. Il a pu très bien observer la sympathie que nous avons à l'égard de V. M. et l'affection charitable que nous témoignons réellement aux pieux réligieux Ethiopiens qui se trouvent à Jérusalem, et qui, de temps immémorial se trouvent sous la sauvegarde de notre Siége apostolique. Nous avons aussi à notre tour, reconnu la bienveillance et les sentiments pieux de Son Altesse, lequel est, sans aucun doute, inspiré par V. M. très-chrétienne; et la personne de Votre ministre n' était que le digne représentant des precieuses qualités de Votre Majesté.

Veuillez, Sire, accueillir grâcieusement les deux humbles Serviteurs, le très-révérend Archévêque Isaac, et le très-honoré Père Dimothéos; et daignez leur accorder Votre audience particulière, et en même temps Votre haute protection jusqu'au temps, que V. M. voudra bien leur donner congé. Que la paix et les grâces de Dieu soient toujours avec Vous. Ainsi soit-il!

Donné au Siége apostolique de S^t. Jacques à Jérusalem, le 30 Mars, 1867 de notre Sauveur.

———

Isaïe, Serviteur de Jésus-Christ, et par la grâce de Dieu Archévêque et Patriarche des Arméniens de Jérusalem, et gardien des Lieux-Saints, j'offre avec les bénédictions divines et les grâces de la S^te. Cité, mes salutations apostoliques à Votre Majesté très-chrétienne, Souveraine de l'Ethiopie. Que la protection céleste et les regards de la Providence divine soient toujours sur la personne de V. Majesté, sur son auguste Famille et sur tout l'état gouverné par Sa puissante Souveraineté.

Nous connaissons, Sire, la haute prudence et l'amour de la justice dont V. M. est caractérisée. Nous nous sommes, de plus, enchanté de voir en votre auguste Personne le vrai type de la Reine, 'dont la S^te. Ecriture fait les éloges, qui était passionnée de la sagesse du roi Salomon. C'est le même sang, sans doute, qui circule dans les veines de V. M., la même équité que celle de Salomon qui Vous anime. Ces précieuses qualités, donc, qui brillent dans Votre auguste Personne, nous ont encouragé à mettre aux pieds de Votre sublime Trône, nos très-humbles prières. Nous sommes assuré qu'elles seront exaucées par Votre Majesté très-miséricordieuse, pour l' amour de J. C. qui nous a donné en sa personne l'exemple d'humilité et de douceur, et qui nous a prescrit aussi de visiter tous ceux qui se trouvent opprimés et privés de la liberté, qui est préférable à tous les biens du monde.

Animé de ces mêmes sentiments évangéliques, nous venons prier V. M. très-miséricordieuse, de faire grâce au Consul-Anglais et à ses compagnons, et de leur pardonner toutes les fautes qu'ils ont pu commettre. Si nos prières sont exaucées par Votre Clémence, comme nous aimons à le croire, nous serons infiniment obligé, et tout le monde sera charmé, ainsi que nous, de l'indulgence que Vous aurez bien voulu accorder aux infortunés. En faisant cette œuvre philanthropique, V. M. augmentera le nombre de ceux qui prient pour la prospérité de son empire, et pour la conservation de la vie précieuse de Votre auguste Personne. Que la paix et les grâces de Dieu soient toujours avec Vous. Ainsi soit-il!

Donnée au Siége Apostolique de S^t. Jacques, le 30 Mars de l'an 1867 de notre Sauveur.

Seconde lettre patriarcale adressée à S. M. Théodore roi d'Abyssinie, par l'entremise de Son Altesse le Vice-Roi d'Egypte, pendant que S. B. le Patriarche Arménien se trouvait au Caire, au mois d'Octobre 1867.

Au nom du Père, du Fils et du Saint-Esprit, un seul Dieu en trois Personnes.

DE la part du serviteur de Dieu, Isaïe Archévêque et Patriarche Arménien de Jérusalem.

A Sa Majesté le Souverain, en qui les bienfaits de Dieu ont été placés et dont il est sans cesse réconnaissant; le Souverain qui apréciant les liens de la loi, s'y appuie fortement, et qui, dans son inclination au bien, répand les bienfaits de la sécurité et de la justice sur tout le peuple Abyssinien; le Souverain qui est la gloire de la chrétienté orthodoxe, dont la célébrité est repandue partout, Notre Auguste Fils, qui est orné des dons divins, le Grand Monarque Théodore, Roi d'Abyssinie et le Haut Gardien de tous ses territoires: que Dieu augmente ses bonnes dispositions, sa gloire, sa dignité et sa prospérité!

Aux hommages qui sont ಶ us à Votre Majesté, nous

joignons les bénédictions du S^t. Evangile dont est rempli la Bétléem sacrée, ainsi que le Jourdain, le Tombeau de J. C. et la montagne de Sion, sur laquelle sont placée Jérusalem et tous les Saints Lieux, où s'est accompli le Mystère de Rédemption, où se trouve aussi l'Église du Frère du Sauveur, S^t. Jacques, par l'intermédiaire de qui nous adressons, moi et tout mon Clergé, nos prières au Ciel, pour la prospérité de Votre Règne et pour celle du peuple qui vous est soumis, afin que le Très-Haut répande ses faveurs sur Votre Auguste Personne, sur Votre Royale Famille, et sur toute votre Illustre Postérité; et joignant à tout cela nos profondes salutations fraternelles et Notre bénédiction Apostolique, nous prenons la liberté de soumettre à Votre Majesté ce qui suit:

1°. Les témoignages de notre solide amitié Vous sont déjà connus par la lettre que nous avons pris soin de Vous faire remettre par notre Honorable Délégué, le Vénérable Archévêque Isaac, accompagné de notre cher fils, le prêtre Dimotheos.

2°. J'ai l'honneur d'aviser V. M. que profitant de la sécurité et de la paix dont le Vice-Roi fait jouir ses Etats, ce qui porte les etrangers, qui se louent tous de sa générosité, à y affluer de toutes parts, j'ai voulu voir, moi aussi, ce charmant pays et visiter les monuments sacrés qu'il renferme: partout j'y ai vu l'ordre régner, et ce qui m'a le plus frappé, ce sont les faveurs dont sont comblées, là, toutes les communautés chrétiennes orthodoxes. Mais toutes ces beautés et ces bienfaits ne sont rien, en comparaison de l'affection et de la sollicitude, dont est animé pour Votre Auguste Personne et pour Votre beau Royaume, le Grand Vice-Roi d'Egypte, qui tient à cœur de remplir envers vous ses devoirs de loyal voisin.

C'est ainsi que S. A. le Vice-Roi d'Egypte considérant qu'à la suite de l'emprisonnement des sujets Anglais, le Gouvernement de la Grande Bretagne a interrompu ses rapports d'amité avec Vos Etats, Vous a déclaré la guerre, a dirigé contre l'Abyssinie une nombreuse armée d'hommes et une formidable artillerie, désire, touché qu' il est de ce spectacle, faire cesser les malheurs qui sont tombés sur Vos Etats; pour cela, regardant les choses au point de vue de l'amitié, et appréciant parfaitement, d'un côté la considération, et le respect qui sont dûs à V. M. comme aussi la juste célébrité qu'elle s'est acquise, et de l'autre, les moyens de toutes sortes dont peut disposer la Grande Puissance Anglaise, il est venu à la pensée de Son Altesse dans les bonnes dispositions qui l'inspirent pour le Gouvernement Abyssinien, que malgré la force et la grande puissance que possède ce dernier pour défendre son territoire contre les invasions étrangères, il n'en sera pas moins obligé de combattre, de faire couler du sang et de troubler par là le repos du monde, d'autant plus que la Puissance Anglaise, entretenant des rapports d'amitié avec la Sublime Porte Ottomane, avec le Haut Gouvernement Egyptien et avec les autres Grandes Puissances chrétiennes pourra, profiter des offres qui ne manqueront pas de lui être faites de la part de ces Puissances, commme il est du reste assez facile de le prévoir, car la gloire des Souverains consiste à maintenir l' union parmi les hommes, et à faire régner la paix dans le monde entier, laquelle paix est pour tous les Etats, le plus puissant moyen de civilisation, comme aussi la plus sûre garantie contre le désordre.

Ainsi donc, comptant sur la haute sagesse de V. M. comme aussi sur la grande prudence et la perspicacité dont Elle est douée, S. A. le Vice-Roi a trouvé convenable d'adresser lui-même à V. M. une lettre pleine de cordialité, dans l'espoir d'amener Votre cœur généreux à un point qui fera honneur à Votre sagacité personnelle et à Votre magnanimité royale, en rendant la liberté aux prisonniers Anglais avec tous les égards convenables, comme étant le seul moyen de conjurer les funestes conséquences de cette grande invasion, dont tout homme de bon sens peut prévoir les maux, et, à renouer et à consolider les anciens nœuds d'amitié qui l'unissaient au Gouvernement de la Grande Bretagne. Ces bons sentiments qu'exprime S. A. le Vice-Roi avec tant de franchise et de sincérité, se trouvaient parfaitement d'accord avec nos ardents désirs et nos vues personnelles, telles qu'elles se trouvent exprimées dans la lettre consignée à nos deux Délégués que nous avons envoyés précédement vers V. M. et dans laquelle nous Vous faisions la même demande, au nom de N. S. Jésus-Christ, qui nous enseigne l'humilité, nous recommande la modération, les bonnes mœurs, et nous fait un devoir d'aimer l'étranger et d'être généreux envers les hôtes, promettant d'exaucer en ce monde les vœux de ceux qui remplissent ces devoirs sacrés.

Comme Votre Auguste Personne est des plus pieux personnages Orthodoxes et des plus hauts dignitaires sur lesquels on puisse compter pour la réalisation des bonnes œuvres, que V. M. connaît très bien que nous nous intéressons tout particulièrement à la prospérité du royaume qui lui est confié, nous avons trouvé également convenable de nous glorifier des sentiments d'amitié qui nous unissent à Elle, et d'entretenir S. A. le Vice-Roi des hautes qualités personnelles que Vous possedez. Et après ce devoir rempli, nous nous sommes hâtés de nous adresser à V. M. pour lui rappeler que nous ne cessons d'adresser à Dieu pour Elle, les plus ardentes prières et nous sommes convaincus que, vû les sentiments de piété dont Elle est douée, Elle ne consentira jamais à souiller sa consience d' aucune mauvaise action envers de pauvres créatures de Dieu; qu'Elle leur accordera un généreux pardon, et poussera même la magnanimité jusqu'à les réintégrer dans leurs fonctions, à l'exemple des Grands Souverains des temps passés.

Croyant inutile d'insister davantage sur ce sujet, et

comptant tout entier sur Votre mérite personnel, je me contente d'invoquer la Sainte Trinité, pour qu'elle fasse descendre les bénédictions célestes sur Votre Auguste Personne, sur tous les membres de sa Noble Famille, et sur tous ses partisans qui en sont dignes. Voilà ce que nous prenons soin de porter à Votre Haute connaissance.

En attendant le retour de nos missionnaires que nous reverrons avec des transport de joie, et que V. M. ne tardera sans doute pas à nous renvoyer, nous Vous présentons ici nos humbles hommages personnels et prions N. S. Jésus-Christ de Vous combler de ses bénédictions, et de Vous conserver en bonne santé, Vous et tous Vos amis.

TABLE DES CHAPITRES.

DU DEUXIÈME LIVRE

PREMIÈRE PARTIE.

DESCRIPTION DES MŒURS DES ABYSSINIENS

I.	Manque de Pitié chez les Abyssiniens.	1
II.	Leur Hospitalité factice.	4
III.	Leur tendance au Mensonge.	8
IV.	Le Vol.	10
V.	Le Meurtre ou l'Homicide.	11
VI.	L'Adultère et les Débauches de toute sorte.	12
VII.	Diverses qualités et habitudes morales et physiques des Abyssiniens.	16
VIII.	Diverses coutumes nationales.	20
	1º. L'hospitalité.	20
	2º. Le repas et la manière de le servir.	20
IX.	L'habillement du Roi et du peuple.	23
X.	Leur manière de juger.	25
XI.	La maladie vermiculaire et les remèdes qu'on emploie pour la guérir.	28
XII.	Le savon dont on se sert en Abyssinie,	31
XIII.	Leur manière de saluer.	32
XIV.	Les mendiants et leurs manières d'agir.	33
XV.	Aperçu sur leurs différentes habitudes.	35

DEUXIÈME PARTIE.

DE LA RELIGION ET DES COUTUMES RELIGIEUSES DES ABYSSINIENS.

I.	L'Église,	41
II.	Les matines, l'office divin, les airs et les accompaguements du chant.	44

III.	Les sept Sacrements de l'Église.	48
	1. Le Baptême. 2. La Confirmation.	48
	3. Confession. 4. Pénitence.	49
	5. La Communion.	52
	6. Les Saints Ordres.	57
	7. Le Mariage.	59
IV.	Funérailles et Enterrement.	61
V.	Les différents religieux et les diverses professions de foi.	62
	1. La secte qui professe deux Naissances et le Fils onction.	63
	2. La deuxième Secte.	66
	3. La troisième Secte.	68
	Entretien religieux avec Abouna-Sélami et les Thephdéras.	69
	Symbole de foi de l'Église orthodoxe d'Abyssinie, adopté par la plus grande partie des habitants, avec texte et traduction.	70
VI.	Lois des Abyssiniens, et Saints qu'ils honorent le plus.	71
VII.	Leurs jeûnes.	73
VIII.	Leur Calendrier ecclésiastique, et l'amour qu'ils ont pour la dispute.	74
IX.	Coutumes et cérémonies religieuses.	76
X.	Conduite indécente du Clergé, et son intempérance.	80
	2. Du signe extérieur du Chrétien.	77
	3. La dénomination.	78
XI.	1. Les revenus du Clergé.	82
	2. Les revenus du Prélat et du Tchéghi.	83
	3. Coiffure des Ecclésiastiques.	85

TROISIÈME PARTIE.

L'HISTOIRE MODERNE DE L'ABYSSINIE ET LES DERNIERS ÉVÉNEMENTS POLITIQUES QUI S'Y SONT PASSÉS.

I.	Les Rois monstres	87
	1. Le roi Zindo.	87
	2. Le roi Grayn.	89
II.	Le roi Théodore.	91
III.	Les bonnes qualités de Théodore.	99
IV.	Les violences et la cruauté de Théodore.	102
V.	Le Consul Anglais et sa captivité. Arrivée de Sir-Napier, et mort de Théodore.	106
VI.	Prélature d'Abouna-Sélami; ses actes et les aventures qui lui sont arrivées,	118

VII. La prétendue déscendance royale de Salomon, et la cause de sa décadence. 128

VIII. Les diverses nationalités et les langues de l'Abyssinie. 131

IX. Les Boudas. 135

X. Coutumes des rois, des princes et des soldats. Forme du Gouvernement. 141

XI. Le sol, les mines, les saisons et les productions de l'Abyssinie. 155

XII. Les importations et les exportations de l'Abyssinie. 161

Lettres adressées à Sa Majesté Théodore empereur d'Ethiopie. 164

Seconde lettre patriarcale adressée à S. M. Théodore, roi d'Abyssinie, par l'entremise de Son Altesse le Vice-Roi d'Egypte, pendant que S. B. le Patriarche Arménien se trouvait au Caire, au mois d'Octobre 1867. 167

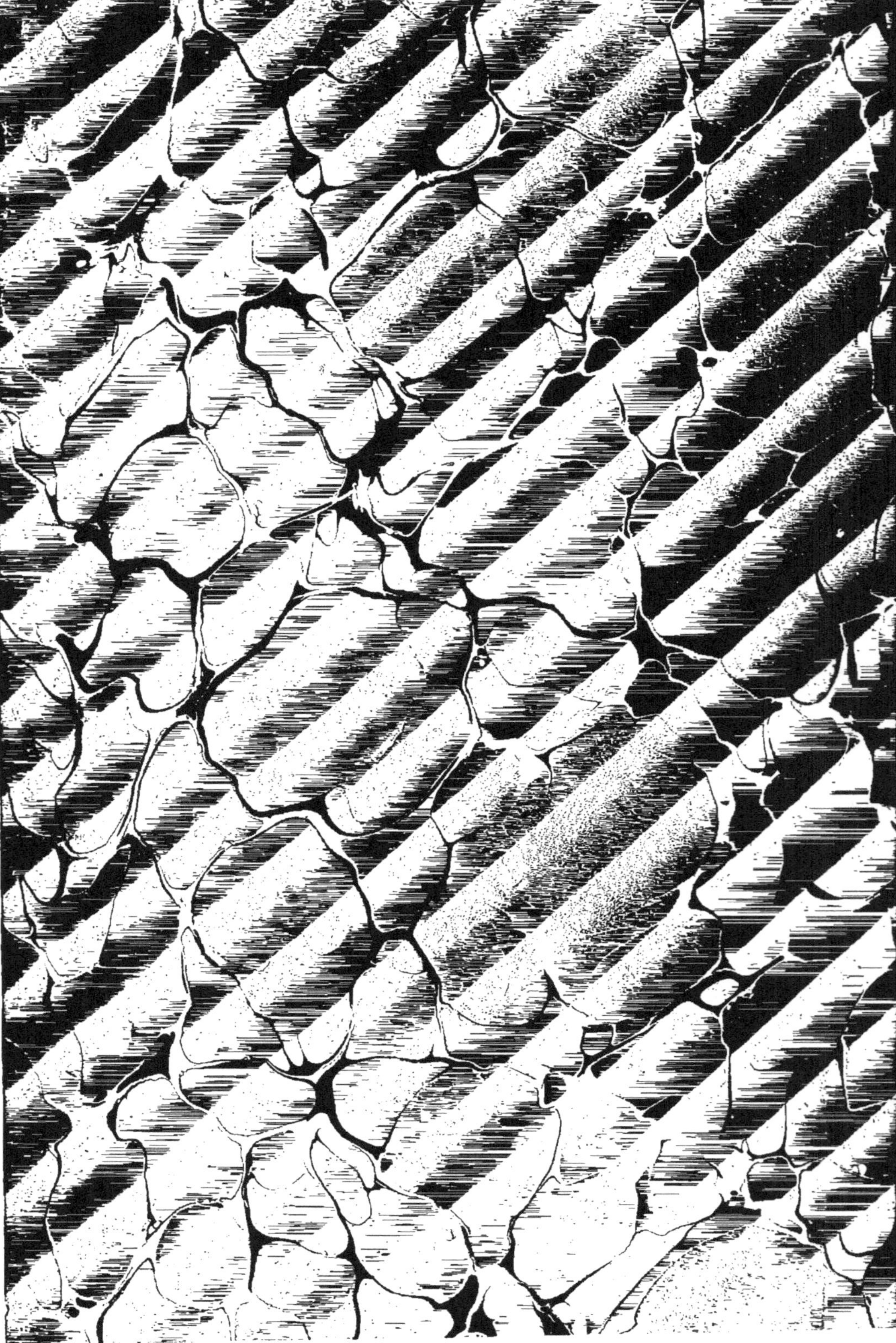

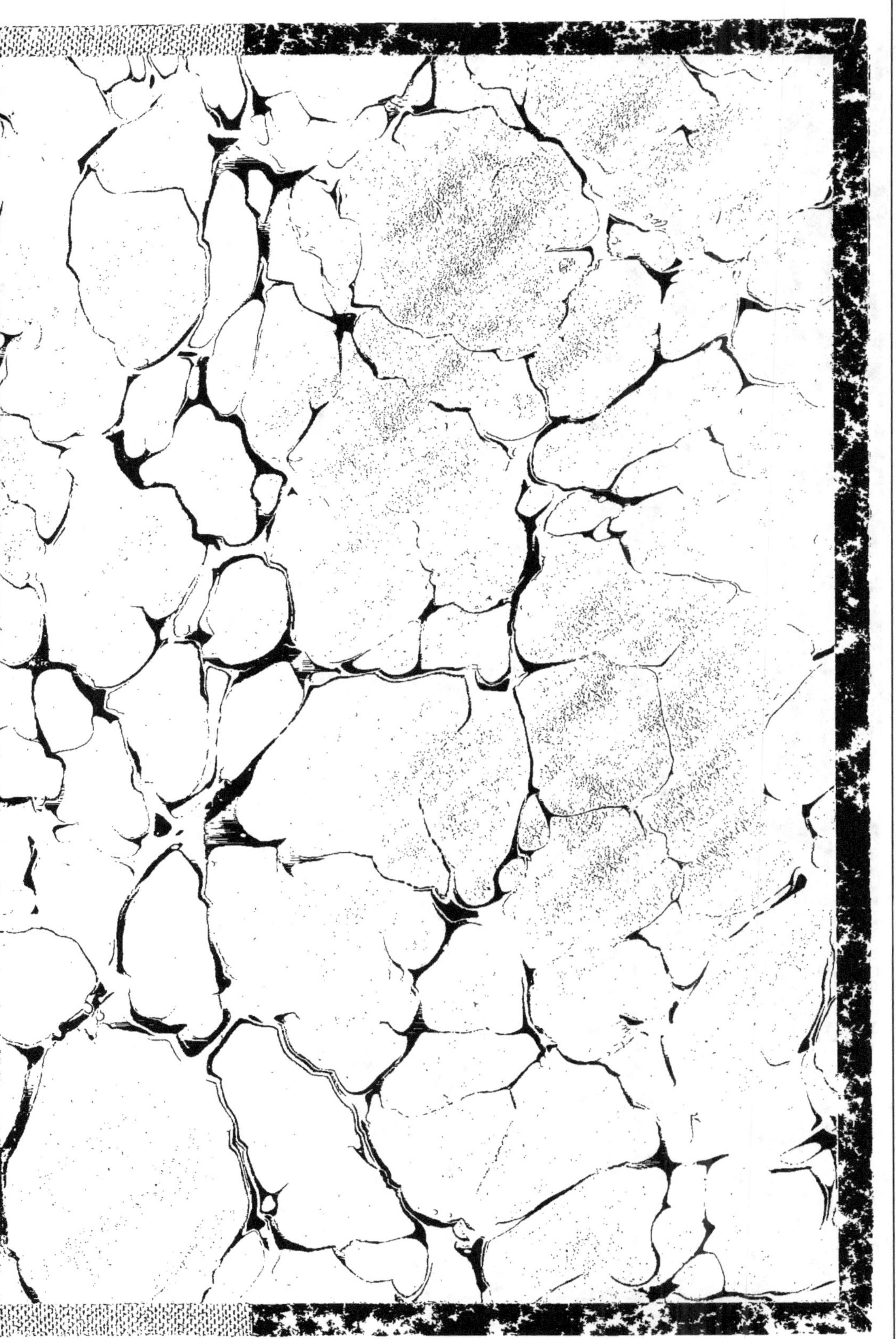

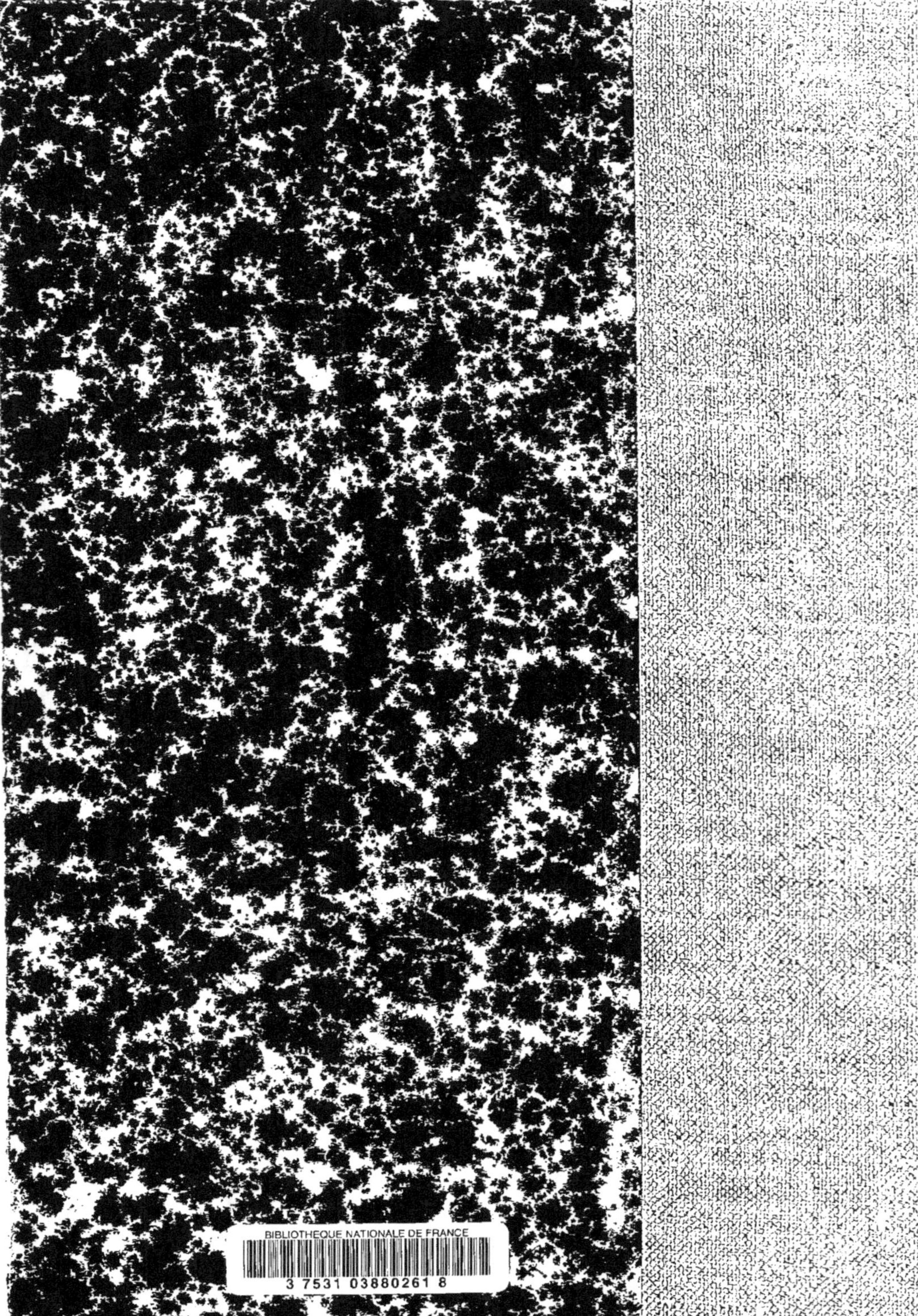